갈등을 디자인하라

극한의 대립, 극적인 합의

갈등을 디자인 하라

오경숙 지음

한국학술정보[주]

Introduction

극한의 대립 속에서 극적인 합의를 이끌어 내기 위해
갈등관리를 디자인하라

정부가 공공사업을 수행하는 데 있어서 정부와 주민 간 혹은 지역 주민 간 갈등을 빚는 사례가 많다. 그러나 그에 따른 갈등해결 요인이 미흡하여 갈등을 원만히 해소하지 못하고 불신의 골만 깊어지는 경우가 빈번하다. 계속되는 공공갈등으로 정부는 국민에게 불신감을 안겨 주었고 막대한 사회적 비용이 지출되는 등 갈등관리에 대한 정책을 새롭게 정비해야 하는 절박한 필요에 직면해 있다.

다양한 이해당사자가 각자의 목표와 이해(利害)관계를 조정·통합해 가는 구조와 과정 속에서 주체들의 역량강화와 신뢰확보를 통하여 갈등을 조기에 해소하거나 조정하는 것은 중요한 의미를 갖는다. 본 책에서는 이를 위한 기제(機制)를 참여적 지역거버넌스에서 찾는데, 참여적 지역거버넌스는 주요 현안과 관련된 이해관계자 간 목표나 이해관계가 통합적으로 조정될 수 있는 기반을 갖추고 있기 때문이다.

주민 비선호시설은 그 시설들이 갖는 부정적 외부효과로 인해 지역 주민들이 기피하고 있으나 시설의 사회적 가치나 공익성 등으로 보아 우리에게는 필요한 시설들이다. 이 때문에 이들 시설의 설치나 이전은 자주 갈등상황에 직면한다. 본 연구에서 주민 비선호시설과 관련된 갈등의 조정기제를 참여적 지역거버넌스 차원에서 찾는 이유는 다음과 같다. 첫째, 주민 비선호시설 갈등은 공간적으로 지역 수준에서 발생하기 때문이다. 둘째, 주민 비선호시설 갈등을 체계적으로 이해하기 위해서는 크게 지방정부와 시민사회(지역 주민, 시민단체) 영역을 중심으로 검토하는 작업이 필요하다. 과거에는 지역 수준의 주민 비선호시설의 설치 등과 관련하여 지방정부는 강력하고 시민사회가 상대적으로 취약했지만, 사회변동에 따라 시민사회가 지방정부에 저항하면서 갈등이 발생하고 있기 때문이다. 결국 주민 비선호시설 갈등은 지방정부와 시민사회(지역 주민, 시민단체) 모두가 관련된 양상으로 전개되고 있다.

본 연구에서 주민 비선호시설 입지선정 사례를 중심으로 거버넌스 구성요인이 갈등해결에 미치는 영향에 대하여 연구한 결과 다음과 같은 결과를 얻을 수 있었다. 참여적 지역거버넌스는 지역 수준에서 당사자의 이해나 복지 등에 영향을 미치는 결정에 대해 기본적으로 이해관계자의 실질적인 참여가 활성화되고 관료·계획가 등의 행동에 책임성이 담보되면 모든 사람들이 적은 비용으로 관련 정보에 적절히 접근할 수 있는 투명성이 제고된다. 이런 점에서 참여적 지역거버넌스의 독립변수는 이해관계자의 가치관과 태도, 사업의 성격, 갈등해결과정의 투명성, 관리조정기구의 책임성 등이 갈등의 주체인 이해관계자 간의 상호 작용의 결과로 나타난다.

본 책에서는 이와 같은 참여적 지역거버넌스 모형에 주민 비선호시설 갈등사례를 적용하여 모형의 설명력을 살펴보았다. 그리고 모형을 통한 사례분석의 결과를 다음과 같이 비교·종합·평가했다.

기무사 이전부지의 경우, 부지결정 이후 표면화되었던 이해관계자 간 갈등해결은 관련된 조직이나 기관의 우호적 관계 속에서 과천시의 책임성이 제고되고 지역 주민의 참여 수준이 개선되면서 나타난 결과이다.

영월 동강댐의 경우, 반복적으로 나타나는 이해관계자 간 갈등은 관련 조직이나 기관의 비우호적인 관계 속에서 입지과정의 투명성이 저하되면서 나타난 결과이다.

위천공단 조성의 경우, 부지결정과 함께 표면화된 이해관계자 간 갈등은 관련 기관이나 조직의 비우호적 관계 속에서 관리조정기구의 낮은 책임성, 상수원 보호에 의문을 제기하는 부산시를 설득하지 못하고 지방정부 간 이익갈등과 가치갈등이 심화되어 사업이 백지화되었다.

인천 동춘동 화물터미널의 경우, 20년 가까이 반복적으로 나타난 공공갈등으로 이해관계자의 갈등이 지역 주민에게 사회적으로 인지적·정서적 지지를 얻지 못한 채 불투명한 정보공개, 관리조정기구의 낮은 책임성으로 인하여 갈등은 표류 중이다.

분석대상의 갈등시점은 상이하지만, 주민 기피시설과 관련된 갈등은 참여적 지역거버넌스의 관점에서 볼 때 이해관계자 간의 가치관이나 태도, 사업의 성격, 관리조정기구의 책임성, 갈등해결과정의 투명성 등이 부정적이거나 만족스럽게 이루어지지 못할 때 발생했다. 반면 이해관계자 간 연계구조를 토대로 지역적 수준의 참여도나 관리조정기구의 책임성 그리고 갈등해결과정의 투명성이 개선되면 갈등은 해소되었다.

이는 주민 비선호시설과 관련된 갈등사례에 일률적으로 적용될 수 있는 갈등조정방안은 아니지만 참여적 지역거버넌스 측면에서 갈등조정이나 해소의 가능성과 개연성을 제시했다는 점에서 그 의미를 찾을 수 있다. 특히 지역적 수준의 과정적 특징을 중시하는 참여적 지역거버넌스의 관점에서 볼 때, 지역 주민의 참여나 관리조정기구의 책임성 등을 배태할 수 있는 제도적 기반의 마련은 갈등의 해소나 조정에 유의미한 영향을 미칠 수 있다.

첫째, 참여적 지역거버넌스의 사회적 구조가 사회적 인식, 사전협의, 경제적 효과와 관련된 법·제도의 개선을 이끌어야만 갈등의 조정이나 해소에 기여할 수 있다. 이런 점에서 본 책에서는 사전협의를 원칙으로 하는 공공갈등 제도개선과 아울러 경제적 효과가 검증된 사례에 한해서 정부예산을 지출하며 공청회 등을 통하여 지역 주민과의 사회적 인식 확산에 주력할 것을 제도화할 필요가 있음을 제안한다.

둘째, 참여적 지역거버넌스의 이해당사자 간의 상호 작용과정인 관리조정기구의 책임성, 갈등해결과정의 투명성이 확보될 때 갈등의 조정이나 해소에 기여할 수 있다. 이런 견지에서 본 책에서는 주민 비선호시설과 관련된 홍보와 교육, 설명회의 개최, 이해관계자 간 관리체제 운영, 다양한 경제적 유인책 제시, 정보공개 등을 위한 관련 규정의 마련을 제안한다.

셋째, 참여적 지역거버넌스의 주체인 이해관계자의 가치관과 태도에 변화가 발생할 때 갈등의 조정이나 해소가 용이해진다. 이런 견지에서 계획주체는 지역 주민의 반대나 이견을 지역이기주의로 치부해서는 안 된다. 또한 경제적 보상체계는 갈등조정의 핵심기제로 작용하므로 무리하거나 과도하지 않은 범위 내에서 보상기제로 합의를 이끌어 내는 것은 주민 비선호시설 입지갈등 시 이해관계자의 태도를 바꾸는 중요한 요소로 작용할 것이다. 지역 주민 또한 관련 정책이나 계획을 과거 경험에 기초하여 폄하하는 우를 범해서도 안 된다. 오히려 지역 주민들에게는 시설의 사회적 가치나 공익적 가치 등을 종합적으로 고려할 수 있는 인식의 전환이 요구되므로 사전계획 때부터 공공갈등 조정을 위해 이해관계자(정부, 지역 주민, 시민사회) 간 적극적인 사전협의를 이끌어 내는 것이 필요하다.

핵심어: 거버넌스, 갈등해결, 갈등사례, 주민 비선호시설

목차

제1부

새로운 갈등관리디자인,
왜 갈등관리가 중요한가

제1장 새로운 갈등관리의 필요성과 연구체계

1. 갈등관리 연구의 필요성

  사회의 다원화가 지속적으로 진행됨에 따라 탈물질주의적인 경향과 삶의 질(Quality of life)에 대한 논의가 활발해지면서 각 분야에서 사회적 갈등이 빈번하게 발생하고 있다. 특히 정부의 정책결정과 집행에 해당주민과 관련 시민단체 등의 목소리가 높아지면서 정부의 당초 계획을 성공적으로 달성하지 못하는 경우가 많이 나타나고 있다(박인권, 1999: 1).

  도시기반시설과 관련된 갈등[1]에서 가장 심각한 것이 주민 비선호시설 입지정책을 둘러싼 갈등이다. 주민 비선호시설 건설과 관련하여 나타나는 가장 중요한 특징은 주민들이 원칙적으로 시설에 대한 필요성은 인정하고 어딘가에 반드시 설치하여야 한다는 것에는 찬성하지만, 구체적인 입지선정 과정에서는 내가 사는 거주지만큼은 안 된다는 소위 님비현상(Nimby Syndrome)이 발생한다는 것이다. 이러한 갈등은 참여정부 이후에는 감소추세에 있으나 오히려

---

[1] '갈등'이라 함은 공공정책(법령의 제 · 개정, 각종 사업계획의 수립 · 추진을 포함)을 수립하거나 추진하는 과정에서 발생하는 이해관계의 충돌을 말한다(사회적 합의 촉진을 위한 공공기관의 갈등예방과 해결에 관한 규정 제2조, 2007. 02. 12, 대통령령 제19886호).

갈등내용은 고질적이고 장기화되어 사회적 비용이 증가하고 있다.[2]

인구의 과도한 집중에 따른 다양한 도시문제의 발생으로 인하여 주택, 상하수도, 쓰레기처리, 도로, 공원, 기타 도시 공공서비스의 양적 확충과 질적 고급화가 요구되고 있다. 그러나 개발수요의 폭증에 상응하는 도시기반시설의 확충은 지역 주민의 반대라는 새로운 문제에 직면하여 원활하게 수행되지 못하고 있다. 최근 지역문제와 지역 이해에 관련된 의사표출이나 집단민원의 제기가 현저히 증가하고 있는 것은 주민들의 권리의식이 그만큼 신장되었다는 것을 반증한다.

현대의 주민 비선호시설 입지정책에서 두 가지 요소가 강조되고 있는데, 하나는 시설 관련 위험에 대한 주민들의 인지가 변화하면서 점점 더 조직적인 반대가 이루어질 가능성이 높다는 것이고, 다른 하나는 지역의 정책담당자들이 시설 입지를 계획하는 데 있어서 주민들의 반응에 대응하여야 한다는 것이다(Takahashi & Gabber, 1998: 184 - 185; 전주상, 2000: 1 - 3).

최근 우리나라에서도 대형국책사업, 지역공공개발사업 및 각종 비선호시설 입지 등 정부의 공공사업을 수행함에 있어 정부와 주민 간, 지역 주민 간 혹은 이익단체 간의 갈등이 빚어져 사업이 결국 좌절되거나 실패로 끝나 국가나 사회의 전체적인 이익과는 상반되는 결정이 이루어지는 경우가 갈수록 빈번하게 발생하고 있다. 예를 들어 부안 핵폐기장 유치사태, 사패산 외곽순환도로 건설, 새만금 간척사업 등 대형 공공사업과 관련된 갈등은 사회적으로 혼

---

2) 지방자치단체 관련 갈등은 민선('95년) 이후 '02년까지는 연평균 18건 정도 발생하였으나 참여정부('03~'06년) 이후에는 연평균 14.5건으로 감소추세에 있다. 그러나 분쟁의 내용은 오히려 고질적이고 장기화되어 사회적 비용이 증가하고 사회통합을 저해하고 있다(행정안전부뉴스, 2007. 04. 26, 2007. 12. 26).

란을 야기했음은 물론 초래되는 경제적인 손실도 막대하고 국민적 단합을 저해하여 사회 전반에 걸쳐 커다란 파급효과를 가져왔다. 이것은 Robbins(1987)가 주장한 대로, "갈등의 정도(level of conflict)가 일정 수준을 넘으면 사회나 조직 전체가 추구하는 목표 달성에 부정적인 효과를 미치게 된다." 는 것은 너무나 당연하다.

국책사업의 경우, 국가 전체의 이익을 위해 그 편익은 골고루 분산되는 반면 특정 지역에 시설이 입지하기 때문에 피해는 한 지역에 집중된다. 개발사업의 성격상 해당 지역의 환경을 손상시키기 때문에 반발의 정도가 매우 강한 특성을 가진다. 따라서 갈등의 소지는 필연적일 수밖에 없다.

그러므로 공공사업을 결정·수행함에 있어 사전에 정해진 원칙과 틀에 따라 체계적으로 실행될 수 있는 기반을 마련함과 동시에 이에 대한 지식 축적이 요구된다. 정책갈등을 최소화하면서도 목적한 바를 달성할 수 있는 성공요소를 도출해 내는 것이 필요한 때이다.

새로운 갈등관리를 디자인하기 위해서 주민 비선호시설 입지선정 사례를 중심으로 거버넌스 구성요인이 갈등해결에 미치는 영향에 대하여 살펴보고자 다음과 같은 과정을 거친다. 우리나라의 경우, 대규모 공공사업 추진 시 정부와 주민 간의 상호 작용을 통한 원만한 갈등해결 요인이 부족하다는 인식 하에 비선호시설 입지선정을 중심으로 이를 둘러싼 갈등의 고찰을 통하여 원만한 갈등해소를 저해하는 요인을 도출한다. 또한 공공사업 갈등사례를 살펴봄으로써 정부와 지역 주민과의 상호 작용을 분석하여 갈등의 발생 요인과 해소과정에 영향을 미치는 해결요인을 모색하고 나아가 사회갈등을 축소 또는 예방하고 사회적 비용을 최소화하는 방안을 모색하고자 한다.

2. 갈등관리의 목적

최근 정부가 공공사업을 수행하는 데 있어서 정부와 주민 간 혹은 지역 주민 간 갈등을 빚는 사례가 많다. 그러나 그에 따른 갈등해결요인이 부족하여 갈등을 원만히 해소하지 못하고 불신의 골만 깊어지는 경우가 빈번하다. 계속되는 공공갈등으로 정부는 국민에게 불신감을 안겨 주었고, 또한 막대한 사회적 비용으로 말미암아 정부는 갈등관리에 대한 정책을 새롭게 정비해야 하는 절박한 필요에 직면해 있다. 정부는 갈등관리 기본법을 제정하고자 했으나 그마저 쉽지 않아 국회에 계류 중에 있다. 학계에서는 그동안 활발하지 않았던 갈등관리에 대한 연구가 활발하게 지속되고 있으며 정부는 공공갈등으로 인한 사회적 비용 절감, 정부에 대한 신뢰 회복, 갈등관리시스템 확보가 시급한 실정이다. 정부에 대한 국민의 더욱 가속화되는 다양한 욕구의 표출로 정부의 공공사업은 더욱 난항을 거듭하고 있다. 이 연구는 현행 공공갈등에서는 어떠한 문제점들이 발발하고 있는지 문제를 분석하고 그 문제점을 어떻게 해결하는 것이 공공갈등관리 해결에 도움이 되며 특히 갈등관리시스템의 체계화를 위한 연구가 절실하다는 인식에서 출발하였다.

이 연구는 공공갈등의 해결에 영향을 미치는 주요 요인을 문헌을 통하여 확인하고 사례를 통하여 요인들을 검증함으로써 공공갈등해결과정에서 효과성을 높이는 데 목적이 있다. 궁극적으로는 공공영역에서 벌어지는 갈등의 바람직한 해결방안을 모색하는 데 유용한 이론적 토대를 구축하고, 추가적으로 공공갈등 현장에서 적용될 수 있는 기초자료를 제공하고자 한다.

즉 갈등조정을 위한 분석 틀을 정립하고 우리나라의 사례를 통하여 갈등조정과정을 살펴보고 사례가 주는 교훈과 아울러 한국사회에 맞는 지속 가능한 갈등조정기제로서 참여적 지역거버넌스의 정착을 위한 방안을 모색하고자 한다.

3. 연구의 범위

본 연구의 전체적 구성은 아래와 같다.

<표 1-1> 연구의 순서

제1부 서론 ▶	연구의 필요성 및 연구목적		연구의 범위와 방법
제2부 이론적 논의와 분석의 틀 ▶	거버넌스와 갈등관리	갈등이론과 비선호시설의 입지갈등	분석의 틀 설정
제3부 갈등사례의 분석 ▶	1. 과천 기무사 이전 2. 영월 동강댐 건설 3. 위천공단 조성 4. 동춘동 화물터미널 건립	사례의 개요 사업의 성격 이해관계자의 가치관과 태도 관리조정기구의 책임성 갈등해결과정의 투명성	소결론
제4부 사례분석의 비교 및 평가 ▶	사업의 성격 이해관계자의 가치관과 태도 관리조정기구의 책임성 갈등해결과정의 투명성		갈등조정의 성공·실패요인 비교 및 평가
제5부 결론 ▶	연구의 요약		제안

제1부에서는 연구의 필요성과 범위와 연구방법을 논하고 제2부에서 이론적 고찰 및 분석 틀을 설정한 후에 제3부에서는 갈등사례를 분석하였다. 제4부에서는 분석한 사례를 비교 및 평가하였다. 제5부 결론에서는 연구를 요약하고 새로운 갈등관리디자인을 위한 제안을 했다.

연구범위는 1988년부터 2008년 현재까지 우리나라에서 발생한 대부분의 공공갈등사례를 모집단으로 하고 있다. 단 분석에 포함된 갈등사례는 직접적으로 외부로 표출되어 사회적으로 이슈가 되었던 갈등조정사례로 하였다. 공공사업 중에서는 물론 연구에 포함된 사례들 이외에도 많은 공공갈등사례들을 조사하였으나, 이들 중에는 세부내용을 파악하기에는 자료가 불충분한 경우가 많았으며, 또한 세부내용을 분석한 결과, 본 연구의 범위에서 벗어난 사례들이 있어서 이들은 분석에서 제외하였다. 공공갈등해결요인을 분석하기 위해 본론에 해당하는 사례분석에서는 모집단의 사례 위의 <표 1-1> 중에서 24개(부록에 소개)의 공공갈등사례를 분석하고 이 중 정부와 민간갈등이 뚜렷한 12개의 사례를 추출하여 국책사업으로 추진한 3개의 갈등종료 사례와 현재 지방정부사업으로 추진하고 있으며 공공갈등이 진행 중인 1개의 사례를 선정하여 분석하고자 한다. 국책사업으로 진행된 3개의 갈등조정 사례를 선정한 이유는 과천 기무사 이전사례는 국책사업 중에서 보기 드물게 합의를 통한 갈등조정이 이루어져 국방시설의 이전문제로 끊임없이 갈등하고 있는 현시점에서 갈등조정의 귀감이 되는 사례로 꼽히고 있고, 나머지 2개의 사례인 영월 동강댐 및 위천공단 조성사례는 국책사업으로 오랜 시간을 끌면서 엄청난 사회적 비용을 남겨 정부정책이 크게 실

패한 사례들로 꼽히기 때문이다. 인천 동춘동 화물터미널 갈등사례
는 위 3개의 갈등종료사례를 통해서 얻은 시사점을 적용해 보고자
선정하였다.

본 연구의 범위를 크게 두 가지로 나눌 수 있는데, 그 하나는 연
구의 대상인 공공갈등의 파급범위에 관한 것이고, 다른 하나는 시
간적 범위에 관한 것이다. 대상인 공공갈등의 파급범위에 관한 범
위를 살펴보면 국책사업을 추진하면서 공공갈등이 발생하여 사회
적으로 이슈화되고 정부와 지역주민 간의 갈등이 일어난 사례로
범위를 한정하였다. 시간적 범위는 종결된 사례 3가지와 진행 중인
1가지 갈등사례로 범위를 한정하였다.

4. 연구의 방법

이 책은 크게 두 부분으로 구성되어 있는데 하나는 이론 연구이
고 다른 하나는 경험적 연구(자료수집)이다. 이론 연구는 갈등조정
에 대한 그간의 선행 연구를 개관한 다음에 이를 종합하여 분석 모
형을 새로이 설정해 보고자 했다. 이 모형을 통하여 현행의 갈등조
정 문제점을 도출함과 아울러 정책적인 시사점을 모색해 보고자
한다. 경험적 연구는 문헌조사, 사례연구, 면접조사 등 다양한 방법
을 활용하였다.

1) 문헌조사

먼저 본 연구의 목적을 달성하기 위하여 문헌자료를 적극 활용하고자 한다. 문헌조사는 첫째, 연구문제를 구체적으로 한정할 수 있다. 둘째, 연구문제의 해결을 위한 새로운 접근방법을 알 수 있다. 셋째, 조사설계에서의 잘못을 피할 수 있다. 넷째, 연구 수행에 관한 새로운 아이디어를 찾을 수 있다. 다섯째, 새로운 자료원에 접할 수 있다(이준형, 2004: 319-320). 문헌자료를 통하여 연구자의 주장이 타당한 것인지를 확인할 수 있는데, 특히 문헌자료가 면접자료나 설문조사 등 다른 조사방법을 통해 얻은 자료와 일치하는 경우에는 더욱 현실 타당성을 갖게 해 준다.

본 연구에서도 갈등조정의 개선점을 도출하기 위하여 갈등조정과 관련된 여러 문헌자료의 내용을 분석하였다. 본 연구에 직접 활용이 가능한 자료는 그대로 가감 없이 활용을 하고, 자료 그 자체로는 본 연구와 다소 동떨어져 수정·보완이 필요한 자료는 체계적으로 정리하였다. 갈등관리 기관의 업무에 관하여 통계청의 각종 통계자료를 활용하고, 갈등관리의 주무부서인 행정자치부, 환경부, 국무조정실, 지속가능발전위원회의 보고자료 및 정책자료에 대해서도 중점적으로 분석하였다.

한편 자료는 1차 자료와 2차 자료로 분류할 수 있는데, 2차 자료는 1차 자료로부터 정리된 자료를 말한다. 즉 조사자가 필요로 하는 자료를 다른 기관이나 개인이 수집하여 이를 분석하고 분류해놓은 것이다. 반면에 1차 자료는 주로 공공기록으로서 통계국의 통계 요약표, 공공절차의 기록, 서비스 기록, 물적 및 인적자원의 분포에 대한 기록을 포함한다(이준형, 2004: 110). 많은 경우 연구자는 2차 자료를 사용함으로써 시간과 비용을 크게 절감할 수 있다.

본 연구에서 참고한 1차 자료는 다음과 같다.

〈표 1-2〉 본 연구에서 참고한 1차 자료

구분		내용
정부 자료 및 문서	행자부 외(1999)	• 95년 6월부터 98년 6월까지의 분쟁사례(총 320건)
	중앙환경비선호시설 입지분쟁위원회	• 환경비선호시설 입지분쟁위원회에서 발간하는 환경 비선호시설 입지 분쟁사례집(98~2005년)
	법원 자료	• 헌법재판소 권한쟁의심판 판결문(www.ccourt.go.kr)
	행자부 자료	• 갈등상생협력 우수사례선정(2005)/국회감사자료(2004, 2005, 2007)
	환경부 자료	• 폐기물갈등해소 세미나 자료(2005)
		• 폐기물 처리시설 설치 관련 님비(민원) 발생 및 해소사례(2004)
연구 보고서	한국환경비선호시설 입지정책평가연구원	• 환경 분야 갈등유형 및 해결방안 연구(2004)
		• 지역 간 환경비선호시설 입지정책의 합리적인 해소방안(1997)
	국토개발원	• 공공참여를 통한 도로사업의 갈등관리방안(2005)
		• 공공시설 입지갈등이 지역사회에 미치는 영향 연구(2004)
	경제·인문사회연구회 합동연구	• 국민통합을 위한 사회갈등 해소방안 연구(2005)
		• 환경갈등 현황 및 정책과제(2005)
		• 지역갈등 현황 및 정책과제(2005)
	기타	• 지방정부 간 갈등과 협력(연구사례집)(2006)
신문기사		• 신문종합검색사이트(KINDS)를 이용하여 기사검색(98. 6~06. 6)
학술지		• 관련 사례들이 분석에 포함된 학술지 논문
		• 관련 사례들이 분석에 포함된 석사 및 박사논문 등

주: 중복사례는 하나의 사례로 기재

2) 사례연구

사례연구 또는 사례조사는 조사목적과 관련된 특정 조사 대상을 가능한 모든 각도에서 종합적으로 연구하여 문제를 전체적으로 파악하고 전체와의 관련성을 파악하려는 노력이라고 볼 수 있다. 사례연구의 기능으로는 ① 일반적인 지식의 증가, ② 연구 대상이 되는 사례의 효과적인 개선, ③ 가설의 생산 원천을 들 수 있다. 그리하여 사례연구의 특징은 사회 현상의 독특한 측면에 대하여 관심을 갖고서 각 사례의 특수성을 파악할 수 있으며, 일반성과 관련하여 전체적·유기적 상태를 파악할 수 있고, 새로운 아이디어의 발견을 위한 예비조사와 같은 성격을 가지고 있으며, 면밀한 관찰을 통한 기술적 표현이 가능하다(이준형, 2004: 305)는 것이다.

본 연구를 위하여 주민 비선호시설 갈등조정에 관한 국내의 사례를 폭넓게 수집하였다. 그 중에서 국내의 공공사업 사례 중에서 성공한 한 가지 사례와 실패하여 국가적인 사회적 비용과 정부신뢰 실추를 야기한 두 가지 실패 사례를 포함한 4개의 사례를 중심으로 갈등조정과정을 분석하였다. 이들 갈등사례에 대한 운영실태를 파악함으로써 현행 갈등관리시스템에 대한 미비점을 확인할 수 있었다. 또한 이러한 사례연구를 통하여 얻은 교훈을 바탕으로 새로운 갈등조정 시스템을 구축할 시에 시행착오와 부작용이 최소화되도록 갈등해소 방안을 모색하였다.

저자는 사례연구로부터 공공갈등해결과 관련된 주요 요인을 분석하였으며, 종속변수는 갈등해결성공·실패로 보았다. 그리고 독립변수는 ① 사업의 성격, ② 이해관계자의 가치관과 태도, ③ 관리조정기구의 책임성, ④ 갈등해결과정의 투명성으로 4개 요인으로 선정하고 각각의 하부요인을 세분화하여 해결의 범주를 다시 강, 보통, 약으로 구분하였다. 결국 갈등해결에 영향을 미칠 해결요인들이 무엇인지 식별하고, 그에 따라 성공, 실패라는 결과를 통해 그 효과를 검증하였다.

3) 면접조사

문헌조사와 사례연구에서 수집된 자료의 현실 적합성 여부를 확인하기 위하여 면접조사를 실시하였다. 면접은 "조사자가 알고 있는 주제에 관하여 자료를 수집하기 위해서 표준화되거나 비표준화된 문항을 가지고 피면접자의 의사를 캐내는 일종의 교호작용"이라고 할 수 있다(김광웅, 1989: 290). 즉 면접법은 연구자와 응답자 간의 언어적 상호 작용을 통해서 자료를 수집하는 방법으로, 연구자와 응답자의 면 대 면의 상호 작용을 통해서 자료를 수집한다는 면에서 다른 방법과 구분된다. 면접조사방법은 지식 · 교육 수준을 불문하고 사용이 가능하며, 질문서보다 공정한 표본이 확보될 수 있고, 개별적 상황에 대하여 높은 신축성과 적응성을 갖는다는 특징이 있다(이준형, 2004: 285 - 286). 본 연구의 면접 대상자로는 오랫동안 갈등관리업무에 종사하여 이 분야의 전문가라고 할 수 있는 갈등관리를 담당하고 있는 공무원, 국무조정실에서 갈등업무를 담당하고 있는 공무원, 지속가능위원회의 갈등관리위원회 소속의 공무원, 환경부 그리고 갈등조정을 전개해 온 시민단체의 주요 구성원으로 하였다. 면접의 방식은 직접 대면 방식을 원칙으로 하여 현행 주민 비선호시설 입지갈등조정에 대한 문제점 도출에 주안점을 두고, 부가적으로 갈등조정 전반에 대한 방향에 대하여 의견을 묻는 형식으로 진행하였다. 면접 실시를 위해 면접 대상자의 사무

실을 방문하는 방식으로 면담하는 방법을 활용하였고, 조사내용 중
추가·보완 사항이 필요한 경우에는 전화 상담과 함께 인터넷을
통한 질의 등 다양한 방법을 활용하였다.

제2부

새로운 갈등관리디자인, 배경

거버넌스(governance)는 요약하자면, 관료제의 지양으로 행정에의 민주주의 도입 강화이며, 시민의 참여적 의사결정 방식이다. 이 후자의 입장은 시장의 도입을 본격화하게 된다.

제2장 거버넌스와 갈등관리

1. 거버넌스의 대두

전통적인 국가·시민관계에 변화를 야기한 거버넌스(governance)의 대두는 국가의 재정위기, 시민사회의 이념 수렴, 세계화와 지방화의 심화, 국가의 정책실패, 정책결정의 부분화와 전문화, 사회적 변화의 복잡성의 증가 등 다양한 관점에서 지적되고 있다(김정렬, 2001: 507 - 512). 이를 구체적으로 살펴보면 다음과 같다.

첫째, 과거 안정적인 경제성장을 토대로 재정수요를 충당했던 서구의 국가들은 1970년대 이후 급격한 경제침체로 재정위기에 직면하게 되었다. 이를 계기로 각국의 정부는 정부운영의 효율성 제고에 주력하는 한편 국가 독자적인 문제해결보다 네트워크나 개인 또는 공공부문 간 연계강화를 통해 문제해결을 추구하게 되었다.

둘째, 시민사회의 이념 수렴은 국가에 대한 중요한 도전을 제시하였고 이는 지시(direction)나 통제(control)보다 조정(steering) 중심의 역할로 규정되었다. 이때 조정이란 국가, 기업, 시민 간 갈등과 같은 대립적 관계를 조화롭게 조율해 나가는 것을 의미한다.

셋째, 세계화와 지방화의 심화는 행정국가의 상부와 하부에 권력

이동을 촉진시켜 새로운 연계를 산출하는 촉매로 작용했다. UN, WTO와 같은 세계기구의 영향력 증대나 지방정부에 대한 중앙정부의 간섭과 통제의 완화 등이 대표적인 예이다. 이런 상황에서 공공부문과 민간부문의 상호 협력은 새로운 경쟁력의 원천으로 부상하게 되었다.

넷째, 과거와 같이 국가의 정책수행능력에 대한 낙관적 견해로는 수행능력에 대한 평가가 어렵다. 이런 점에서 전통적인 국가·시민 관계의 변화는 국가에 대한 비판에 합리적으로 대응한 결과물로 이해될 수 있다.

다섯째, 정책결정과정에서 부분화와 전문화의 심화는 공공부문과 민간부문의 경계를 불분명하게 하였고 이처럼 다양한 행위자의 출현은 정치구조의 변화와 이들 간 상호 의존관계에 증대를 야기했다.

여섯째, 시민참여의 확대, 환경보호, 사회적 성(gender)과 같은 새로운 사회문제에 내재된 복잡성은 정부에 새로운 지식이나 기법을 요구한다. 전통적인 국가·시민관계에서의 변화는 국가가 이런 지식이나 기법들과 지속적으로 상호 관계를 유지하고 발전시킬 수 있는 방법을 추구하게 된다.

따라서 거버넌스의 등장은 전통적 정부의 기능과 역할에 대한 새로운 변화의 필요성과 당위성을 반영한 것이다. 일례로 관료제 중심의 정부가 모든 일에 관여하고 통제하는 것에서 참여적이고 분권적인 정부로의 변화는 거버넌스의 대표적인 현상이자 결과이다. 이와 같은 거버넌스의 등장으로 기존의 행정 중심적 정부의 역할과 기능 그리고 구조 등에도 변화가 불가피하게 되었는데 이는 기본적으로 두 가지 경향으로 나타났다(Pierre and Peters, 2000). 전통적인 정부의 역량과 역할이 점진적으로 변화하여 정부기능이 거버넌스를 중심으로 지속적으로 쇠퇴한다고 보는 관점이다. 다른 하나는 정부가 공공의 집합적 이해를 추구하기 위해 스스로를 재구조화한다고 보는 관점이다. 즉 정부는 공공·민간의 협조구축, 대립적이기보다 참여적인 정책 전략과 도구의 개발, 정부와 시민사회 간 연계강화 등을 통해 스스로를 변화시켜 가고 있다는 것이다.

그러나 거버넌스의 출현과 관련된 정부의 변화는 일률적이거나 획일적으로 나타나는 것이 아니다. 정부를 둘러싼 정치, 경제, 사회, 문화적 환경에 따라 다양한 형태와 패턴으로 나타나게 되는데, 이는 거버넌스가 다름 아닌 상호 참여적 통치방식의 산물이기 때문이다. Jessop(1997) 또한 이와 같은 거버넌스의 국가 간, 지역 간 차별적 존재를 지적했다. 그에 따르면, 거버넌스에 대한 일반화는 가능하지 않고 제한된 통치방식에 기반하여 형성되는 정부기구 등 제한적인 거버넌스의 대상만이 가능하다고 언급했다.

2. 거버넌스 의미의 다양성

거버넌스는 사전적으로 그리스어에 어원을 둔 '키를 잡다(to steer)'의 의미를 지니며, 이는 사회나 조직이 스스로 조정 또는 키를 잡아 가는 과정을 뜻한다(Rosell, 1999: 1). 또한 거버넌스는 사전적으로 통치(governing) 행위 또는 방식을 의미하기도 한다.

Rhodes(1997), Stoker(1998a) 등에 의하면, 거버넌스는 대략 다음과 같은 여섯 가지의 의미로 사용된다(박우서, 2001: 434-437). 첫째, 1970년대 이후 경제위기에 따른 복지국가의 쇠퇴로 정부의 많은 서비스 전달기능이 시장기구에 맡겨지게 되었고, 이런 견지에서 거버넌스는 최소국가(the minimum state)의 의미로 사용된다. 둘째, 거버넌스는 신공공관리(the new public management)를 뜻하는 것으로 이는 정부기능이 시장 이전에 따라 시장의 효율성을 공공부문의 관리에 도입하고자 하는 것과 관련된다. 셋째, 거버넌스는 정부의 역할에 대한 규범적 기준을 제시하는 것인데 이로 인해 제3세계 국가도 같은 수준의 체계를 갖추도록 강제받고 있다. 넷째, 거버넌스는 공유된 목표에 의해 지원을 받는 활동이며 정부조직뿐 아니라 비공식적, 비정부단체의 활동을 포함하는 포괄적인 활동이다. 이런 차원에서 거버넌스는 정부(government) 역할의 한계를 지적한다. 다섯째, 거버넌스는 자기 조직적(self-organizing) 네트워크이고 이는 수직적 위계조직이 아닌 수평적 연계조직을 통한 주체들 간의 상호 의존을 의미한다. 여섯째, 거버넌스는 공공과 민간의 다양한 상호 협력(pubilc·private partnership)을 의미하여 이를 통해 목표수행에 적합한 역량을 혼합하는 상호 과정을 만들 수 있다.

거버넌스에 대한 탐구는 학문적 시기와 학문의 주요 관심사에 따라 다양한 형태로 이루어져 왔다. 즉 시기적으로 거버넌스는 70년대까지 국민국가 차원에서 정부와 동일한 의미로 이해되었고 경제·사회적 발전을 위한 공공서비스의 배분과 집합적 행동을 촉진하기 위해 작동하는 공식적이고 제도적인 체계 및 과정으로 언급되었다. 이후 70년대 말부터 국가 중심적 관리체계의 위상과 역할의 한계에 대한 논의가 진전되면서 거버넌스는 과거 정부 중심의 통치양식에서 분리, 분화되고 확장되었다. 그리고 현재 거버넌스는 국가, 시민사회의 기능과 역할 그리고 이들의 상호 간 관계변화를 통해 새로운 제도와 가치체계의 창출을 위한 기제로 그 의미가 사용되고 있다.

거버넌스는 또한 학문적으로도 다르게 접근되고 이해된다. 행정학에서는 변화하는 상황 속에서 정부의 적절한 대응방안 모색과 제도화에 관심을 두고 있고, 정치학은 다양한 이해관계를 가진 행위자를 포괄하는 통치양식으로 본다. 또한 경제학은 시장과 기업에 대한 자율적인 조정체제로 거버넌스를 이해하는 반면, 정치경제학에서는 가격기구의 이용과 자발적 교환으로 비용을 낮추고 규제를 공정하게 실시할 수 있는 차원에서 거버넌스(公治)를 이해하고 있다(김영규, 자본주의 경제학, 학영사, 2004: 350).

따라서 이 책에서는 이와 같은 개념적 다양성을 감안하여 거버넌스의 의미를 다양한 측면에서 논의하고, 이를 토대로 그 개념을 종합적으로 정의한다.

1) 포괄적 측면에서 의미

포괄적 측면에서 거버넌스는 조직, 사회체제 또는 국가 전체 등과 관련된 문제를 해결하는 다양한 방법을 포함하는 거시적인 개념이다. 여기서는 대부분 누가 어떤 종류의 권한을 소유하고 구성원 간에 어떤 권리와 의무가 있는지를 규정한다(Newman, 2001).

포괄적 측면에서 거버넌스의 개념을 정의한 Rhodes(2000)에 따르면, 거버넌스는 다음의 7가지로 구분된다. 기업 또는 국가의 감사, 투명성, 정보공개 등의 절차를 강조하는 기업지배구조(corporate governance)[3]와 좋은 거버넌스(good governance), 민간경영기법에 의한 정부 관료제의 관리효율성 제고를 강조하는 신공공관리론(new public management),[4] 정부 · 시민사회 · 시장 간 경계 변화를 강조하는 신정치경제(new political economy), 단일 권력중심의 부재를 강조하는 국제적 상호 관계(international interdependence)와 사회 · 사이버네틱 체계(socio · cybernetic system)[5] 그리고 네트워크(network)이다. Campbell(1991) 등은 거버넌스를 사회구성원들의 행동을 조정하는 정치 · 경제적 절차라고 정의했고 그 유형으로 시장, 네트워크, 계층제, 감시, 협의 등을 들었다(1991).

이와 같은 포괄적 측면에서 거버넌스의 출발점은 구성원의 권리와 의무를 규정하는 규칙에 의한 지배(rule of law)이다. 이를 통해 구성원들은 규정을 준수하고 주어진 권한과 의무에 따라 행동하게 된다. 따라서 포괄적 측면에서 거버넌스가 갖는 공통점은 구성원들이 직면하는 문제를 해결하기 위해 그들의 권리와 의무를 제한, 조정한다는 사실이다.

---

3) 기업지배구조에 대해서는 다양한 정의가 존재하나 그 핵심은 최고경영자의 임명과 최고의사결정기구의 구성 및 운영이라고 할 수 있다. 기업경영과정에서 발생하는 여러 가지 문제(예: 주주와 경영자 간의 대리인 문제, 경영자와 종업원 간의 대리인 문제, 다양한 형태의 대리인 문제 등)를 통해 경영효율성을 확보하기 위한 장치가 바로 기업지배구조이다(오연천, 1999: 189). 이런 점에서 기업지배구조는 행정학과 정책학에서 일반적으로 언급되는 거버넌스의 의미와 차이가 있다.

4) 신공공관리론은 과거의 공공관리론과는 차이가 있음을 의미한다. 과거 공공관리론이 경제학적 접근에 기반한 합리적 사고와 그 맥을 같이하며 관료제의 팽창을 초래했다면(Lyunn, 1998; Saint · Martin, 1998), 신공공관리론은 치열한 시장경쟁에서 민간기업을 생존케하는 관리기법을 정부관료제에 도입하여 정부의 성과를 향상시키는 것에 초점을 둔다.

5) 이는 거버넌스를 사회정치체계에서 모든 행위자들의 상호 작용 노력의 공통적인 결과로 출현하는 하나의 행태 또는 구조로 본다. 따라서 이는 사회적, 정치적, 행정적 행위자들의 상호 의존을 강조한다.

2) 중범위적 측면에서 의미

거버넌스는 중범위적 측면에서 정부와 관련된 문제 해결기제로 파악되기도 한다. 이러한 정의에 의하면, 거버넌스는 본질적으로 정치적 성격을 갖는 것이고 여기에는 다양한 이해관계를 가진 참여자들의 협상과 타협 그리고 승자와 패자가 존재한다. 또한 거버넌스는 정책의 형성, 집행과 관련된 다양한 참여자들의 결정과 비공식적 영향력, 공식적 제도 등으로 이루어진다. 이런 견지에서 거버넌스는 공동의 관심사를 해결하기 위해 공식적인 제도와 비공식적인 제약하에서 이루어진 다양한 참여자들의 상호 작용 결과이다 (강창현, 2002). Pierre는 거버넌스를 사회체제의 조정과정에서 정부의 역할에 관련된 것으로 보았다. Pierre에 따르면, 거버넌스는 구거버넌스(old governance)와 신거버넌스(new governance)로 구분되는데 전자에서는 정부가 주도적인 역할을 수행하는 반면, 후자에서는 정부와 시민사회 간의 파트너십 또는 네트워크가 주도적인 역할을 수행한다(Pierre, 2000).

따라서 중범위적 측면에서 거버넌스는 정부조직의 관리방법으로 정의되기도 한다. 이러한 정의는 공공부문의 거버넌스를 민간부문의 것과 구분하는데 이는 국가가 향유하는 독점적 지위와 성과지표 부재의 특성 때문이다. 따라서 이런 공공 거버넌스의 한계를 극복하기 위해서는 관료와 시민의 행태를 변화시키는 다양한 정책이 필요한데, 이것이 바로 거버넌스이다(Roderick etal, 2000; Jenning and Walt, 2000).

3) 기타 측면에서 의미

포괄적 측면과 중범위적 측면의 의미 외에, 거버넌스는 법적, 공식적 통제 권한 없이 소기의 목적을 달성하고 구성원 간의 갈등을 해결하는 능력을 의미하기도 한다. 따라서 이는 정부 이외의 기관 또는 행위자의 광범위한 포함, 정부와 민간의 경계 및 책임소재 불분명, 자율적 자치 네트워크, 정부의 공권력 명령 등에 의존하지 않는 문제 해결능력 등으로 특징지어지는데, 이것이 신거버넌스(new governance)이다(Stoker, 1998b).[6]

신거버넌스에서 가장 중요한 특징은 네트워크이며, 이는 비공식적이고 유동적인 존재로서 구성원의 빈번한 교체·모호하게 규정된 권리와 의무관계 등을 특징으로 한다(Newman, 2001). 이러한 네트워크는 정부와의 협상을 통해 형성되므로 일반적으로 지칭되는 정부와의 파트너십 개념과도 분명한 차이가 있다. 또한 파트너십은 네트워크가 공식화된 것이기 때문에, 단순한 파트너십은 거버넌스와도 구분된다(Newman, 2001).

또한 신거버넌스에서는 시민의 역할이 과거 정부 서비스를 수동적으로 제공받던 '소비자'에서 공급과정에 적극적으로 참여하는 '주인'으로 재정의 되는데, 이는 정부의 한계에 대한 인식을 내포한다(Stoker, 1998b).

---

6) 반면, 김석준 등(2000)은 신공공관리론이나 신자유주의의 논리까지 신거버넌스의 개념에 포함시키고 있어 본 연구에서 언급하는 것과 차이가 있다.

4) 개념의 종합: 제도로서 거버넌스

이상의 논의에서 공통점 가운데 하나는 거버넌스가 다양한 구성원의 존재, 구성원 간 관계, 자원의 배분, 조직 등의 구조적 측면과 규칙, 규범, 인식 등의 문화적 측면을 포함하는 포괄적 개념으로 파악된다는 것이다(Kickert, 1997; Roderick et al., 2000).[7] 이런 점에서 거버넌스는 소위 신제도주의(new institutionalism)[8]에서 언급되는 하나의 제도(institution)로 볼 수 있다(Stoker, 2000).

신제도주의적 접근[9]에서 각 학파들은 '제도'의 개념에 대해 매우 다양한 논의를 전개하고 있어 표준화된 정의를 발견하기 어렵다. Peters(1999)에 따르면, 규범적 제도주의는 제도를 개인의 행동에 영향을 미치는 적정성의 논리(the logic of appropriativeness)로 보았고 이는 가치와 통합의 집합물이며 인식적이기보다 규범적인 성격을 갖는 것으로 이해되었다. 합리적 선택 제도주의에서 제도는 제

---

7) 이런 견해는 거버넌스에 대한 UNDP(1997)의 관점과도 일치한다. UNDP에 따르면, 거버넌스에는 다양한 행위자들과 이들 간의 상호 작용을 과정(process)과 그 산물인 조직(organization)과 제도(institution) 그리고 이들 간의 조정기제(mechanism) 및 규범(rule)들이 포함된다.

8) 제도주의적 접근에는 형태주의 이전의 구제도주의(old institutionalism)와 현재의 신제도주의(new institutionalism)가 있다. Peters(1999)에 따르면, 구제도주의의 주요 이론에는 법적주의(legalism), 구조주의(structuralism), 전체주의(holism), 역사주의(historicism) 그리고 규범적 분석(normative analysis)이 포함된다. 따라서 구제도주의에서는 국가를 통치하는 법(law)과 법의 중심적 역할에 관심을 가졌고, 구조가 형태를 결정하는 것으로 보아 대통령 또는 의회, 연방 또는 단일 등과 같은 정치체계의 주요 특징에 초점을 맞추었다. 또한 구제도주의는 개별 제도를 검토하기보다 전체 시스템을 비교하는 경향이 있고 분석을 위해 충분한 역사적 토대를 갖추며 분석에서 매우 규범적인 요소를 강조하는 경향이 있다. 반면, 신제도주의는 이러한 구제도주의의 분석형태를 거듭 주장할 뿐만 아니라 정치과학에서 보편적 지혜(형태주의와 합리적 선택 등으로부터 발생된 지혜)로 인지된 결과에 대해서도 언급한다. 그러므로 신제도주의적 접근은 구제도주의적 접근은 신제도주의적 접근에 기반하고 있다.

9) 신제도주의 학파에 대한 분류 시도는 수차례 있었다. 예를 들면, Hall & Taylor는 신제도주의를 역사적, 합리적 선택, 사회학적 신제도주의의 세 가지로 분류했다(Hall & Taylor, 1996: 937-954). 그리고 Peters는 규범적, 합리적 선택, 역사적, 경험적, 국제적, 사회학적 신제도주의의 여섯 가지로 분류했다(Peters, 1999: 19-20).

한된 합리성에 대한 조건을 설정하는 규칙과 인센티브의 집합으로 개념 지어진다. 이런 시각에서 개인은 제도에 의한 제약을 어느 정도 합리적으로 선택할 수 있는 여지가 있다. 역사적 제도주의에서 제도란 장기간에 걸친 인간행동의 정형화된 패턴(a set of regularized patterns of human behavior)으로 인식된다. 그러므로 제도란 개인과 집단의 행위에 대한 외적 제약요인으로 작용하는 거의 모든 것을 뜻한다. 사회학적 제도주의는 제도를 사회적 행동에 대한 안정성과 의미를 제공하는 인식적, 규범적, 규제적 구조(structure)와 활동(activities)으로 인식했다. 이처럼 제도는 그 의미가 다양하지만, 제도가 개인의 행위를 공식적, 비공식적으로 제약한다는 점은 공통적으로 인정된다.[10]

결국 제도로서의 거버넌스는 정부, 주민, 시민단체, 기업 등의 이해당사자가 공식적 제도와 비공식적 맥락 속에서 각자의 전략적인 목표와 이해관계를 반영, 통합하거나 조정해 가는 구조와 과정으로 볼 수 있다.

거버넌스를 제도적 차원으로 접근, 이해하는 시각에는 합리제도적 접근과 역사 제도적 접근이 있다(문병기, 2000: 22 - 27). 합리제도주의는 거버넌스가 추구하는 정부 · 시장 · 시민사회(또는 NGO)

---

10) 제도주의적 관점에서 제도는 사회분석의 기본적인 출발점이며 제도가 사회구성원(인간, 조직, 단체 등)의 형태에 대해 지속적인 규제를 만든다고 본다. 그러므로 사람들이 적당하고 당연하다고 받아들이는 지속적인 가치, 규범 및 이들을 구현하고 있는 구조화와 같이 매우 포괄적인 개념으로 이해될 수 있다.
또한 제도주의적 접근에서는 제도가 개인보다 지속성(persistence)을 갖고 개인의 선호를 직접적으로 반영하지도 않으며, 사회적 관계가 원자화된 또는 다소 사회화된 개인으로 환원될 수 없다고 본다. 즉 구조화된 행위자들 간의 관계(제도)가 인간의 행위를 지속적으로 제약(constrain)하기 때문에 개인의 합리적 선택이 행위를 설명할 수 없다고 본다(Katznelson, 1997: 93). 그러나 이는 인간행위에 대한 제도의 제약성을 행위의 제약요인으로 본 것이지 결정요인으로 인식하지 않았음을 의미한다.

라는 수평적이고 협조적인 국정운영체제를 하나의 제도, 또는 정규
제도에 이르기 직전의 지속성을 가진 전이단계로 인식하고 이런
체제가 개인의 행위에 미치는 영향을 연구한다. 즉 합리제도주의
이론가들은 기존의 대의민주주의 체제가 지니고 있는 불합리성과
비능률성을 극복하고 비현실적이라고 치부되어 온 개인적 합리성
을 회복할 수 있다는 가능성을 대안적 패러다임인 거버넌스의 개
념 속에서 발견하고 있다. 이런 점에서 거버넌스는 새로운 인식체
계 안에서 현실적 정책결정의 합리성을 제고하는 구체적 대안이다.
역사제도주의는 거버넌스를 하나의 역사적, 사회적 산물로 이해하
고 거시 구조적 의미와 지속성을 연구한다. 또한 이는 거버넌스가
지속성을 갖고 있고 변화와 발전을 실행하는 데 있어 경로의존과
의도하지 않은 결과의 발생을 중시한다(오창택, 1996: 204).[11]

3. 참여적 지역거버넌스의 중요성

거버넌스는 그 특성상 특정 현안에 다양한 이해당사자가 관련되
기 때문에 이들 간 갈등의 발생 가능성은 매우 높다. 경험적으로도
현대사회의 사회적 문화와 상호 의존성이 증대하면서 갈등이 증가

---

11) 역사제도주의적 접근에서는 제도의 지속성은 강조할 뿐만 아니라 제도의 변화와 발전을 설명
하는 데 있어 경로의존(path dependency)과 의도하지 않았던 결과를 중시하는데(Hall &
Talyor, 1996: 938), 그 의미는 다음과 같다. t 시점에서의 기능적 요구에 부응하기 위해
어떤 특정한 제도가 형성되면 사회적 환경이 변화하여 전혀 새로운 기능적 요구가 제기되더
라도 제도는 그 자체가 지속되는 경향을 지닌다. 그리하여 t 시점에서 형성된 제도는 새로운
시점에서의 선택과 방향을 제약하게 된다. 다시 말하면 전혀 다른 환경변화에 대처하기 위한
목적으로 형성된 제도가 미래의 시점에서도 지속적으로 정책 선택의 여지를 제한하는 것이다
(Krasner, 1984: 67-82). 이는 과거 만들어진 정책이나 계획에 대해 계속적이고 결정적
인 영향을 미침을 의미한다. 동시에 현재의 계획방식이 과거방식에 의해 남겨진 제도적 유산
에 의해 다소 영향을 받음을 뜻한다.

하고 있음도 부정할 수 없는 사실이다.

일반적으로 갈등은 그 차원이 개인, 집단, 조직, 지역, 국가 간 상호 관계에서처럼 다양하고, 그 원인도 가치, 이해관계, 제도, 체제, 이념, 권력, 자원, 보상과 같이 여러 가지이다. 또한 갈등의 형식은 불만, 불평, 질투, 시기와 같이 개인적 차원에서부터 투쟁, 혁명, 전쟁과 같이 사회적 차원의 집단행동에까지 이르고 있다. 그리고 갈등의 효과는 분리, 해체, 붕괴, 통합, 단결 등 상호 이질적인 요소를 포함하게 된다. 요컨대 갈등은 그 차원과 원인, 형식과 효과 면에서 상당한 수준의 다양성과 복합성을 갖고 있다(김선빈 등, 2001: 11 - 12). 이처럼 다양한 차원, 원인, 형식 그리고 효과로 전개되는 갈등에 대해 관리가 중요시되는 배경은 다음과 같다.

첫째, 사회적 · 정치적 여건변화 등과 같이 간접적으로 갈등을 유발하는 요인[12]의 변화는 사회문화에 영향을 미쳐 사회구성원 간 갈등을 증폭시키고 결과적으로 사회의 생산성에 좋지 않은 영향을 미친다.

둘째, 경제적 환경변화, 과학 · 기술의 발달 등과 같은 직접적인 요인의 변화로 참여와 권한위임의 중요성이 증대하고 과거와는 다른 노력이 사회활동에서 전개되면서 각종 갈등이 다양해지고 앞으로도 증가할 것이다. 따라서 갈등이 효과적으로 조정, 해소되지 못한다면, 국가 전체적으로 큰 손실을 초래할 수 있다. 결국 갈등발생의 개연성이 증가하는 환경 속에서 다양한 이해당사자가 각자의 목표와 이해관계를 통합 · 조정해 가는 구조와 과정이 거버넌스이

---

12) 이 외에도 비용과 편익에 따른 경제적 요인, 기술수준에 대한 불신과 기술적인 결함, 의사결정과정의 합리성과 투명성 결여, 분쟁을 사전에 예방하고 조정할 수 있는 조정기구 및 제도 미비 등을 직접적인 요인으로 들 수 있다(Amour, 1991).

므로, 거버넌스에서 갈등은 구조적 산물이자 과정적 결과물이다. 따라서 거버넌스 차원에서 갈등을 조기에 해소하거나 조정하는 것은 중요한 의미를 가지며, 이 책에서는 이를 위한 기제를 참여적 지역거버넌스 차원에서 구한다.

참여적 거버넌스의 개념은 다양한 의미로 사용되고 있다. 첫째, 규범적으로는 많은 이상적인 특징을 가진 바람직한 프로젝트로서의 참여 거버넌스를 묘사하기도 하고 둘째, 다수의 관련자들을 포함하는 결정과정의 형태를 기술하는 용어로 사용하기도 하며 셋째, 참여와 투입을 강조하는 경험 분석적 개념으로 사용하기도 한다. 이처럼 참여 거버넌스의 개념에 대한 합의는 이루어지지 않고 있지만 통상 다수의 이해관계자(stakeholders)를 포함하는 아래로부터의 참여에 중점을 둔다(Brigitte Geissl, 2004). 참여 거버넌스를 주장하는 이론가들은 거버먼트(government)를 보완하는 참여가 정책의 질을 향상시킨다는 이론을 전개해 왔다(Mansbridge, Jane, 2004; Brigitte Geissl, 2004).

'참여적 지역거버넌스(participatory local governance)'란 무엇인가? 통치(government)와 구별되는 '거버넌스'란 조직 간 경계를 넘어선 권한의 행사를 의미한다. 참여적 국정관리를 통해 이해관계자들 간의 권력 공유를 위한 합의가 도출될 수 있으며, 이는 갈등을 넘어선 새로운 이해를 반영한 것이며 그 이해를 실현 가능하게 해 준다. 참여적 지역거버넌스는 정책 수립 및 실행에 있어 정부기관, 이해관계자 그리고 (이상적인 경우) 시민사회 모두의 참여에 기반한, 경계를 넘어선 타협의 형태를 이룬다(Jenny Stewart, 2005).

이러한 참여적 지역거버넌스는 예측 가능하고 개방적이며 설명적인 정책형성일 뿐 아니라 공익, 법의 통치, 투명한 과정, 강력한 시민사회 참여를 조장하는 전문성을 갖춘 관료제도라 할 수 있다. 따라서 참여적 지역거버넌스에서는 명확한 정책형성, 책임감있는 관료, 예측가능한 법체계, 시민(단체)의 활발한 참여 등이 이루어진다(World bank, 1994: 21). 즉 참여적 지역거버넌스에서는 제도적 기반하에 다양한 이해당사자의 참여가 활발히 이루어지고 관료의 책임성이 제고되며 제반 과정이 투명하게 진행된다. 이런 점에서 참여적 지역거버넌스는 주요 현안과 관련된 이해당사자 간 목표나 이해관계가 통합적으로 조정될 수 있는 제도적 기반을 갖추고 있다.

다양한 이해당사자가 각자의 목표와 이해(利害)관계를 조정, 통합해 가는 구조와 과정 속에서 주체들의 역량강화와 신뢰 확보를 통하여 갈등을 조기에 해소하거나 조정하는 것은 중요한 의미를 갖는다. 이 책에서는 이를 위한 기제(機制)를 참여적 지역거버넌스에서 찾는데, 참여적 지역거버넌스는 주요 현안과 관련된 이해관계자 간 목표나 이해관계가 통합적으로 조정될 수 있는 기반을 갖추고 있다고 본다.

참여적 지역거버넌스는 지역 수준에서 당사자의 이해나 복지 등에 영향을 미치는 결정에 대해 기본적으로 이해관계자의 실질적인 참여가 활성화되고 관료, 계획가 등의 행동에 책임성이 담보되면 모든 사람들이 적은 비용으로 관련 정보에 적절히 접근할 수 있는 투명성이 제고된다. 이런 점에서 참여적 지역거버넌스의 구성요인은 사회구조 속에서 이해관계자의 가치관과 태도, 갈등해결과정의 투명성, 관리조정기구의 책임성 등이 갈등의 주체인 이해관계자 간의 상호 작용의 결과로 나타난다.

제3장 갈등관리디자인, 갈등이론과 비선호시설의 입지갈등

1. 갈등의 개념과 특성

1) 갈등의 개념

전통적 관점에서 갈등에 대한 인식은 회피할 수 있는 성질로서 조직 내 또는 개인적 문제성에 의해 야기되는 악의적이고 파괴적인 성질로 인식되었으나, 현대적 관점에서는 인간관계와 조직 내에서 불가피하게 발생하며 이는 상호 간에 건전한 경쟁관계와 조직과 대인 간에 있어 종국적으로는 의사교환의 활성화를 일으킬 수 있는 요인으로 인식되고 있다.

현대사회의 조직 내·외부에서 흔히 나타나는 현상 중의 하나인 갈등은 사회학이나 정치학 또는 행정학을 비롯한 사회과학 분야에서 주된 연구의 대상이 되고 있다. 갈등의 개념에 대해서는 다양한 정의가 내려지고 있는 만큼 한마디로 명확하게 규정하기는 쉽지 않으며, 아직까지 정의에 대해 합의를 본 개념도 존재하지 않는다. 이는 갈등이 사회의 여러 차원에서 워낙 다양하고 동태적 형태로 발생하고 있기 때문이라고 할 수 있을 것이다(John R. Minnery, 1985).

(1) 학문 분야에 따른 개념

학문 분야에 따른 갈등의 개념으로는 심리학, 사회학, 경제학, 행정학(정책학) 등의 4가지로 크게 구분할 수 있다. 심리학적 관점에서의 갈등은 동시에 해결할 수 없는 둘 또는 그 이상의 동기유발, 즉 개인 내에서의 양립될 수 없는 반응적 경향을 말하고, 사회학적 관점에서의 갈등은 신분, 권력 및 희소자원 등과 같은 가치를 획득하기 위해 상대편을 제거하려는 노력, 즉 갈등은 개인이나 집단들 상호 간에 희소자원을 둘러싸고 나타나는 투쟁으로 개념 짓는다.

그리고 경제학의 관점에서의 갈등은 금전이나 철강, 고기, 직장 등과 같은 희소자원을 서로 경쟁하는 개인이나 집단에 어떻게 배분할 것인가에 대한 고민으로 경제적 자원만을 대상으로 하며, 행정학(정책학)의 관점에서의 갈등은 공익을 추구하는 정책의 전 과정을 통하여 목표가 양립 불가능한 상황에서 정책과 관련된 행위주체들이 상호 작용하면서 전개되는 역동적 상황, 즉 정책을 중심에 두고 그것을 둘러싼 외부적 변수와 갈등유발요소들을 검토하여 갈등을 이론화한다. 즉 정책결정에 내재한 가치 배분적 측면과 각 집단들 간의 상호 작용이라는 속성은 불가피하게 갈등을 내포할 수밖에 없다는 것이다.

(2) 갈등성향에 따른 개념

갈등성향에 따른 개념은 세 가지 차원에서 살펴볼 수 있으나, 이들은 따로 떨어져 있는 것이 아니라 상호 영향을 미치고 있으며, 이 영향에 따라 갈등의 강도나 성격이 변하게 된다. 이런 의미에서 갈등은 다차원적(multi-dimensional)이며 동태적(dynamic)이라고 볼 수 있으며, 갈등성향에 따른 개념으로는 지각적 측면과 정서적 측면, 행동적 측면의 세 가지로 구분한다.

지각의 측면(Conflict as Perception)에서의 갈등은 우리 자신의 욕구나 이익, 가치가 다른 이들의 욕구나 이익, 가치와 상반된다는 인식 혹은 믿음을 말하고, 크게 주관적 갈등과 객관적 갈등으로 나뉜다.

정서적 측면(Conflict as Feeling)에서의 갈등은 내가 다른 이와 상반된 입장에 서게 되는 상황에서 느끼게 되는 두려움, 슬픔, 분노, 무기력함 혹은 이러한 감정들의 교착(交錯)과 같은 감정적인 반응을 말하며, 지각의 차원과 마찬가지로 비록 이러한 감정들을 서로 주고받지 않고 상대방이 인식조차 못하더라도 둘 중 한 사람이 갈등을 겪고 있다고 느끼게 되면 갈등은 존재하는 것으로 본다.

행동적 측면(Conflict as Action)에서의 갈등은 내가 나의 감정이나 인식을 표출하는 방식 또는 요구를 충족시키는 방식이 잠재적으로 다른 이의 방식을 방해할 때 존재하며, 그 방식이 직접적이든 간접적이든, 폭력적이든 회유적이든 관계없이 갈등이 존재한다고 본다.

〈표 2-1〉 각 분야별 갈등의 개념

구분	분야	개　　념
학문 분야	심리학	• 특정 개인에게 복수의 세력이 작용하는 상황에서 한쪽을 포기해야 할 경우에 가질 수 있는 심리상태로 정신질환과 탈선 등에 응용
	사회학	• 실재적 갈등: 희소가치의 획득을 위해 상대편과 투쟁 • 비실재적 갈등: 공격하고자 하는 충동
	경제학	• 경제적 희소자원을 서로 경쟁하는 개인이나 집단에 어떻게 배분할 것인가
	행정학 (정책학)	• 개인, 집단, 조직 내부 또는 이들 상호 간에 나타나는 대립적 상호 작용으로 권력 등의 희소자원을 획득하기 위한 다양한 경쟁적 집단 사이의 투쟁

구분	분야	개　　념
성향	지각	• 자신의 욕구나 이익, 가치가 다른 이의 그것과 상반된다는 인식
	정서	• 자신이 다른 이와 상반된 입장에 서게 되는 상황에서 느끼게 되는 분노, 두려움 등 감정적인 반응
	행동	• 자신의 감정이나 인식, 요구를 표출하거나 충족시키는 방식이 다른 이의 방식을 방해하는 것

자료: 서울시정개발연구원(2003: 9 - 11) 재정리

(3) 학자별 갈등의 정의

Coser(1956)는 갈등이란 가치들에 대한 투쟁으로서 희소한 지위, 권력, 자원 등을 추구하는 과정에서 상대편을 무력화시키거나 제거하려는 과정이라고 정의했고, March와 Simon(1958)은 갈등의 개념을 조직 내의 의사결정이나 정책결정에 있어서 대안의 선택기준이 애매모호하여 어느 대안을 선택해야 할지 몰라서 곤란을 겪게 되는 상황이라고 정의했으며, 갈등의 조건은 첫째, 공동의 의사결정의 필요에 대한 인식, 둘째, 목표의 차이, 셋째, 현실에 대한 지각의 차이라고 개념 지었다. Dlugos(1959)는 개인이나 집단 간의 의견의 불일치로, Daherndorf(1959)는 사회세력들 간의 표면상의 충돌뿐만 아니라 싸움 · 경쟁 · 논쟁 그리고 긴장 등을 모두 포함하는 것으로 정의했으며, L. R. Pondy(1969)는 자원의 부족이나 정책가치상의 차이 등 갈등행위에 선행하는 상태, 스트레스, 긴장, 적대감, 불안 등 갈등상황에 관련된 개개인의 감정적 상태, 개인의 인지적 단계, 갈등행위 등의 역동적인 과정으로 '잠재적 갈등→느끼는 갈등→인지된 갈등→현재화된 갈등→갈등의 결과'의 5단계를 거친다고 했다. Deutsch(1973)는 갈등이란 양립 불가능한 행위로, K. Thomas(1976)는 한 개인 내부의 양립 불가능한 반응 경향들로 보았다.

국내 학자로서 박동서(1989)는 갈등을 한정된 자원에 대한 경쟁이 있거나, 선택의 기준이 명확하지 못하여 여러 대안 중 선택의 곤란을 겪는 상황으로 정의하였고, 오석홍(1990)은 행동주체 간의 대립적·적대적 상호 작용으로, 백완기(1995)는 양립할 수 없는 목표의 추구로 보았다. 박호숙(1996)은 공익을 탐색하는 정책결정과정에서 정책결정에 관여된 행위주체들이 정책대안을 선택하는 데 있어 제약을 받고 있는 상황으로 정의하였으며, 이승철(1996)은 의사결정과정에서 한 사람이 두 가지 이상의 서로 상반되는 일에 종사하도록 강요된 상태에 발생하는 것으로서 가치, 권위, 권력 및 희소자원에 대한 요구를 둘러싸고 벌이는 여러 형태의 싸움들로 정의하면서 당사자들의 지각·정서·행동 그리고 결과를 포함하는 과정이자 상대방이 욕구불만을 가지고 있다는 것을 지각하게 될 때부터 시작되는 현상이라고 보았다.

〈표 2-2〉 학자별 갈등의 정의

학자	정　　의
L. A. Coser (1956)	가치들에 대한 투쟁으로서 희소한 지위, 권력, 자원 등을 추구하는 과정에서 상대편을 무력화시키거나 제거하려는 과정
J. G. March & H. A. Simon (1958)	조직 내의 의사결정이나 정책결정에 있어서 대안의 선택기준이 애매모호하여 어느 대안을 선택해야 할지 몰라서 곤란을 겪게 되는 상황 갈등의 조건은 첫째, 공동의 의사결정의 필요에 대한 인식, 둘째, 목표의 차이, 셋째, 현실에 대한 지각의 차이
G. Dlugos (1959)	개인이나 집단 간의 의견의 불일치
R. Daherndorf (1959)	사회세력들 간의 표면상의 충돌뿐만 아니라 싸움·경쟁·논쟁, 그리고 긴장 등을 모두 포함
L. R. Pondy (1969)	자원의 부족이나 정책가치상의 차이 등 갈등행위에 선행하는 상태, 스트레스, 긴장, 적대감, 불안 등 갈등상황에 관련된 개개인의 감정적 상태, 개인의 인지적 단계, 갈등행위 등 역동적인 과정으로 '잠재적 갈등→느끼는 갈등→인지된 갈등→현재화된 갈등→갈등의 결과'의 5단계를 거침

학자	정 의
M. Deutsch (1973)	양립 불가능한 행위
K. Thomas (1976)	한 개인 내부의 양립 불가능한 반응 경향들
박동서 (1989)	한정된 자원에 대한 경쟁이 있거나, 선택의 기준이 명확하지 못하여 여러 대안 중 선택의 곤란을 겪는 상황
오석홍 (1990)	행동주체 간의 대립적/적대적 상호 작용
백완기 (1995)	양립할 수 없는 목표의 추구
박호숙 (1996)	공익을 탐색하는 정책결정과정에서 정책결정에 관여된 행위주체들이 정책 대안을 선택하는 데 있어 제약을 받고 있는 상황
이승철 (1996)	의사결정과정에서 한 사람이 두 가지 이상의 서로 상반되는 일에 종사하도록 강요된 상태에 발생하며, 가치, 권위, 권력 및 희소자원에 대한 요구를 둘러싸고 벌이는 여러 형태의 싸움들 당사자들의 지각, 정서, 행동 그리고 결과를 포함하는 과정이며, 상대방이 욕구불만을 가지고 있다는 것을 지각하게 될 때부터 시작되는 현상

자료: L. A. Coser(1956: 8), J. G. March & H. A. Simon(1958), Gunter Dlugos(1959), R. Daherndorf(1959), L. R. Pondy(1969), Merton Deutsch(1973), K. Thomas(1976: 890), 오석홍(1990: 678), 백완기(1995: 351), 박동서(1989: 234), 박호숙(1996: 31), 이승철(1996).

2) 갈등의 특성

갈등에 대한 다양한 정의를 종합하면, 갈등의 특성을 다음과 같이 요약할 수 있다. 첫째, 갈등은 둘 이상의 갈등주체 사이에 발생하는 현상이다. 갈등의 주체는 조직 내 개인·집단 그리고 이들을 포함하는 조직 전체이다. 따라서 갈등은 개인과 개인, 개인과 집단, 개인과 조직, 집단과 집단, 집단과 조직, 조직과 조직 등 다양한 관계 속에서 일어난다.

둘째, 갈등은 대립감과 대립적 행동을 내포하는 동태적 과정이다. 즉 갈등원인의 지각, 심리적 대립현상 그리고 대립적 행동의 표면화로 이어지는 과정이다. 이러한 여러 단계가 언제나 끝까지

진행되는 것은 아니며, 어느 단계에서 끝나거나 전 단계로 되돌아가거나 혹은 다른 단계로 전이될 수도 있다.

셋째, 대립적 행동이 노출되지 않더라도 당사자들이 갈등상황을 지각하고, 긴장·불안·적대감 등을 느끼기 시작하면 벌써 갈등이 존재한다고 보아야 한다.

넷째, 갈등이 나타나는 대리적 행동에는 폭력, 저항, 파괴, 이견의 진술 등 적극적 행위뿐만 아니라 당연히 해야 할 말이나 행동을 하지 않는 등의 소극적 행위도 포함된다.

다섯째, 갈등발생에는 반드시 그 원인과 조건이 수반된다. 조직의 모든 구성요소는 갈등발생의 잠재성을 가지고 있다고 할 수 있으나, 그 잠재성만으로 갈등이 발생하는 것은 아니며 여기에 일정한 조건이 부여될 때 비로소 갈등이 발생한다.

여섯째, 갈등은 조직을 위해 유익할 수도 있고 해로울 수도 있다. 조직이 추구하는 목표나 가치를 지원하는 것은 조직을 위해 순기능적이며 건설적인 갈등이지만, 반대로 조직의 목표나 가치를 해치는 것은 역기능적이며 파괴적인 갈등이다. 그러나 구체적인 경우에 순기능적 갈등과 역기능적 갈등이 항상 뚜렷하게 구별되는 것은 아니며, 양자의 관계는 시간의 흐름에 따라 변할 수 있다(박연호·오세덕, 1983).

3) 갈등의 원인

갈등의 발생과 정도를 결정하는 원인에 대해서는 많은 학자들이 다양한 요소들을 제시하고 있다. 고종식(1992)은 여러 학자들이 주장한 원인들 중 몇 가지 공통된 원인을 살펴보면 상호 의존성, 목표의 차이, 지각의 차이, 지위의 부조화로 요약할 수 있다고 했다.

상호 의존성은 두 집단이 각각의 목표를 달성함에 있어서 상호 간의 협조와 정보의 제공, 동조 혹은 협력행위를 요하는 정도로서 한 집단의 다른 집단에 대한 의존성 혹은 두 집단 간의 연합이나 합의를 필요로 하는 상황을 말한다.

목표의 차이는 집단 간 신축성과 안정성, 장기업적과 단기업적, 측정 가능한 결과와 측정 불가능한 결과, 조직의 목표와 사회의 욕구 간의 상충으로 발생하며, 한정된 자원에 대한 상호 의존성과 경쟁적인 보상체계, 개인목표의 차이, 주관적으로 해석되는 조직목표 등으로 인해 야기된다.

지각의 차이는 현실을 어떻게 파악하느냐에 대한 집단 간 인식의 차이로서 대부분 커뮤니케이션상의 문제로 야기되며 의견불일치를 촉진시키고 공동의사결정이나 협력을 어렵게 만든다.

지위의 부조화는 조직 내 다양한 지위체계에서 행동주체 간의 상호 작용을 예측 불가능하게 하면서 갈등을 야기하며, 예를 들어 선임순위에 의한 지위체계에서 선임지위와 지위순위가 일치하지 않는 경우에 발생한다.

한편 Kilmann & Thomas(1978)은 갈등의 원인을 동기적 측면과 행태적 측면으로 나누어 살펴보고 있다. 우선 동기적 측면은 갈등의 잠재적 원인에 해당하는 것으로서 갈등행동이 표출되도록 하는 상황이나 기본조건들이 객관적으로 존재하고, 갈등 당사자들이 이를 어느 정도 지각하고 있지만 공공연한 갈등행동이 나타나지 않은 갈등이라고 정의하였다. 따라서 동기적 측면의 갈등원인은 갈등행동이 표출되도록 하는 상황이나 조건 또는 이에 대한 지각이라고 할 수 있다(박인권, 1999: 14-15).

행태적 측면의 갈등원인은 갈등의 현재적 원인에 해당하는 것으로서 갈등 당사자들이 심리적·정서적으로 동요를 일으켜 구체적인 행동을 표출하는 갈등이라고 보았다. 따라서 행태적 측면의 갈등은 갈등 당사자들의 심리적 동요와 구체적인 행동을 자극하는 것이라고 정의할 수 있다(박인권, 1999: 16). 즉 상호 불신(유해운 등, 1997: 279), 상대방의 불성실한 행태(Roger, 1998), 자기 집단의 세력 확보 등이 현재적 갈등을 일으키는 요소에 해당한다.

〈표 2-3〉 주요 학자들이 논하는 갈등의 원인

학자명 \ 내용	갈등의 원인
March & Simon (1958)	① 공동의사결정의 필요성 인식, ② 목표의 차이, ③ 지각의 차이
Lifferer (1965)	① 양립 불가능한 복합적 목표의 제시, ② 목표달성을 위한 수단인 자원의 부족과 배분의 어려움, ③ 직위 상호간의 부조화, ④ 인식의 다양성에서 비롯되는 행태나 태도의 불일치
Walton & Dutton (1969)	① 상호 의존성, ② 권한관계의 불균형, ③ 공유자원의 존재, ④ 보상체계
Hellriegel & Slocum (1974)	① 업무의 상호 의존성, ② 불균형적인 종속성, ③ 양립적인 업무기준 및 보상, ④ 부서 간 차별성, ⑤ 공동자원의 배분
Duncan (1978)	① 가치차이, ② 과업의 상호 의존성, ③ 상이한 평가기준, ④ 한정된 자원
Kilmann & Thomas (1978)	① 목표의 차이(구조적 조건), ② 정치적 변화(과정적 사건)
Dessler (1979)	① 오해, ② 성격상 마찰, ③ 가치관과 목표의 차이, ④ 불만족스러운 업무수행, ⑤ 업무수행 방법상의 차이, ⑥ 책임문제, ⑦ 협동 부족, ⑧ 지위문제, ⑨ 욕구불만과 신경과민, ⑩ 한정된 자원, ⑪ 규범과 정책에 대한 불응, ⑫ 상호 의존과 자원 배분, ⑬ 인식차이, ⑭ 권한의 부조화
Lanford (1981)	① 상호 의존성, ② 불균형, ③ 보상, ④ 조직구조와 운영상의 차이, ⑤ 역할불만, ⑥ 모호성, ⑦ 공동자원, ⑧ 의사소통의 장애, ⑨ 개인 간의 상이한 기술 및 특성

자료: March J. G. & H. A. Simon(1958), J. A. Lifferer(1965), R. E. Walton & J. M. Duton(1969), D. Hellriegel & J. W. Slocum(1974), W. J. Ducan(1978), G. Dessler(1979), H. W. Lanford(1981).

4) 갈등의 기능

고전적 이론은 갈등보다 인화(人和), 동태(動態)작용보다 정태(情態)작용에 관심을 가져 갈등을 역기능으로 인식하였으나, 근래에 와서는 갈등은 불가피할 뿐만 아니라 사회나 조직발전의 중요한 역할을 담당하는 긍정적 현상으로서 그 순기능이 높이 평가되고 있는 가운데 갈등조장론까지 대두되고 있는 실정이다(노종희, 1997).

갈등을 용인하고 옹호하려는 사람들은 갈등이 조직에 본래적으로 내재하는 현상이므로 그것의 존재를 인정해야 한다고 주장하는데, 이러한 갈등의 순기능은 다음과 같은 조건이 마련되어야 나타난다. ① 갈등관계에 놓여 있는 당사자 간의 상호 의존성을 정확히 파악할 것, ② 의사결정자 간에 빈번하고 효과적인 의사전달이 있어야 하며 불만의 배출구를 마련해 줄 것, ③ 체제 내의 자원을 공평하게 배분할 것, ④ 갈등해결방법을 표준화할 것, ⑤ 체제 내의 의사결정권이 분산되어 있을 것 등이다.

(1) 순기능

갈등순기능론은 갈등을 개인 또는 집단에 있어서 당연히 발생될 수 있는 정상적인 현상으로 보는 입장으로, 현실적으로 볼 때 조직 내부 혹은 조직 간에 갈등이 전혀 없을 수는 없으며, 오히려 어느 정도의 갈등은 집단의 형성 및 집단활동의 유지를 위해 필요한 현상이라는 것이다(Donald Nightingale, 1976).

갈등이 개인이나 집단에 미치는 긍정적인 기능으로는 ① 갈등이 건설적으로 해결되면 조직발전의 새로운 계기가 되며, 건설적 갈등은 선의의 경쟁을 통하여 조직의 발전과 쇄신을 도모, ② 갈등해결을 위한 조직의 창의력, 융통성, 적응성 및 문제해결능력 제고, ③ 조직의 장기적인 안정성 공고화 등이 있다.

(2) 역기능

갈등역기능론은 갈등의 역기능적인 측면에 초점을 두고 갈등은 조직에 해로운 것이라는 관점에서 그것의 원인규명과 해결방안을 탐구하고자 하는 입장을 말한다(Newton, 1978).

일반적으로 지적되고 있는 갈등의 역기능은 ① 개인과 집단의 균형파괴로 인한 혼란과 무질서 및 구성원들의 사기저하 초래, ② 개인이나 조직의 통합과 조화 저해 및 조직의 위계질서 문란, ③ 조직구성원이나 조직단위들 간 반목과 적대의식을 조장, 불안과 긴장 고조 등이다.

2. 비선호시설의 개념과 특성

1) 개념

비선호시설 LULUs(locally unwanted land uses)은 "항상 주민들에게 고통과 공포를 주고 집값의 하락과 같은 부정적인 효과를 유발하는 반면 해당 지역에 있어 그것의 설치에 따른 혜택은 타 지역과 비교하여 비슷하거나 그다지 크지 않은 공공시설"로 정의된다(Armour, 1991: 7). 따라서 비선호시설이란 그 시설이 갖는 공간적 · 지역적 부의 외부효과로 인해 해당지역 주민들에게 수용이 거부되나, 국가적 차원에서는 그 필요성이 인정되는 시설을 의미한다.

본 책에서는 주민 비선호시설, 기피시설, 혐오시설 모두를 동일한 개념으로 받아들인다. 일반적으로 주민 비선호시설이란 쓰레기 매립장, 소각장, 화장장, 핵폐기물처리장 등과 같이 해당시설이 입지함으로써 주변 지역에 부정적 외부효과[13]를 가져오는 시설을 의미하고(김갑성 등, 1993: 10), 지역 주민들에게 수용이 거부됨에도 불구하고 사회적 편익제공과 공익실현에 이바지함으로써 사회 전체적으로 없어서는 안 될 시설을 뜻한다(유해운·오창택, 1996: 201).

지방정부 갈등을 유발하는 주민 비선호시설은 비선호성(혐오성), 위험성, 순수공익성(복지성) 등을 기준으로 <표 2-4>와 같이 분류할 수 있다.

〈표 2-4〉 특성에 따른 주민 비선호시설의 종류

시설의 특성	시설의 종류
비선호성 (혐오성)	쓰레기 매립장(쓰레기 적환장, 쓰레기 중계처리장, 쓰레기 소각장 등 포함), 분뇨처리장, 공원묘지, 하수종말처리장, 화장장 등
위험성	주유저장시설, 원자력발전소, 핵폐기물처리장, 교도소, 구치소, 댐, 군부대시설 등
순수공익성	양로원, 아동복지시설, 정신병원, 장애자시설(나환자촌) 등

자료: 경기도연구단(1991: 9-13)의 자료를 요약정리.

첫째, 주민 비선호시설은 해당 지역에 공공서비스를 제공하기 위해 설치되는 시설이 누구에게나 불쾌감, 더러움 등의 거부반응을

---

13) 부정적 외부효과는 주민 비선호시설이 본래의 기능을 수행하는 과정에서 발생한다. 본래 외부효과(external effect)란 개인이나 기업, 공공기관 등의 경제주체가 목적을 수행하는 과정에서 의도하지는 않았지만 부수적으로 발생시키는 부산물, 부수적 효과를 말하며 이는 다른 경제주체의 생산, 소비, 교환활동에 유리한 또는 불리한 영향을 미친다. 따라서 긍정적인 외부효과로 인식되는 것에 대해서는 이를 멀리하거나 자신들의 근처로 입지하는 것을 막으려는 경향이 있다(Smith, 1977: 90; 권영락, 1999: 9-10).
대부분의 외부효과는 매우 국지적으로 나타나며 그 발원(source)으로부터 거리에 따라 점차 희석되는 거리·조락(distance·decay)패턴을 보이는 것이 사실이다. 다만 외부성의 유형이나 성격에 따라 거리에 대한 외부성의 감소 정도가 다르게 나타난다.

불러일으키고 부수적으로 주변 지역에 대해 다른 측면의 부의 영향을 초래하는 것을 말한다. 쓰레기매립장 및 소각장, 분뇨처리장, 하수종말처리장, 화장장 등이 여기에 속한다. 둘째, 위험시설은 해당 시설의 운영이 잘못되었을 경우에 주변 지역에 엄청난 인적·물적 피해를 주거나 그 자체가 폭발이나 폭력 등 위험을 연상시킴으로써 거부 반응을 불러일으키는 것을 말한다. 주유저장시설, 원자력발전소, 핵폐기물처리장, 교도소, 구치소 등이 여기에 속한다. 셋째, 순수공익시설은 해당 지역에 고유 서비스를 제공하기 위해서라기보다는, 소득 분배적 측면이 많은 것으로 국가정책적 차원에서 추진해 비선호성이나 위험성을 내포하는 성질이지만 위의 시설들에 비해 상대적으로 적은 것을 말한다. 양로원, 아동복지시설, 장애자시설, 정신병원, 성역화사업, 문화시설, 상수도보호구역, 보건소 등으로 순수하게 공익적 성격을 갖고 있지만 지역 주민들에 의해 입지가 반대되는 대표적인 시설이다. 일반적으로 지역 주민들은 이런 시설의 입지로 발생할 수 있는 지가하락, 생활환경 수준의 저하 등을 부정적인 외부효과로 인식한다.

님비(NIMBY; Not In My Back Yard)와 같은 비선호시설의 설치를 둘러싼 갈등과 대립은 이와 같은 특성들에서 비롯되는 것이다. 특히 입지선정 단계에서부터 대상지역 주민들의 강력한 반대로 인해 룰루(LULUs: Locally Unwanted Land Uses), 니아비(NIABY: Not In Anybody's Back Yard), 님투(NIMTOO: Not In My Term Of Office) 등의 신조어를 양산하고 있다. 입지 관련 분쟁의 주요 쟁점은 사회적·지역적 비용과 편익배분에 있어서 형평성 결여라고 할

수 있다. 비선호시설의 입지 시, 사회적 차원에서 불특정다수에게
는 편익을 제공하나 해당 지역 주민에게는 재산상 손실, 지가하락,
환경오염 등 비용이 초래된다. 그러나 이에 대한 충분한 보상이 이
루어지지 않는 경우 분쟁이 발생하게 된다. 이 외에도 지역 주민이
나 지방자치단체가 자기 지역에 이익이 되는 조치나 시설을 역내
에 설치해 줄 것을 요구하는 핌피현상(PIMFY: Please In My Front
Yard)도 나타나고 있다. 이와 같은 맥락에서 '핌피'현상은 비용에
비하여 높은 편익을 추구함으로써 일어나는 것이다.

2) 특성

비선호시설이 갖는 특성은 여러 연구자들에 의해 다양하게 제시
되고 있는데, 이를 종합해 보면 다음과 같다.

첫째, 대부분의 비선호시설은 시장기구를 통한 효율적인 자원배
분을 기대하기 어려운 공공재(public good)적 성격[14]을 갖는다. 이
에 따라 대부분의 주민 비선호시설은 정부의 직·간접적인 개입에
의해 설치·운영된다. 만약 민간에 의해 공급될 경우, 독점상태가
야기될 가능성이 높아 효과적인 공급에 차질이 발생할 개연성이

---

14) Harvey S. Rosen and T. Gayer(2008: 52)에 따르면, 공공재는 소비에 있어서 민간재와
대립되는 집단적 소비재로서 비배제성(non excludability)과 비경합성(non rivalry)을 특징으
로 한다. 이런 특성을 갖고 있는 재화는 그 재화의 소비와 관련하여 시장에서 가격에 의한
소비는 결코 효율적이지 못하다. 우선 비배제성이란 한계비용이 영이기 때문에 가격에 의해
편익으로부터 배제하는 것이 불가능한 재화이다. 이로 인해 누구나 그 재화를 향유할 수 있
고 각 개인들은 자신들의 진정한 선호를 숨긴 채 타인에 의해 제공되는 재화를 공짜로 즐기
고자 하는 '무임승차자(free rider)'의 심리를 갖게 된다. 또한 소비의 비경합성은 어떤 사람
의 소비가 다른 사람의 소비를 방해하지 않기 때문에 '배제'를 비효율적인 행위로 만든다. 즉
소비의 비경합성으로 인해 추가적인 비용 없이 여러 사람들이 향유할 수 있는 재화를 몇 사
람에게만 한정시키고 다른 사람들에게는 금지시킨다면, 이는 사회적으로 비효율적인 결과를
초래하게 된다.

큰 특성을 지니고 있기 때문이다(유해운·오창택, 1996: 203). 이런 견지에서 비선호시설은 경제적 편익을 추구하는 시장 중심적 논리에서부터 벗어날 수 있는 사회적 결정이 요구된다.

둘째, 시설 그 자체가 부정적인 외부성, 즉 외부비용(external cost)을 초래할 가능성을 지니고 있기 때문에 비용·편익의 불균형을 야기한다. 즉 비선호시설의 입지로 얻게 되는 편익보다는 해당 시설의 입지로 인해 발생하게 되는 사회적 비용(social cost)이 훨씬 클 수 있다. 사회적 비용은 해당 지역을 포함하여 전체 지역사회로 널리 분산되는데, 예컨대 소음·악취·매연 발생, 공포심 유발, 자연환경 훼손, 지역이미지 손상, 재산가치 하락 등과 같은 비용을 유발한다(유해운·오장택, 1996: 204). 이로 인해 비선호시설의 입지로 피해를 입는 지역 또는 공간의 주민들을 대상으로는 사회적 동원(social mobilization)이 비교적 용이하다. 이런 견지에서 시설을 수용하는 해당 지역 주민들이 비선호시설의 설치 등과 관련하여 무임승차자의 문제에 효과적으로 대응할 수 있을 뿐만 아니라 집단행동의 성공률도 높다고 할 수 있다(Olson, 1971; 이수장, 1996a: 3).

셋째, 서비스 공급에 있어 공간적 요소가 작용하기 때문에 입지 결정에 어려움이 있다. 다시 말해 비선호시설은 그 고유의 특성으로 적정 입지가 제한됨으로써 모든 지역에 균일하게 설치될 수 없는 이른바 입지 제한적이거나 주민의 다른 환경적 요소와 필연적으로 관련을 가져야 하는 주변요소에 의존적인 특징을 갖고 있다 (안양시 연구단, 1992: 18). 원자력발전소나 핵폐기물처리장의 입지 선정 시 자연지리적 요소, 인구적 요소 등이 무엇보다도 중요시되는 것도 이 때문이다. 이런 견지에서 효율적인 업무수행을 위해 전

문적 지식의 필요성이 높게 제기되며, 이로 인해 지역 주민들의 의
견을 소홀히 다룰 수 있는 개연성이 매우 높다.

넷째, 비선호시설과 관련된 이해당사자 간에 갈등이나 분쟁이 발
생할 가능성이 매우 높다(유해운·오장택, 1996: 204). 갈등이나 분
쟁은 시설로부터 야기되는 각종 문제에 대응하고자 하는 지역 주
민과 사회전체 차원에서 공익을 구현하고자 하는 정책결정자, 전문
계획가, 사업시행자와의 사이에서 주로 발생한다.

3. 비선호시설 입지갈등의 유형 및 현황

갈등의 유형은 분류기준을 어디에 놓느냐에 따라 다양하게 제시
되고 있는데, 크게 갈등주체, 갈등내용, 갈등성격, 갈등표출 여부에
따라 나눌 수 있으며, 이러한 분류는 갈등의 속성을 이해하고 관리
방안을 제시하는 데 유용한 틀을 제시한다.

<표 2-5> 갈등의 유형

분류 기준	유형			내용
주체	개인갈등			조직 내 두 사람 이상
	집단 갈등	정부 간	수직적	중앙정부↔광역자치단체 중앙정부↔기초자치단체 광역자치단체↔기초자치단체
			수평적	중앙정부 부서 간 광역↔광역자치단체 기초↔기초자치단체
		정부 ↕ 주민	정부 ↕ 주민	중앙정부↔주민 광역자치단체↔주민 기초자치단체↔주민
			정부 ↕ NGO	중앙정부, 광역·기초자치단체↔환경(시민)단체
	조직갈등			조직↔조직
내용	지방행정·재정 분야		지방 행정	행정구역, 인사, 조직 기능배분, 권한
			지방 재정	재정, 과세, 관리, 기타
	지역개발 분야		하천 관련	댐 건설·관리, 용수이용, 수질보전, 상·하류 지역 간 갈등, 상수원 보호 지역
			광역시설 관련	도로개설, 광역상수도, 쓰레기처리시설, 하수·분뇨처리시설, 사회복지시설, 위험시설
			지역개발 관련	지역개발사업, 대규모 민간개발사업 등
성격	이익갈등			비선호갈등, 유치갈등, 타 지역 피해유발갈등, 공익적 가치추구갈등
	권한갈등			비용(분담)갈등, 권한·권리갈등, 협의부진갈등
표출 여부	잠재적 갈등			갈등조건이 존재하며 갈등당사자들이 이를 지각하고 있으나, 외면적 행위는 감추어진 상태
	현재적 갈등			갈등당사자들의 불만과 경쟁심이 외부로 표출되어 행동하는 상태

자료: 서울시정개발연구원(2003), 「청계천복원 타당성 조사 및 기본계획」

1) 갈등의 주체에 따른 분류

갈등의 주체(갈등당사자)에 따라 분류해 보면 개인갈등과 집단갈등, 조직갈등으로 나눌 수 있다.

개인갈등은 조직 내 두 사람 이상의 대인 간에 상대방을 이해하는 과정에서 오해, 의견차이, 역할경쟁 등으로 인하여 발생하는 갈등이다.

집단갈등은 조직 내 수직적 또는 수평적 계층 간에 발생하며, 동일조직 내 여러 집단이 유사기능을 가짐으로써 나타난다. 라인 또는 스텝집단 같이 조직 내 기능이 각기 다른 집단 간에 나타나며, 목표차이, 지각차이, 제한된 자원, 평가기준과 보상체계의 차이, 참여적 의사결정 여부, 성원들의 이질성, 지위신분상의 불일치, 역할불만, 의사소통의 왜곡 등이 원인이다.

먼저 정부 간 갈등은 수직적 정부 간 갈등과 수평적 정부 간 갈등으로 구분된다(김안제, 1993). 수직적 정부 간 갈등은 중앙정부와 광역자치단체, 중앙정부와 기초자치단체, 광역자치단체와 기초자치단체 간의 갈등을 말하며, 수평적 정부 간 갈등은 중앙부서 상호 간의 갈등, 광역자치단체 상호 간 혹은 기초 자치단체 상호간의 갈등 등 동급의 지방자치단체 상호 간의 갈등을 말한다.

다음으로 정부·주민 간 갈등은 다양한 계층 및 성격을 지닌 공공기관의 업무수행과정에서 영향을 받는 지역 주민이나 사회집단과 관련 자치단체 간의 갈등으로서 여기서 말하는 정부는 계층에 따라 중앙정부·광역자치단체·기초자치단체로 구분되고, 주민은 지역 주민, 시민·환경단체 등으로 구분된다. 이는 공동체적 이익과 발전을 생각하기보다는 자신만의 이익을 집단적인 힘으로 관철시키려는 집단갈등 현상이 주요 원인이며, 지방자치제 실시 이후 본격적으로 나타나고 있는 가장 대표적인 집단갈등이다.

조직갈등은 조직목표를 성취하는 데 필요한 자원과 편의 등을 둘러싼 배분문제를 두고 조직 간에 나타나는 갈등을 말한다.

2) 갈등의 내용에 따른 분류

갈등의 내용에 따라 분류해 보면 지방행정재정 분야 갈등과 지역개발 분야 갈등으로 나눌 수 있다.

① 지방행정 · 재정 분야 갈등

지방자치단체 간의 권한 · 인사 · 조직과 관련하여 발생하는 지방행정 관련 갈등과 과세 · 세제와 관련한 지방재정 관련 갈등으로 구분된다(행정자치부 · 국토연구원 · 한국지방행정연구원, 1999).

② 지역개발 분야 갈등

댐 건설 · 관리, 상 · 하류지역 간 갈등, 상수원 보호 지역 갈등 등 하천 관련 갈등, 쓰레기처리시설, 하수 · 분뇨처리시설, 위험시설 등 광역시설 관련 갈등, 대규모 민간개발사업 등 지역개발 관련 갈등으로 구분된다.

민선자치 이후(1995. 7~1998. 6)에 발생하였거나 관리되고 있는 갈등사례 327건으로 집단갈등 발생실태를 살펴보면 <표 2-6>과 같다. 우선 분쟁주체별로는 정부 간 갈등 154건(47.1%), 정부 · 주민 간 갈등 173건(52.9%)으로 나타났다. 갈등내용별로는 지방행정 · 재정 분야 38건(11.6%), 지역개발 분야 289건(88.4%)으로 구분된다. 구체적으로 지역개발 분야는 혐오시설 141건, 도로 및 광역공급시설 64건, 지역개발사업 관련 갈등 43건, 하천 관련 갈등 41건으로 구성되어 있다.

정부 간 갈등사례[15] 154건 가운데 지방자치단체 상호 간 갈등이 100건으로 전체 발생사례의 약 65%를 차지하고, 나머지 54건(35%)이 중앙정부(공사, 공단 포함)와 지방자치단체 간의 갈등으로 나타났다. 내용별로는 정부 간 갈등의 약 80%가 지역개발갈등(122건)이고, 지방행정·재정 관련 갈등(32건)이 20%를 차지하고 있다.

정부와 주민 간 갈등사례(173건)는 정부계층에 따라 중앙정부와 주민 간 갈등 44건(25.4%), 지방자치단체와 주민 간 혹은 시행업자와 주민 간 갈등 129건(74.6%)으로 갈등내용에 따라 정부 간 갈등과 달리 지역개발 관련 갈등이 총 갈등발생건수의 96.5%를 차지하고 있어 정부와 주민 간 갈등은 거의 대부분 지역개발 분야에서 발생하고 있음을 보여 주고 있다. 특히 갈등 가운데서도 쓰레기처리시설, 위험시설 등 혐오시설 관련 갈등이 108건으로 전체 사례의 65% 정도를 차지하는 것으로 나타나 정부 간 갈등에 비해 혐오시설에 관련된 갈등 비중이 압도적으로 높게 나타났다. 정부와 주민 간 갈등은 시설 입지로 인한 상대적인 피해의식과 개인적인 재산권 침해가 갈등의 주요 유발요인으로 작용한다.

---

15) 최근 4년간('04~'07년 7월) 정부 간 갈등사례는 총 49건으로 중앙정부 – 지방자치단체 간 갈등이 14건으로 '04년 2건, '05년 2건, '06년 6건, '07년 4건이 발생하였으며 지방자치단체 상호 간 갈등이 35건으로 '04년 9건, '05년 5건, '06년 13건, '07년 8건이 발생했다 (행정안전부 '07년 국정감사 제출자료).

<표 2-6> 민선자치 이후의 갈등 발생실태

구분	갈등유형		발생사례 수(건, %)		해결사례 수(건, %)	
	총계		327(100.0)		196	
갈등 주체별	정부 간 갈등		154(47.1)		83	
	정부-주민 간 갈등		173(52.9)		113	
갈등 내용별	지방행정·재정 분야		38(11.6)		23	
	지역개발 분야		289(88.4)	100.0	176	100.0
		혐오시설	141	48.8	96	55.1
		쓰레기처리시설	61		42	
		하수, 분뇨처리시설	22		20	
		위험, 기피시설	48		26	
		사회복지시설	10		8	
		도로 및 광역공급시설	64	22.1	36	20.5
		도로개설	38		23	
		철도, 기타 교통시설	12		6	
		광역상수	14		5	
		하천 관련	41	14.2	20	11.4
		댐 건설 및 관리	19		10	
		수질보전	22		10	
		지역개발사업 관련시설	43	14.9	23	13.1

자료: 행정자치부 외(1999), 「지방자치시대의 분쟁사례집」, 윤오수(2003).

3) 갈등의 성격에 따른 분류

① 이익갈등

갈등에 관련된 이해당사자들이 사회·경제적 이익을 지키거나 추구하기 위해 대립하는 갈등으로 대부분 토지이용, 시설 입지·관리에 있어 관련 지역주민 간 혹은 지역 간 비용과 편익배분에 대한 이익의 대립으로 발생하며 비선호갈등, 유치갈등, 타 지역 피해유발갈등, 공익가치추구갈등 등이 있다.

이익갈등 중 비선호갈등은 토지이용이나 시설 입지에 따른 손실

로 인하여 해당 지역 주민이나 자치단체가 반대하여 발생하고, 유
치갈등은 지역적인 혜택을 주는 개발사업이나 시설을 경쟁적으로
유치하기 위해 발생한다. 타 지역 피해유발갈등은 한 지역의 지역
개발이 다른 지역에 피해를 유발하는 갈등을 말하며, 공익가치추구
갈등은 환경보전 등 공익의 가치를 추구하는 과정에서 발생하는
갈등이다.

② 권한갈등

권한갈등은 이해당사자 간 권한과 책임귀속의 여부 내지 적합성
에 관련된 분쟁으로 정부 간 갈등유형에서 주로 발생하며, 정부 간
갈등에서 중앙정부와 지방자치단체 간의 각종 인·허가, 재산의 관
리·처분·이용에 따른 분쟁 등이 여기에 속한다. 권한과 책임의
귀속뿐 아니라 시설관리와 비용부담에 관한 분쟁도 포함된다.

갈등의 성격에 따른 갈등발생 현황을 민선자치 3년('95. 7~'98.
6) 동안의 갈등사례(141건)로 살펴보면, 비선호갈등, 유치갈등, 타
지역 피해유발갈등 등으로 구분되는 이익갈등이 총 132건 발생해
전체의 93.6%, 권한갈등이 9건으로 6.4%로 나타나고 있다.

〈표 2-7〉 성격에 따른 갈등발생 현황

구분	정부 간 갈등		정부·주민 간 갈등	
	이익갈등	권한갈등	이익갈등	권한갈등
건수(비중)	24(72.7)	9(27.3)	108(100.0)	·

자료: 행정자치부 등(1999), 조영석(2003).

이 밖에 갈등은 업무추진 · 진행단계에 따라 계획 · 입안단계 갈등, 실행단계 갈등 그리고 관리 · 운영단계 갈등으로 분류할 수 있다. 계획 · 입안단계는 입지반대, 계획 및 의사결정 내용변경 또는 보상 관련 갈등이 대부분으로 이 단계에서의 갈등은 경제적인 측면에서 최소의 비용이 소요된다. 실행단계는 건설 · 시공상의 재해우려, 합의사항 이행 여부에 대한 갈등이 대부분으로 건설 · 시공 중 갈등이 발생하는 것은 계획 · 입안단계에서 주민의 참여나 합의가 부족하거나 공사를 진행하는 과정에서 새로운 문제에 봉착하여 갈등이 표출되면서 발생한다. 이를테면 보상에 합의하고 공사에 착수했으나 실제 보상 협상과정에서 의견 차이를 나타낸다든지 시설의 기술적 결함으로 새로운 위해요소가 발견되는 경우에 발생한다. 그리고 관리 · 운영단계는 시설 운영에 따른 부정적 효과에 대한 항의, 시설의 이용제한, 시설이전요구 갈등이 주류로 시설의 입지나 건설은 완성되었으나 당초 예상보다 피해가 증가하여 추가보상이 필요하거나 환경피해가 심각한 경우에 발생한다(삼성경제연구소, 1997: 19 - 20).

단계별 갈등발생 현황을 민선자치 3년('95. 7 ~ '98. 6) 동안의 갈등사례(141건)로 살펴보면, 대부분 갈등은 계획의 입안단계(102건)에서 표면화되었고 시설의 공사 진행단계(19건)나 운영단계(20건)에서는 그 발생빈도가 상대적으로 낮았다.

〈표 2 -8〉 단계별 갈등발생 현황

구분	정부 간 갈등			정부 · 주민 간 갈등		
	계획 · 입안단계	실행단계	운영단계	입안단계	실행단계	관리 · 운영단계
건수(비중)	23(69.7)	1(3.0)	9(27.3)	79(73.3)	18(16.7)	11(10.2)

자료: 행정자치부 등(1999), 조영석(2003).

4. 4가지 갈등사례

본 책에서 다루고자 하는 4가지 갈등사례는 과천시 기무사 이전사업, 영월 동강댐 건설사업, 위천공단 조성사업, 인천 동춘동 화물터미널 건립사업이다.

갈등조정에 성공한 기무사 이전사례는 어떻게 대처했을 때 갈등조정에 성공할 수 있었는지를 살피고 본 책의 평가기준으로 선택할 평가요인들 중 어느 기준들을 만족시키는지 살펴보고자 함이다. 시민사회의 공통의 이념이나 가치가 정부의 행동에 영향을 미쳐 발전적인 방향으로 자신들의 의견을 주장하고 조율한 거버넌스의 성공 사례라는 점에서 이 사례를 선정한다. 정부의 고압적이고 일방적인 주장만이 난무하는 갈등조정사례들이 태반인데 정부와 지역 주민이 갈등조정을 위해 노력해서 갈등조정 성공이라는 결과를 낳았다. 정부는 적절한 보상기제를 작동시켰으며 지역 주민들은 막무가내식의 반대를 위한 반대가 아닌 적절한 대안점을 찾기 위해 노력한, 연구해 볼 가치가 있는 갈등조정 사례라는 점에서 이 사례를 선정한다.

또 다른 사례는 영월 동강댐 건설사업으로 이 사업은 여러 가지 원인들로 인하여 갈등조정에 크게 실패하여 사회적 비용을 유발하고 정부정책의 실책을 인정함으로써 국민들의 정부신뢰에 악영향을 미친 사례로, 누가 보아도 정부정책 계획·입안단계와 실행단계에서 실패한 대표적인 사례이다. 중앙정부와 지방정부 간의 갈등조정에 실패하였을 뿐만 아니라 시민단체의 영향력 행사가 제대로 발휘되어 정부정책에 자신들의 주장을 관철시킨 대표적인 갈등조정 사례라는 점에서 이 사례를 선정하였다. 중앙정부와 지방정부의 정책집행에서의 위계보다 지역 주민의 의견과 시민단체의 의견이 배제되어서는 안 된다는 중요한 선례를 남긴 사례이다. 우리나라의 풀뿌리 민주주의 실현이 갈등조정 사례에서도 반영된 측면을 보여 주는 사례라 할 수 있다.

이 사례를 선정하게 된 계기는 평가기준 중에서 어느 부분을 미흡하게 대처하여 갈등조정에 실패했는지를 살펴보고 차후 갈등조정사례에서 반복되는 실수를 피하고 갈등조정 사례에서의 그 해법을 찾아보고자 함이다.

또한 위천공단조성 사례를 선정한 이유는 지방정부 간의 갈등사례라는 사실에 주목하였다. 위천공단 조성사례는 지방정부 간의 첨예한 대립으로 인하여 정부의 국책사업이 백지화된 사례이다. 이 사례는 지방자치제로 선출된 민선시장들이 지역 주민의 의견을 대변하고, 다음 선거를 의식하는 과민한 여론 대응의식이 지역 주민들을 자극하여 정부정책이 제대로 소개도 되기 전에 반대에 부딪혀 난항에 난항을 거듭하다 대구시민들의 바람을 뒤로하고 정부정책을 접어야 했던 사례이기 때문에 선정하였다. 공단의 장소를 지정하기 전에 정부가 사전협의를 했었더라면 해당 지역의 주민들에게 정부정책에 대한 깊은 불신은 막았을 것이라는 아쉬움이 남는다.

지금도 선거철만 되면 위천공단 조성을 공약으로 내세우는 국회의원후보들이 지역 주민들에게 얼마나 많은 기대(대구시민)와 분노(부산시민)로 다가설지에 대한 진중함을 보였으면 하는 바람이 아직도 남아 있다. 이런 이유로 이 사업이 과연 타당한 사업이었는지 또는 다시 논의되어도 좋은 사업이었는지에 대한 고찰이 필요한 것이기 때문에 여기 연구대상에 포함하고자 한다.

마지막으로 인천시 연수구 동춘동 화물터미널 건립 사례는 집필
자의 거주지이기도 하고 지역 갈등조정 미해결 사례이기 때문에
선정하였다. 도시계획시설 사업인데도 불구하고 지금까지 20여 년
간의 지루한 공방을 계속하는 갈등사례이기도 해서 위의 종결된 3
가지 사례를 응용하여 그것의 해법을 제시해 보고자 한다.

〈표 2-9〉 4가지 갈등사례

유형	사례명	당사자	결과	발생 /종결	비고
국방 시설	(정부와 정부 간 갈등) 기무사 이전부지 확 정을 앞두고 과천시 반대	국방부 ·과천시,과 천 지역 주민	해 결	2002 /2005	기무사와 이전 터 규모 축소, 주민 편의를 중시 한 친환경 개발, 공공사업 시행 때 기무사 매입 토지에 대한 군사시설보호구역 해제 등의 조건 에 양쪽이 합의
댐 수질 관련	(정부와 주민 간 갈등) 영월 동강댐 건설에 대한 정부와 환경단 체 간 갈등	수공 ·건교부 ·SCO ·지역 주민	백 지 화	1996 /2000	영월댐 합동평가단을 구성·운영하다 1999년 7월 해체(협의 잘 안 됨), 공동조사단 구성하여 결과 보고서 제출, 이를 토대로 국무총리실 수 질개선 기획단은 관련자 협의 후 백지화
지역 개발 사업	(정부와 정부 간 갈등) 대구 위천공단 조성 관련 대구시와 부산 시, 경상남도, 울산 시 간 갈등	대구시 ·부산시, 경남,울산지 역 주민	백 지 화	1996 /2002	낙동강 변에 공단을 조성하려는 대구시와 상수 원 보호를 위한 부산시 갈등, 대구시가 정책을 전면 보완하는 방향으로 전환, 백지화
도시 계획 시설	(정부와 주민 간 갈등) 동춘동 화물터미널 건립에 대한 정부와 지역 주민과 시공사 간 갈등	인천시 ·지역 주민 ·시공사	미 해 결	1988 /2008 현재 갈등중	주민들이 화물터미널 부지 이전 주장. 이전을 위해서는 시의 물류기본계획을 변경해야 하는 까다로운 장벽이 있다고 인천시는 맞서고 있음. 2007년 10월 20일 임시회에서는 시 집행부 쪽 이 사업시행자의 포기 및 대체지 확보가 가능하 다는 전제조건하에 주민제안 수용 등의 형태로 도시계획상 용도변경이 가능할 수도 있다는 전 향적인 입장을 보인 끝에 결국 청원을 받아들임. 2008년 8월 13일자로 시와 사업 주체인 (주) 서부터미널 모두가 건립계획을 전면적으로 검토 한다는 데 의견일치를 봄

제4장 새로운 갈등관리디자인의 틀

분석 틀을 설정하기 위해 참여적 지역거버넌스 모형의 분석 범주에 대한 개념 조작화가 필요하고 이를 통해 분석 틀을 설정하고 분석 범주를 구체화할 수 있다. 이 과정에서 비선호시설의 갈등 원인과 분석 범주와의 관계를 살펴보고 분석범주 설정에 자의성과 논리적 비약성도 방지한다.

1. 선행연구 검토

1) 선행연구의 경향

대부분의 선행연구는 갈등에 대한 원인분석을 통합적으로 하지 않은 채 단편적인 대응방안을 제시하는 방식으로 해결책을 구하였다. 그간 'DAD(Decide · Announce · Defend) 방식'[16]으로 지칭되는 정부의 일방적인 사업추진과 지역 주민 이익에 대한 부당한 침해 등이 입지갈등의 원인으로 지적되었다. 그로 인해 경제적 보상과

---

16) 정부가 나름의 합리적인 판단기준에 따라 일방적으로 입지대상 지역을 결정(Decide)하고 이 사실을 사후적으로 공표(Announce)하면서 지역 주민과 국민들을 대상으로 입지선정의 타당성과 필요성을 강변(Defence)하는 결정방식이다.

합리적 규칙도입 등이 그 대응방안으로 제안되었다(장세훈, 1999: 178 - 179). 최근에 와서는 갈등에 대한 협상적 접근을 중시하는 '대안적 분쟁해결(ADR: Alternative Dispute Resolution) 방식'의 유용성이 언급되고 있기도 하다.

과거 비선호시설 관련 갈등은 <표 2 - 10>에서 보는 바와 같이 대부분 경제적 보상과 관련되어 표면화되었다(Dear, 1992). 그러나 최근에는 시설 입지에 따른 환경적 피해, 기술의 불신감 또는 계획의 절차적 문제 등과 같은 다양한 원인에 의해 갈등이 발생한다. 갈등 원인의 다양화는 환경변화 · 지역 주민의 지적능력 제고와 삶의 질 추구성향, 지역 주민의 정치적 참여기여 확대, 정보화에 따른 사회부문 간 연계강화에 따른 필연적 산물이다. 이로 인해 갈등 원인은 단편적 수준에서 복합적 수준으로 변화되었고, 관련 이해당사자도 양적으로나 질적으로 확대되었다.

〈표 2 - 10〉 비선호시설 관련 갈등의 원인

연구자	갈등원인
O'Hareet al(1983)	경제적 보상과 같은 비용적 요인
Dear(1992)	재산가치, 개인적인 안전, 지역의 쾌적성 등에 대한 염려
Portney(1991)	사회적, 문화적, 심리적 반대의 구축물→상대적 감지나 인지
Easterling & Kunreuther(1995)	보건과 환경에 대한 일반대중의 관심 증가, 정부권위에 대한 국민의 냉소 및 불신의 증대, 환경단체의 확산
McAvoy(1999)	주민참여 제한, 이해당사자 간 효과적인 의사소통의 부재
이수장(1996)	시설에 대한 심리적 거부감, 주민참여 미흡, 기술관료적 접근의 내재적 한계
김종후 외(1994)	지역 주민의 참여제한, 시설 예상결과에 대한 비선호성, 집행기관의 낮은 대응성, 행정신뢰 저하, 환경권의 신장
이봉형 외(1995)	경제적 · 제도적 · 심리적 · 절차적 요인
전주상(2000)	경제적 · 기술적 · 정치적 · 기타 요인

갈등해결요인들은 위의 <표 2-10>에서 보는 것처럼 관리적 접근, 법적 접근, 정치적 접근이라는 갈등의 세 가지 접근방법(전주상, 2000: 27)을 가치와의 관계를 중심으로 제시하였다. 우선 관리적 접근방법의 가치로는 경제성, 효율성, 효과성이 있고, 법적 접근방법의 가치에는 헌법적 고결성, 적법절차, 실체적 권리가 해당되며, 정치적 접근방법의 가치는 대표성, 부응성, 책임성으로 정리할 수 있다.

〈표 2-11〉 갈등 접근방법에 따른 해결요인

구분	관리적	법적	정치적
가치	경제성 효율성 효과성	헌법적 고결성 적법절차 실체적 권리	대표성 부응성 책임성
해결요인	홍보와 교육 적절한 보상	주민참여 정보공개 공정한 중재 상시관리체제 운영	정부 신뢰성 확보 여론관리 주민참여기구의 감시·감독

자료: Lan, Zhiyong(1997: 32), 전주상(2000: 27), 나태준(2004)을 본 연구의 해결요인과 비교

갈등접근방법에 따른 해결요인으로 Lan, Zhiyong는 홍보와 교육, 적절한 보상, 주민참여, 정보공개, 공정한 중재, 상시관리체제 운영, 정부 신뢰성 확보, 여론관리, 주민참여기구의 감시·감독 등으로 보았다.

갈등해결에 관한 연구를 종합적으로 정리해 보면 다음과 같다.

<표 2-12> 갈등해결에 관한 선행연구

연구자	주요 영향요인	종속	대상/방법	비고
김두환 (2006)	① 갈등문제 특성(문제크기, 문제내용), ② 제도(강제성, 예외규정, 보상과 자율규정), ③ 주관·갈등인지(집단 간 인지차이), 갈등문제정의, 제삼자 대안견해, 집단 간 인지응집성 ④ 사회구조(인구구성, 지역조직, 인정·무시관계, 협력·갈등경험)	갈등 해결	김해시, 철원군 수원보호, 자연보호구역 지정 갈등(정부와 주민 간 갈등)/사례분석	- 인지차이가 클수록 갈등해결 어려움. 호의적 갈등인지와 심의적 의사소통은 갈등해결에 긍정. 심리적 의사소통은 갈등해소 긍정영향. 사회구조요인도 갈등해소에 유의미한 영향 미침
강인호 외(2005)	① 제도적 요인, ② 행위자 요인(단체장 리더십, 자원동원 능력, 관심과 의지, 상대자치단체의 신뢰, 중재자 신뢰, 문제해결태도), ③ 환경적 요인(정치적 요인, 의회와 시민단체 개입정도, 주민 관심	갈등 과정	공항건설, 외국어고 입지갈등(정부 간 갈등)/사례연구	- 제도보다 행위자의 환경요인이 중요. 협력조건은 단체장 역할, 문제해결의지, 협의할 공식적 제도가 역할 못 함. 종속변수는 갈등발생기, 증폭기, 완화기별 분석
권경득 외(2004)	① 갈등원인(물수요, 재산권, 기술적 복잡성, 이용/관리제도), ② 갈등행위, ③ 갈등수준의 변화, ④ 제삼자 중재	갈등 결과	장곡취수장 설치사례(정부 간 갈등)/사례연구	- 갈등문제가 적대적일 경우, 제삼자 중재역할·효과 중요. 일시적 갈등완화 도움. 그러나 본 사례는 장기적으로 갈등증폭 원인이 되기도 함
박형서 외(2004)	① 갈등정도(이슈 수, 갈등지속기간, 갈등행위 수, 갈등행위유형), ② 갈등형태(갈등주체구성, 갈등시설 형태, 입지시설변화), ③ 갈등해소(갈등해소방법, 갈등협상지수, 제삼자 개입여부, 갈등범위/가치)	갈등 영향	입지갈등사례/사례연구 + 인터뷰	- 최종 종속변수는 갈등영향이지만 중간종속변수로 갈등정도, 갈등형태, 갈등해소임 10개 가설검증(갈등정도/갈등해소/갈등영향) 시도
Layzer (2002)	① 정치적 자원, ② 경제적 이익, ③ 정치적 맥락(지역 내 환경 vs 개발갈등해결의 영향 요인)	갈등 해결	미국 벌몬트공터개발/단일사례 연구	- 환경갈등 시 시민참여의 영향력이 적음. 오히려 재정요인, 정치적 자원분배 중요
전주상 (2000)	① 갈등상황(의사전달), ② 갈등이슈, ③ 갈등관리(대응)전략, ④ 제삼자 개입	갈등 정도 / 갈등 효과	서울 3개 쓰레기 처리장(정부와 주민 간 갈등)/사례연구	- ① 갈등 초기: 주민참여절차 ② 갈등이슈: 경제적 보상, 안전규제, 목표·수단 상충성 ③ 갈등관리전략: 협상 중요함
황재영 (1998)	① 갈등발생인, ② 갈등유형, ③ 갈등이슈특성, ④ 갈등당사자, 제삼자 인식, ⑤ 갈등관리방식 활용	갈등 해결	상수원갈등(정부와 주민 간 갈등)/사례연구, 설문지	- 발생원인은 외부효과로 발생. 갈등당사자 협력부족, 제삼자 조정 역할 미흡함
심문보 (1997)	① 갈등원인(목표, 지각, 기간, 보상, 신뢰 차이), ② 갈등상황, ③ 갈등관리, ④ 갈등중재자	갈등 해결	폐기물처리입지/사례연구	- 주민의사반영 제도화, 불신해소 필요, 정책의 일관성 여부

연구자	주요 영향요인	종속	대상/방법	비고
서휘석 (1995)	① 갈등이슈, ② 당사자, ③ 해결방법	갈등 해결	장곡취수장사례 (정부 간 갈등)/단일 사례 연구	- 갈등원인은 이슈에서 당사자 간 인식차이. 제삼자 개입 중요한데, 본 사례에서 중립, 객관적이지 못함

2) 선행연구의 한계

지금까지 정부는 비선호시설의 설치 및 운영과 관련하여 'DAD' 방식을 적용하는 비민주적인 행태를 보여 왔다.

이와 같은 정부의 비민주적인 의사결정 실태는 기술관료적 접근과 그 맥을 같이하는데, 기술관료적 접근은 객관성과 합리성에 기반하여 그 실천논리를 개발하여 왔다. 즉 시설과 관련된 계획은 여러 가지 기술적, 입지적 대안들 가운데 경제적, 사회적, 공학적 목표 등을 가장 잘 달성할 수 있는 하나의 대안을 선택하는 과정으로 이해되었다(이수장, 1996: 16 - 17). 이런 점에서 기존 계획은 합리성, 특히 기능적 합리성에 근거하여 가치 배제적이고 과학적이며 사회공학적인 논리가 계획과정에서 지배적인 역할을 수행한다. 이는 전통적인 공공계획, 즉 합리적 종합계획에서 나타나는 특징[17] 중 하나이다.

그러나 합리적 계획의 확실성은 점차 약화되고 있다. 합리적 계획은 가치의 문제를 배제하고 사회적 목표가 설정되는 과정을 계획의 외부과정으로 인식하지만(Davidoff and Reiner, 1962; Healey, 1997: 24), 현실적으로 정책이나 계획과정에는 다양한 세력이 자신

---

17) 이덕복(1993)에 따르면, 합리적인 종합계획의 특징은 정치와 정책의 분리, 정책에서 가치의 배제, 과학적인 사회공학(social engineering) 논리에 의한 공공영역의 대체로 요약된다.

들의 이해와 가치를 투입하고 강제한다(Forest, 1989; 김두환, 2000b: 186 - 187). 또한 합리적 계획은 인간을 합리적이고 이기적인 개인으로 간주하는 방법론적 개체주의에 기반하고 있지만(Hindess, 1988: 29), 개인의 선호는 사회의 변화와 함께 끊임없이 변화하고 안정적이지 못한 성격을 갖고 있다(김두환, 2000a: 13 - 14). 그리고 합리적 계획의 철학적 기반인 과학적 세계관 또는 기계론적 결정론은 '불확실성 정리', '불안정성 정리', '카오스 이론' 등과 같은 지적 및 가치적 비판의 증가로 이론적 불확실성이 증대되고 있다(Friedmann, 1987: 4). 이런 상황 속에서 비선호시설을 둘러싸고 끊임없이 변화하는 지역 주민의 가치와 이해관계는 기존 계획을 신뢰하지 않고 계획주체인 정부의 합법적 권위도 부정하는 결과를 낳고 있다. 이로 인해 정부와 지역 주민은 시설과 관련하여 서로에게 적대적이거나 투쟁적인 상황을 모면하기 어렵게 되었다. 이것이 바로 갈등이며, 비선호시설과 관련하여 빈번하게 언급되는 님비(NIMBY)현상 등은 이런 갈등이 표면화된 전형적인 경우이다.

대부분의 선행연구는 <표 2 - 13>과 같이 갈등에 대한 원인분석을 통합적으로 하지 않은 채 단편적인 대응방안을 제시하는 방식으로 해결책을 구하였다.

〈표 2-13〉 학자별 거버넌스에 관한 연구

학자	연구	내용
허태욱 (2004)	도시 거버넌스와 갈등에 관한 연구	도시 거버넌스와 갈등의 양상을 청계천 복원 사업 사례를 통해 확인하고 그 특성들을 분석
김이정 (2006)	지역거버넌스의 정치적 갈등양태에 관한 연구–부안방사성 폐기물처리장 문제를 중심으로	지역거버넌스를 중심으로 부안방사성 폐기물처리장 문제에 대한 정치적 갈등양태에 대하여 고찰
조영석 (2003)	갈등조정기제로서 바람직한 지역거버넌스에 관한 연구	바람직한 지역거버넌스 모형에 주민 기피시설의 갈등사례를 적용하여 모형의 설명력을 살펴보고 사례분석

종래의 선행연구와는 달리, 이 책에서는 비선호시설 관련 갈등을 체계적이고 종합적으로 이해할 필요를 인지하고, 이해관계자 간 이해관계의 상태와 변화뿐 아니라 복잡한 사회적 인과구조 등에 대한 조사와 분석을 실시하였다. 이는 사회가 발전할수록 사회구성원의 이해관계가 복잡해지고 많은 영역에 걸쳐 영향을 주고받으며 형성되기 때문이며 이는 이해관계를 발현케 하는 사회구성원 간 불평등한 권력관계가 표면화된 구조적 산물이기도 하다. 이런 점에서 갈등은 해당 시설이 설치되는 지역의 사회구성원 간 구조적 관계와 그들 간의 정보적 소통성 그리고 여기에 영향을 미치는 환경요인 등을 통합적으로 고려할 수 있는 관점에서 재접근될 필요가 있다. 따라서 이런 시각을 기반으로 비선호시설 관련 갈등을 이해하고 이를 조정하거나 해소할 수 있는 기제(mechanism)를 지역사회의 통치체제(지역거버넌스)와 그 중에서 해당 지역의 이해당사자의 참여적 거버넌스 차원에서 살펴보고자 한다. 이는 비선호시설과 관련된 갈등의 조정이나 해소를 단기적이거나 획일적인 방법으로 이해하고 그 해결책을 구하기보다 지속 가능하고 통합적인 관점에서

살펴보고자 하는 것이다. 이에 새로운 갈등관리디자인연구를 위하여 참여적 거버넌스 차원에서 선행연구와 선행연구의 한계를 보완하여 독립변수를 도출하였다.

3) 독립변수 도출

선행연구와 선행연구의 한계를 토대로 참여적 지역거버넌스의 요건들을 찾아내고 본 연구의 독립변수를 도출했다.

참여적 지역거버넌스의 요건을 찾아보면 다음과 같다. 학문적 논의가 거버넌스에 대한 일치된 합의를 보지 못하고 있듯이, 참여적 지역거버넌스 또한 다양한 관점에서 논의되고 있다. Jenny Stewart은 참여적 지역거버넌스를 통한 갈등해결을 위해선 아래와 같이 다섯 가지 핵심 요인이 필요하다는 점을 주장하고 있다.

〈표 2-14〉 Jenny Stewart가 주장하는 참여적 지역거버넌스의
요건과 본 연구와 관련된 독립변수

참여적 지역거버넌스의 요건	본 연구와 관련된 독립변수
• 합의도출을 위한 인센티브 • 이해관계자의 특성 파악 • 정치적 지원(책임성) • 리더십(책임성) • 정책교육(투명성)	• 이해관계자의 태도 • 책임성 • 투명성

Jenny Stewart는 권력의 공유가 이루어져야 한다는 점에서 진정한 참여적 지역거버넌스는 대부분의 정부에 문제시되는 개념으로 대두된다고 주장한다. 또한 강제적, 사법적 갈등해결 기제와 비교하여 단기적인 비용 증가가 발생하기도 한다. 그러나 합의에 기반

한 조정이 장기적으로 지속될 가능성이 더 높다고 보았다(Jenny Stewart, 2005).

Brinkerhoff(1999)는 시민사회 제 집단의 참여증대가 정부의 설명책임, 투명성, 반응성이라는 참여적 지역거버넌스의 특징을 현실화하고 강화하는 수단이 될 수 있다고 주장한다. 점차 참여적 지역거버넌스의 요건의 강화로 인해 시민참여의 증대는 정책의 결정과정에서뿐만 아니라, 정책의 집행단계에서도 활발해지고 있다는 것이 Brinkerhoff의 주장이다.

〈표 2 - 15〉 Brinkerhoff이 주장하는 참여적 지역거버넌스의
요건과 본 연구와 관련된 독립변수

참여적 지역거버넌스의 요건	본 연구와 관련된 독립변수
• 정부의 설명 책임 • 투명성 • 반응성	• 책임성 • 투명성

King과 Susel은 참여적 지역거버넌스의 요건으로, 기존의 형식적인 참여를 극복하려면, 이를 위해서는 첫째, 조사 기법 교육, 리더십 트레이닝 등의 적극적인 시민교육을 통해 시민의 참여적 역량을 강화시키고, 둘째, 전문성과 그로 인한 대시민 우월성에 기반한 행정가의 역할을 동반자적 · 협조적 참여자의 역할로 전환시킬 필요가 있다고 주장했다(King and Susel, 1998; 김석준 외, 2000).

〈표 2-16〉 King과 Susel이 주장하는 참여적 지역거버넌스의
요건과 본 연구와 관련된 독립변수

참여적 지역거버넌스의 요건	본 연구와 관련된 독립변수
• 조사 기법 교육, 리더십트레이닝 등의 적극적인 시민교육을 통한 시민의 참여적 역량 강화에 대한 정부의 책임성	• 정부의 책임성
• 조사 기법 교육, 트레이닝 등의 적극적인 시민교육을 통한 시민의 참여적 역량 강화를 위한 이해관계자의 참여	• 이해관계자의 참여
• 전문성과 그로 인한 시민 우월성에 기반한 행정가의 역할을 동반자적·협조적 참여자의 역할로 전환(투명성)	• 참여를 통한 투명성(정부·시민사회)

위의 학자들의 견해를 토대로 참여적 지역거버넌스의 요건을 본 책에서는 독립변수를 책임성, 이해관계자의 참여, 투명성 등으로 한다.

이 책의 구체화된 주요 독립변수와 관련된 이해당사자의 가치관과 태도, 지역 주민의 참여와 이해당사자 간 의사소통 정도, 제도적 맥락과 유산 등은 비선호시설과 관련된 갈등이 주요 원인이고, 이는 많은 연구자들 Dear(1992), McAvoy(1999), 이수장(1996a), 전주상(2000), 나태준(2004) 등에 의해 여러 차례 지적되었다. 선행연구에서 지적된 갈등요인과 본 연구의 독립변수 간 관계를 설명하면 다음과 같다.

이해관계자의 가치관과 태도에 관한 선행연구의 갈등원인으로 Dear(1992)은 재산가치, 개인적 안전, 지역의 쾌적성 등에 대한 염려, Portney(1991)는 사회적, 문화적, 심리적 반대의 구축물, 이수장(1996a)은 시설에 대한 거부감, 김종후 등(1994)은 예상결과의 비선호성, 이봉형 등(1995)은 심리적 요인 등이다.

관리조정기구의 책임성이라는 독립변수를 나타낸 선행연구로 O'Hare

et al(1983)은 경제적 보상과 같은 비용적 요인, McAvoy (1999)은 효과적인 의사소통 부재, 김종후 등(1994)은 집행기관의 낮은 대응성, 이봉형 등(1995)은 경제적 요인 등이 비선호시설 갈등의 원인으로 나타나고 있다.

갈등해결과정의 투명성이라는 독립변수를 도출한 비선호시설 갈등의 원인을 살펴보면 다음과 같다. 김종후 등(1994)은 행정신뢰의 저하, 이수장(1996)은 기술관료적 접근의 한계가 선행연구결과로 나타나고 있다.

독립변수가 참여성으로 나타난 선행연구에서는 Easterling & Kunreuther (1995)는 보건과 환경에 대한 일반대중의 관심 증가, 정부권위에 대한 불신, 환경단체의 확산이, 이수장(1996a)은 주민참여 미흡이, McAvoy(1999)는 주민참여 제한이, 김종후 등(1994)은 주민참여 제한 등이 비선호시설 갈등의 원인으로 나타나고 있다.

이봉형 등(1995)은 제도적, 절차적 요인, 전주상(2000)은 정치적, 기술적(관리적) 요인 등이 공식적, 비공식적 구조에 관한 독립변수로 나타났다.

저자는 이런 요인들을 개별적으로 분리된 별개의 것으로 보지 않고 제도적 상황 속에서 배태된 구조적 산물로 인식하여 이들을 통합적으로 살펴본다. 갈등관리의 주요 요인은 주민참여의 기회 보장, 사업주체의 적극적인 홍보와 교육, 설득을 통한 갈등요인 사전 차단, 투명한 정보공개로 지역 주민의 불안감 해소, 구체적이고 실질적인 보상안 마련, 정부의 강력한 의지와 일관된 정책 추진으로 사업에 대한 신뢰성 확보, 지역사회 모니터링을 통한 여론관리, 시의회 등 주민참여기구를 통한 사업의 지속적인 감시 · 감독, 갈등발생 시 제삼자에 의한 공정하고 체계적인 중재, 갈등관리체제 확보 등으로 정리될 수 있다.

이 외에 갈등 접근방법에 따른 해결요인을 토대로 하여 독립변수를 도출해 낸 결과를 표로 나타내면 <표 2 - 17>과 같다.

〈표 2 - 17〉 갈등 접근방법에 따른 해결요인과 본 연구의 분석변수

구분	관리적	법적	정치적
가치	경제성 효율성 효과성	헌법적 고결성 적법절차 실체적 권리	대표성 부응성 책임성
해결요인	홍보와 교육 적절한 보상	주민참여 정보공개 공정한 중재 상시관리체제 운영	정부 신뢰성 확보 여론관리 주민참여기구의 감시ㆍ감독
본 연구의 독립변수	사업의 성격에 따른 경제적 효과 이해관계자의 가치관과 태도(보상 여부)	관리조정기구의 책임성 (갈등조정관리체계 운영)	갈등해결과정의 투명성 (참여도, 여론관리)

자료: Lan, Zhiyong(1997: 32), 전주상(2000: 27), 나태준(2004)을 본 연구의 독립변수와 비교

관리적인 측면에서는 사업에 따른 이해관계자의 가치관과 태도를, 법적인 측면에서는 관리조정기구의 책임성을, 정치적인 측면에서는 갈등해결과정의 투명성이라는 독립변수를 도출해 냈다.

지금까지 논의한 비선호시설 입지갈등의 원인에 관한 선행연구로부터 독립변수를 분류하고, 이것을 본 책의 독립변수와의 관계를 살펴보면 <표 2 - 18>과 같이 정리할 수 있다.

〈표 2-18〉 비선호시설 갈등의 원인에 관한 선행연구와
새로운 갈등관리디자인과의 독립변수와의 관계

선행연구	독립변수	독립변수
Lan, Zhiyon(1997): 책임성 O'Hare et al(1983): 경제적 보상과 같은 비용적 요인 McAvoy(1999): 효과적인 의사소통 부재 김종후 등(1994): 집행기관의 낮은 대응성 이봉형 등(1995): 경제적 요인	책임성	관리조정기구의 책임성
Lan, Zhiyong(1997): 경제적 보상 Dear(1992): 재산가치, 개인적 안전, 지역의 쾌적성 등에 대한 염려 Portney(1991): 사회적, 문화적, 심리적 반대의 구축물 이수장(1996a): 시설에 대한 거부감 김종후 등(1994): 예상결과의 비선호성 이봉형 등(1995): 심리적 요인	이해당사자의 가치관과 태도	이해관계자의 가치관과 태도
Lan, Zhiyong(1997): 여론관리 김종후 등(1994): 행정신뢰의 저하 이수장(1996): 기술관료적 접근의 한계	투명성	갈등해결과정의 투명성(지역 주민과 시민단체 정부 참여를 통한 투명성)
Lan, Zhiyong(1997): 주민참여 Easterling & Kunreuther(1995): 보건과 환경에 대한 일반대중의 관심 증가, 정부권위에 대한 불신, 환경단체의 확산 이수장(1996a): 주민참여 미흡 McAvoy(1999): 주민참여 제한 김종후 등(1994): 주민참여 제한	참여성	

2. 분석의 기본 모형

비선호시설 관련 갈등은 다양한 이해당사자가 시설의 설치·운영을 둘러싸고 상호 작용한 사회적 결과물이며 동시에 사회적으로 구성된 산물이기도 하다. 따라서 이는 시설의 설치 등을 둘러싼 이해당사자의 가치관과 태도, 관리조정기구의 책임성, 갈등해결과정의 투명성에 의존할 뿐만 아니라 이는 사회·제도적인 구조에도

영향을 받는다. 이에 본 연구의 분석 틀을 <표 2 - 19>와 같이 설정한다.

<표 2-19> 변수 간의 관계

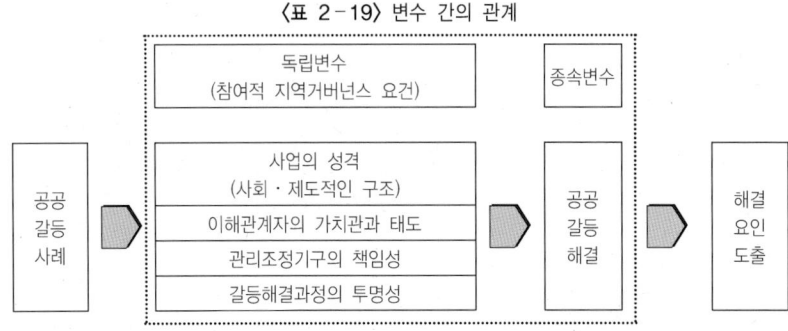

본 책에서는 사회·제도적인 구조를 사업의 성격으로 보았으며, 갈등사례가 4가지 독립변수에 따라 갈등해결 혹은 실패(백지화, 미해결, 계획변경)로 갈등관리요인이 달라지는 것을 살펴보고자 한다.

1) 사업의 성격

참여적 지역거버넌스가 작동되는 과정 중에서 주체인 이해당사자와 이해당사자 간 상호 작용 과정을 제약하는 환경(사회·제도적인 구조)이 참여적 지역거버넌스의 요건으로 작용한다. 본 책에서는 사회적 인식 구조(해당 사업의 필요성에 대한 사회적 인식 정도), 사전협의 구조(해당 지역 주민의 의사확인 등 합의를 위한 사전노력의 정도), 경제적 효과를 측정하는 구조를 살펴보았다.

우선 참여적 지역거버넌스가 작동하는 맥락으로 사업의 성격은 그 의미가 매우 포괄적이어서 여기에는 사회구성원의 선호와 행위에 대한 외적제약 요인이 모두 포함된다. 그러나 본 책에서는 사업의 성격을 협의의 수준에서 논의한다. 이를 통해 분석차원을 보다 명료화할 수 있을 뿐만 아니라 관련 내용이나 자료의 자의적 또는 편향적 분석이나 취득, 해석 등을 방지할 수 있다. 그리고 포괄적 수준의 사업의 성격 개념은 본 연구와 같은 미시적 차원에서 본다. 참여적 지역거버넌스는 국가 간 정책이나 정책변화의 차이점 등을 분석하는 거시적 차원의 연구에 주로 적용되어 왔다. 이런 이유로 제도에 대한 분석은 비선호시설의 설치 등과 관련된 법적 규정이나 갈등의 조정 유형뿐만 아니라 이해관계자 간 관계 등에 초점을 맞추어 살펴본다.

둘째, 사업의 성격은 사회적 인식 중에서 통념적인 인식과 정부 사업을 추진하는 과정에서 성숙되는 인식으로 크게 나누어 볼 수 있다. 제도적 유산은 제도적 맥락을 배태하므로 제도와 함께 구조를 구성하는 중요한 개념이다. 사업의 성격에서 역사의 중요성은 제도의 지속성과 제도의 변화 또는 발전 등을 설명하는 점에서 잘 나타난다. 일반적으로 사업의 성격에서 제도는 급진적이거나 단절적으로 변화하기보다는 안정적이며 지속적인 경로를 따라 변화한다고 본다. 이런 견지에서 과거 비선호시설의 설치 · 운영과 관련된 계획의 제도적 절차나 방법 또는 비제도적인 전통이나 관행 등은 현재의 계획활동과 성과를 제약한다. 따라서 본 책에서는 사업의 성격은 비선호시설과 관련된 사회적 인식이나 사전협의 구조와 절차, 계획절차 또는 관행, 경제적 효과 등을 살펴보고자 한다.

2) 이해관계자의 가치관과 태도

참여적 지역거버넌스의 주체는 비선호시설의 설치, 운영과 관련된 이해관계자이다. 이들은 정부의 관련 정책이나 계획으로 직·간접적인 영향을 주고받는 모든 사람·조직·집단이다. 이해관계자들을 관찰함으로써 비선호시설과 이를 위한 이해관계자들의 가치관이나 권력관계도 파악할 수 있다. 이를 위해 이해관계자들의 가치관이나 태도에 대한 이해는 필수적이다. 왜냐하면 이는 이해관계자 간 관계와 상호 작용, 상황이나 맥락에 대한 인식 등에 근본적인 영향을 미치기 때문이다.

일반적으로 가치관이란 어떤 구체적인 행동양식이나 존재방식이 그 반대의 행동 또는 존재양식보다 개인적 또는 사회적으로 더 바람직하다는 신념으로 정의된다. 이는 개인의 생각을 옳은 것, 좋은 것 또는 바람직한 것 등으로 결정(정경식, 1995)지어 준다. 또한 가치관은 태도에 직접적인 영향을 미치고 결과적으로 행동을 통해 나타나게 된다. 따라서 가치관은 인간의 행동을 이해하는 기초특성(Allport et al, 1951)이 된다.

가치관은 다양한 사회적 요소에 의해 영향을 받고 학습되기 때문에 결코 확고하게 경직된 것이 아니며 서서히 변화하고 이런 변화는 태도와 행동의 변화를 통해 다시 나타난다. Allport 등(연대)은 가치관의 변화 요인으로 사회·문화적 환경의 변화, 욕구의 변화 등을 지적했다.

본 책에서는 이해관계자는 사회적 관계 속에서 배태된다. 따라서 이해당사자는 다른 사람과의 공식적·비공식적 관계를 통한 경험·

학습 등에 의해 자신들의 가치관과 태도를 구체화하게 된다. 따라서 비선호시설의 설치 · 운영과 관련된 이해관계자의 가치관과 태도를 이해하는 것은 중요하다. 본 책에서는 주체에 따른 이해관계자의 가치관과 태도가 참여적 지역거버넌스가 작동되는 과정에서의 정부에 대한 신뢰성, 보상 여부, 이익갈등과 가치갈등으로 어떻게 나타나는지 살펴보고자 한다.

3) 관리조정기구의 책임성

참여적 지역거버넌스가 작동되는 과정은 복합적이다. 본 책에서는 이 과정을 이해당사자에 해당되는 관리조정기구의 책임성의 관점에서 살펴보는데, 구체적인 내용은 다음과 같다.

참여적 지역거버넌스에서 책임성은 정책이나 계획으로 발생된 문제나 고충 또는 불만이 정부에 의해 제대로 처리되는 정도와 관련된다. 아울러 시설의 설치 등과 관련된 손실보상 등도 책임성과 관련된다. 또한 책임성은 시설의 설치, 운영 등을 둘러싸고 이루어지는 이해관계자 간 의사소통의 과정에서 구체화되기도 한다. 이런 점에서 본 책에서는 이해관계자 간 의사소통의 성과를 살펴보고 이를 통해 계획주체의 책임성을 논의하기로 한다.

4) 갈등해결 과정의 투명성

참여적 지역거버넌스가 작동되는 과정 중에서 갈등해결 과정의 투명성은 정책이나 계획의 추진과정이나 의사소통 과정에서 관련 정보에 대한 접근가능성을 의미한다. 또한 투명성은 정책이나 계획의 추진과정에 정보공개 실태를 논의함으로써 살펴볼 수 있다.

참여적 지역거버넌스에서 참여도는 비선호시설과 관련된 정부정책이나 계획과정에 있어 지역 주민이나 시민단체의 참여 정도와 관련된다. 이는 민간부문의 참여를 유인하는 제도적 기반과도 관련되므로 이에 대한 논의도 필요하다.

이상의 독립변수를 토대로 본 책에서는 모형의 분석범주의 개념적 조작화 과정을 다음과 같이 구체화했다.

첫째, 참여적 지역거버넌스 모형의 주체인 이해당사자는 주요 이해당사자의 가치관과 태도를 분석대상으로 하여 논의한다.

둘째, 참여적 지역거버넌스의 과정은 이해당사자 간 상호 작용과정(갈등해결 과정의 참여도, 갈등해결 과정의 투명성, 관리조정의 책임성)이다. 이는 정책이나 계획과정에 지역 주민이나 시민단체의 참여 정도, 이해관계자 간 의사소통 정도 또는 발생된 문제나 고충, 불만 등에 대한 정부의 처리 정도와 손실보상 정도, 그리고 관련 계획이나 의사소통 과정에서 정보에 대한 접근가능성 등을 중심으로 살펴본다.

셋째, 참여적 지역거버넌스의 구조는 제도적 맥락과 제도적 유산을 토대로 논의한다. 제도적 맥락은 관련 정책이나 계획의 도입배경, 시설 관련 규정, 갈등의 법적 조정유형과 절차, 이해당사자의 연계구조 등을 중심으로 살펴본다. 그리고 제도적 유산은 시설의 설치·운영과 관련된 과거 계획방법이나 계획논리 또는 전통에 초점을 두고 논의한다.

3. 분석의 틀: 독립변수의 범주

본 책에서는 공공갈등 해결과 관련된 주요 요인을 분석하기 위해서 종속변수는 갈등해결 요인으로 했다. 그리고 독립변수는 <그림 2-1>에서와 같이 ① 사업의 성격(사회적 인식, 사전협의, 경제적 효과), ② 이해관계자의 가치관과 태도(정부에 대한 신뢰성, 보상 여부, 이해갈등과 가치갈등), ③ 관리조정기구의 책임성(리더십, 전문성, 정책의지, 관리체제 운영), ④ 갈등해결과정의 투명성(참여도, 홍보와 교육, 정보공개, 여론관리)으로 나누어 각각의 하위변수를 모색하고, 나아가 그것들이 갈등해결에 미치는 영향을 평가하기 위해 다시 강, 보통, 약으로 구분하였다. 결국 갈등해결에 영향을 미칠 요인들이 무엇인지 식별하고, 그에 따라 성공, 실패라는 결과를 통해 그 효과를 검증하고자 한다.

본 책에서는 이 모형에 과천 기무사 이전사례(갈등의 해소), 영월 동강댐 건설사례(백지화), 위천공단 조성사례(백지화 후 잠재적 갈등의 반복), 인천 동춘동 화물터미널(미해결) 건립사례를 적용시켜 모형의 설명력을 살펴본다. 이를 통해 비선호시설 입지와 관련된 이해관계자 간 갈등원인을 종합적으로 살펴볼 수 있고 나아가 갈등의 조정이나 해소를 위해 요구되는 해답도 함께 모색해 볼 수 있다.

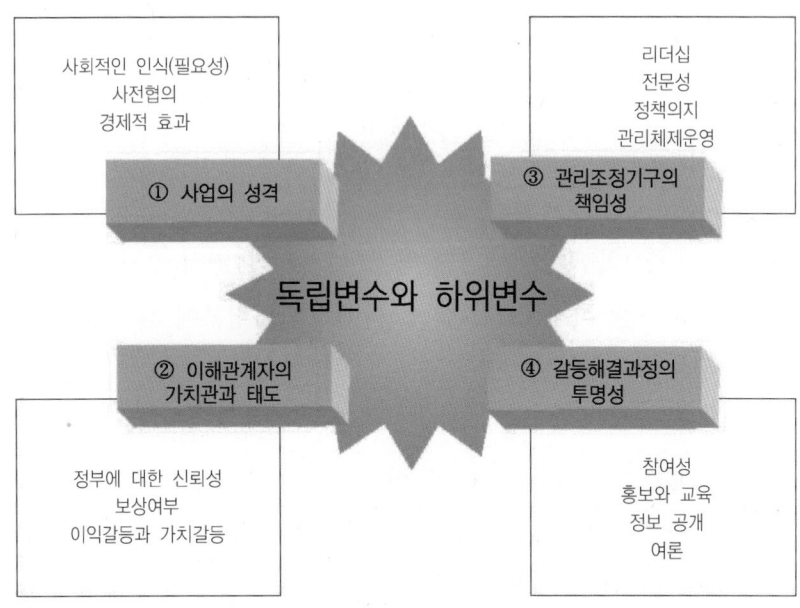

사회적인 인식(필요성)
사전협의
경제적 효과

리더십
전문성
정책의지
관리체제운영

① 사업의 성격

③ 관리조정기구의
책임성

독립변수와 하위변수

② 이해관계자의
가치관과 태도

④ 갈등해결과정의
투명성

정부에 대한 신뢰성
보상여부
이익갈등과 가치갈등

참여성
홍보와 교육
정보 공개
여론

〈그림 2-1〉 갈등해결의 독립변수

  갈등조정을 맡은 측은 갈등의 구조적인 요인들에 대한 이해력과 상대방에 대한 이해를 장려할 창의적인 해결책을 제시할 수 있는 능력을 동시에 갖도록 해야 한다.

  여기에는 네 가지 핵심 독립변수들이 작용한다고 보았다. 독립변수와 하위변수의 평가기준을 살펴보면 다음과 같다.

1) 사업의 성격

(1) 사회적 인식

해당 사업의 필요성이 있는가에 대한 사회적 인식이 확산되어 있는지의 여부는 주민 비선호시설의 갈등의 초기 진화에 중요한 영향을 미치는 요인이다. 해당 주민들의 경제적 피해가 예상되더라도 필요한 시설이라는 인식이 확산되어 있으면 정부는 해당 시설에 대한 입지정책을 서두를 수 있는 것이다. 따라서 해당 사업의 필요성에 대한 인식 정도가 확산되어 있으면 강으로 평가하고, 필요성에 대한 인식이 저변 확대 중이면 보통으로, 필요성이 확산되어 있지 않았다면 약으로 평가한다.

(2) 사전협의

주민의사의 확인과 사회적 합의를 하는 것은 갈등에 대한 사회적 비용을 절감할 수 있는 아주 중요한 갈등해결을 위한 평가기준이다. 주민의사의 확인과 사회적 협의를 위한 사전노력 정도를 평가한다. 사업의 시행 전 정책수립과 계획단계에서 주민의사의 확인과 사회적 합의를 위해 노력했다면 강으로 평가하고 갈등이 빚어지고 나서 사후에 합의를 했다면 사전협의는 이루어지지 않은 것이므로 약으로 평가한다.

(3) 경제적 효과

경제적 효과가 높은지 낮은지 그 평가에 대해 지역 주민, 시민단체, 정부기관이 해당 사업의 경제적 효과에 동의하는지의 여부는 갈등을 조기에 진화할 수 있는 중요한 평가기준이다. 따라서 해당 사업이 경제적 효과가 있는 것으로 판단되면 강으로, 경제적 효과가 없는 것으로 판단되면 약으로 평가한다.

2) 이해관계자의 가치관과 태도

이해당사자들의 이념적 가치관이 다를수록, 참여적 지역거버넌스의 구축은 더 어려워진다. 즉 핵심가치들이 다르기 때문에, 공통의 기반을 찾기란 더 어렵기 때문이다(Jenny Stewart, 2005).

(1) 정부에 대한 신뢰성

정부에 대한 신뢰성이 높으면 갈등이 발생한 시점에서 갈등을 원만하게 중재할 체제가 잘 꾸려지지만 신뢰성이 낮으면 갈등 중재자들에게도 신뢰를 보내지 않아 갈등은 미궁으로 빠지는 경우가 많다. 이 경우 법적인 제도에 의하여 갈등을 조정하게끔 사태를 호전시킨다. 따라서 인지적 요소, 정서적 요소에서 정부 신뢰성이 확보되었다고 보이면 강으로 평가하고, 정부에 대한 신뢰성이 미흡하여 갈등조정에 어려움을 겪었다면 약으로, 중간이면 보통으로 평가한다.

(2) 보상 여부

협상이 이루어지기 위해서는, 각 당사자들이 협력을 통해 얻는 이득이 대립적인 전략에서 얻을 수 있는 이득보다 커야 한다. 역으로 대립을 통해 각 당사자들이 얻을 수 있는 이득이 협력에서 나오는 이득보다 큰 경우에는 협상이 불가능해지며, 결과적으로 양측이 협상에서 발을 빼는 교착 상태가 초래되거나, 양측이 상대방을 압도하려고 하는 갈등 상황이 지속될 수 있다. 일반적으로 대립하는 당사자들의 권력기반에 큰 차이가 없을수록 협상을 하도록 유도할 수 있는 가능성이 커진다(Jenny Stewart, 2005).

경제적 유인효과는 갈등해결의 키워드라 할 수 있다. 미흡한 경제적 보상은 갈등을 원점으로 되돌리곤 한다. 참여기법이 성공하기 위해서, 대립하는 이해당사자들이 해결책에 도달하고자 하는 의지를 갖기에 충분한 압력이 존재해야 한다. 이는 협상에 가장 중요한 요소이다. 협상의 수면 위에는 환경 등을 논하지만 협상의 수면 아래 가장 중요한 요소는 경제적인 요소로 작동한다. 따라서 경제적 유인효과가 적절하여 갈등조정에 성공하면 경제적 유인효과를 강으로 평가하고, 경제적 유인효과 부적절하여 갈등조정에 실패하면 경제적 유인효과를 약으로 평가한다.

(3) 이익갈등과 가치갈등
① 이익갈등 정도
본 책에서는 이해득실을 위해 갈등조정에 임하는 성격의 갈등을 이익갈등이라고 한다. 이익갈등이 극심하면 평가를 강으로 하고, 이익갈등이 소극적으로 나타나면 보통으로, 이익갈등이 없으면 약으로 평가한다.

② 가치갈등 정도
현 세대와 미래 세대의 환경을 위해 비선호입지시설에 반대하는 갈등을 가치(환경)갈등이라고 정의한다. 해당 주민들이 이익갈등인지 아니면 환경훼손을 우려한 가치갈등인지를 결정하는 것은 아주 중요한 요소이다. 가치갈등은 지역 주민들에게 지역이기주의라는 지적 대신에 지역 주민들에게 환경보전이라는 대의명분을 심어 주는 커다란 요소이기 때문이다. 본 책에서는 가치갈등이 극심하면 평가를 강으로 하고, 가치갈등이 소극적으로 나타나면 보통으로, 가치갈등이 없으면 약으로 평가한다.

3) 관리조정기구의 책임성

(1) 리더십[18]

리더십이란 공동목표를 달성하기 위하여 한 개인이 집단의 성원들에게 영향을 미치는 과정이다(Northouse, 2004: 3; 한우섭, 2007: 9에서 재인용). 리더가 추진력을 발휘하여 강력한 리더십이 발휘되면 이해관계자의 설득에도 적극적일 뿐만 아니라 갈등해결의 중재안 및 중재요건을 들어주려고 노력을 하고, 갈등조정의 중재 및 조정에서도 큰 영향력을 미치게 된다. 따라서 외부로부터의 자율성을 유지하면서 해당 사업에 대한 갈등조정에 리더십을 발휘하여 추진력을 보인 경우에는 강으로 평가하고, 추진력을 보였으나 갈등조정에 미흡한 경우에는 보통으로, 추진력이 낮은 경우에는 약으로 평가한다.

(2) 전문성

이해관계의 직접적인 대립 정도에 영향을 줄 수 있는 기술적 해결책과 협상을 위한 인센티브 간에는 연관성이 존재한다. 기술적 해결책들은 갈등을 탈피할 새로운 방법을 도출해 줄 뿐 아니라, 협상을 하고자 하는 당사자가 얻을 수 있는 이득의 규모까지 변화시킬 수 있다. 이는 때로는 교훈적인 'win · win' 해결책을 제시함으

---

18) 좋은 관리는 복잡성을 통제하지만, 효과적인 리더십은 유용한 변화를 창출시킨다. ① 지도성과 관리성은 두 개의 상호 보완적인 행동체계이다. ② 리더십은 관리를 보완하는 것이지, 대체시키는 것이 아니다. 강한 리더십과 약한 관리능력은 그 반대보다 좋지 않다. ③ 모든 사람이 두 가지 기능(관리기능과 리더기능)을 동시에 보유할 수는 없다. ④ 최근에는 리더와 관리자의 근본적 차이를 강조한다. John P. Kotter, What Leaders Really Do(Harvard Business Review, May · June, 1990), pp.103 - 111.
이경은(2000)은 리더십의 役割을 ① 方向設定, ② 整列하기, ③ 힘 실어 주기, ④ 率先垂範의 役割 등으로 나누었다. pp.405 - 408.

로써 또는 갈등의 근간을 제거해 줌으로써 가능해진다(Jenny Stewart, 2005). 본 책에서는 Jenny Stewart의 기술적 해결책을 전문성이라고 보았다. 합리적인 대안을 제시할 수 있는 능력, 효율적인 중재능력을 발휘할 수 있는 능력이 전문성이다. 전문성이 결여되면 무리한 보상기제를 작동시켜 모든 이들에게 원칙이 적용되지 않고 사안에 따라 적용되는 한시적인 대안을 제시하므로, 정부는 다른 갈등사례에서 걸림돌이 되어 빈번히 갈등해결에 실패하게 될 것이다. 원칙적이고 합리적인 대안을 제시할 수 있는 전문성은 초기 갈등을 진화할 수 있는 방법이다.

① 합리적인 대안 제시 능력

합리적인 대안을 제시하여 갈등조정에 영향력을 미친 경우는 강으로 평가하고 대안을 제시했으나 갈등조정에는 영향력을 미미하게 미친 경우에는 보통으로 평가한다. 또한 대안이 적합하지 못하여 영향력을 미치지 못한 경우에는 약으로 평가한다.

② 효율적인 중재능력

갈등이 표면화되기 시작한 시점에서 중재자의 역할이 두드러지게 드러난다. 정부가 갈등조정을 위해 효율적인 중재를 한 경우에는 강으로 평가하고, 중재를 위한 노력이 있었으나 미흡한 경우에는 보통으로, 관망만한 경우에는 약으로 평가한다.

(3) 정책의지

정부의 정책의지가 강력할수록 갈등해결의 실마리를 찾기가 쉬워진다. 정책의지가 일관되느냐 아니면 유동적이냐에 따라 정부의 갈등해결의 접점을 찾기가 달라진다. 또한 정부가 시민단체나 지역 주민의 요구에 귀기울이게 된다.

정부는 해결책 도출의 중재에 핵심적인 역할을 담당한다. 그러나 합의도출을 유도하기 위한 지원은 정부 최고단계로부터 이루어져야 한다. 그렇지 않은 경우 더 직급이 낮은 관료들은 본인들이 협상을 위한 장을 마련하고 유지하는 데 따른 위험을 부담할 만한 권한을 지니지 못한다고 보기 때문이다.

다른 협상 과정들은, 소위 중간단계에 주력했기 때문에 더 관료주의적인 특성을 지녔으나, 여기에서도 역시 정치 지도자들이 필요한 의사결정을 내리고 정부관료들에게 직접 혹은 간접적으로 필요한 조치를 취할 수 있는 권한을 부여하는 데 있어 핵심적인 역할을 해야 한다는 것이다. 재협상의 과정에서 정치적 지원이 충분치 못했을 때, 대립당사자들의 관계가 위와같은 참여적 국정관리에 기반한 해결책을 도출하는 방향으로 발전되지 못한다(Jenny Stewart, 2005). 즉 강력한 정책의지가 수반될 때 정부의 정책수행에 있어 갈등이 빚어진 사안에 대하여 해결방안을 도출해 낼 수 있다는 것이다.

정책의지가 일관되면 강으로 평가하고, 정책의지가 일관되나 방향이 유동적이면 보통으로, 정책의지 일관되지 못하면 약으로 평가한다.

(4) 관리체제 운영

'권력의 균형'을 개선하기 위한 정치적 지원정책 모색을 위해 조직 간의 경계를 초월한 관리체제를 운영하기 위해 정치관료 · 공무원 그리고 환경보존단체 및 기타 사회단체 · 지역 주민 등에서 대표를 선출해야 한다. 이들은 교착상태에 빠진 상황을 타파하기도 하고, 때로는 기존의 정치 추진력에 명료성을 부여하기도 한다. 갈등관리체제는 여러 채널의 대화통로를 일원화하고 숙의민주주의의 모델을 제시하며 갈등국면을 해결하기 위한 합의도출을 유도한다. 관리체제 운영으로 갈등조정 상황에 신속히 대응했으면 강으로 평가하고, 관리체제 운영으로 상황에 따라 대응했으나 타이밍을 실기해서 갈등조정의 영향력이 미흡했으면 보통으로, 관리체제를 운영했으나 제구실을 하지 못했다면 약으로 평가한다.

4) 갈등해결과정의 투명성

(1) 참여도
① 지역 주민 참여 정도
지역 주민의 참여가 적극적이면 강으로 평가하고, 참여가 나타났으나 영향력은 미흡한 경우 보통으로, 참여가 미미하고 영향력이 미미했으면 약으로 평가한다.

② 시민단체 참여 정도
시민단체의 참여가 적극적이면 강으로 평가하고, 참여가 나타났으나 영향력은 미흡한 경우 보통으로, 참여가 미미하고 영향력도 미미했으면 약으로 평가한다.

(2) 홍보와 교육
정책교육이 이루어지기 위해서는 (합의를 위한 협상을 통해) 대립하는 가치들을 서로 이해하고, 각 행동방향에 따른 비용 및 이득에 대한 신뢰할만한 정보를 수집하고 이해할 수 있어야 한다. 중장기적으로 그리고 단기적으로 정책 관련 정보를 수집할 수 있는 능력은 성공적인 갈등해결에 결정적인 역할을 한다. 중앙정부부처 소속의 고위급 정책관리자들은 더 용이하고 정확하게 비용·이득을 분석하고 감독을 할 수 있게 하는 정책기술의 연구개발을 지시하는 등의 방법을 통해 현장을 지원해 줄 수 있다. 정책교육이란 또한 과학적 정보의 가용성과 신뢰성을 개선하는 의미도 포함한다. 인터넷 기반기술은 특히 정책 관련 정보의 수집을 위한 효과적인 방법이다(Jenny Stewart, 2005).

공청회, 홍보 및 교육에 적극적이었으면 강으로 평가하고 공청회, 홍보 및 교육이 있었으나 미미했으면 보통으로, 없거나 형식적이었다면 약으로 평가한다.

(3) 정보 공개

정부정책의 계획·집행과정에서 정보가 공개되었을 때와 비공개로 이루어졌을 때에 공공갈등의 해결에는 편격한 차이를 보인다. 투명한 정보공개는 정부에 대한 신뢰로도 이루어진다. 정부가 투명하게 정보와 진행과정을 공개하면 갈등 초기에 해결이 힘들다하더라도 정부의 중재안을 신뢰하고 따르게 된다.

진행과정을 투명하게 완전 공개했으면 강으로 평가하고, 일부 공개하다가 뒤늦게 완전 공개했으면 보통으로, 내용의 일부만 공개 또는 일부 은폐하려 했으면 약으로 평가한다.

(4) 여론

여론관리 및 언론활용의 정도에 따라 갈등이해관계자들이 갈등해결의 테이블로 나오는 태도가 달라진다. 갈등의 이해관계자들은 자신에게 맞게 여론을 적절히 활용하고 자신들에게 유리한대로 여론을 이끌고 다니는 경향이 있다. 시민단체의 언론플레이 등은 갈등을 해결하는 데 도움이 되기도 하지만 치명적인 실패로 이끄는 요인이 되기도 한다. 여론관리 및 언론활용에 적극적이었으면 강으로 평가하고 여론관리 및 언론을 활용했으나 영향력이 미흡했으면 보통으로 평가하고, 여론관리 및 언론활용이 소극적이면 약으로 평가한다.

새로운 갈등관리디자인의 분석의 틀, 독립변수를 구체화한 것을 표로 나타내면 다음과 같다.

〈표 2-20〉 분석의 틀: 독립변수의 구체화

분석변수	하위변수	평가기준	평가척도	평가
사업의 성격	사회적 인식	사회적 인식의 정도(필요성)	해당 사업의 필요성이 확산되어 있다.	강
			해당 사업의 필요성이 저변확대 중이다.	보통
			해당 사업의 필요성이 확산되어 있지 않다.	약
	사전협의	주민의사의 확인과 사회적 합의를 위한 사전노력	주민의사의 확인과 사회적 합의를 위해 노력했다.	강
			갈등이 빚어지고 나서 사후에 합의를 했다.	약
	경제적 효과	경제적 효과의 정도	경제적 효과 높다.	강
			경제적 효과 낮다.	약
이해관계자의 가치관과 태도	정부에 대한 신뢰성	인지적 요소, 정서적 요소, 정부 신뢰성 확보	정부에 대한 신뢰성이 높다.	강
			신뢰성이 보통이다.	보통
			신뢰성이 미흡하다.	약
	보상 여부	경제적 유인효과	경제적 유인효과 높다.	강
			낮다.	약
	이익갈등과 가치갈등	이익갈등의 정도	이익갈등 높다(극심).	강
			이익갈등 낮다(소극적).	보통
			이익갈등 없다.	약
		가치갈등의 정도	가치갈등 높다(극심).	강
			가치갈등 낮다(소극적).	보통
			가치갈등 없다.	약

분석변수	하위변수	평가기준	평가척도	평가
관리조정기구의 책임성	리더십	리더십 발휘 외부로부터의 자율성	추진력이 강하다.	강
			추진력이 보였으나 미흡.	보통
			추진력이 낮다.	약
	전문성	합리적인 대안 제시 능력의 정도	대안 제시 능력 높다.	강
			대안 제시 능력 있었으나 영향력 미미.	보통
			대안 제시 능력 낮다.	약
		효율적인 중재능력의 정도	효율적인 중재능력이 높다.	강
			보통이다(중재능력 미흡).	보통
			낮다(관망).	약
	정책의지	정책의지(일관·유동)	정책의지(일관) 높다.	강
			정책의지 일관되나 방향은 유동적	보통
			일관되지 못하고 유동적	약
	관리체제 운영	관리체제 운영으로 상황에 따른 신속한 대응 여부의 정도	관리체제 운영으로 상황에 따른 신속한 대응 여부 높다.	강
			보통이다(타이밍의 실기로 갈등조정 미흡).	보통
			낮다(관리체제 운영해도 제구실을 못 함).	약
갈등해결과정의 투명성	참여도	지역 주민 참여 정도	참여 높다.	강
			참여 보통이다.	보통
			참여 낮다.	약
		시민단체 참여 정도	영향력이 강하다.	강
			보통이다.	보통
			영향력 낮다.	약
	홍보와 교육	공청회, 홍보 및 교육	공청회, 홍보 및 교육 있다.	강
			있었으나 미미.	보통
			없거나 형식적이었다.	약
	정보공개	투명한 진행과정의 공개 정도	투명한 진행과정의 완전공개	강
			일부 공개하다가 뒤늦게 공개	보통
			내용 극히 일부 공개 및 완전 은폐	약
	여론	여론관리 및 언론활용의 정도	여론관리 및 언론활용 높다.	강
			보통이다(영향력 미흡).	보통
			낮다(여론관리 및 언론활용 소극적).	약

　　<표 2-20>의 분석의 틀: 독립변수의 구체화를 통하여 제3부에서 주민 비선호시설의 공공갈등사례를 살펴보고자 한다.

제3부

새로운 갈등관리디자인,
갈등사례의 분석

중요한 국책사업들이 지역 주민의 반대 때문에 착공하지 못하거나 완공이 지연되고, 생활에 불가피한 공공시설들이 지역 주민과 이해를 달리하거나 그들의 이기주의로 입지하지 못하고 있는 경우가 갈수록 증가하고 있는 지금, 공공갈등의 문제를 단순히 지역문제로 치부해 버린다면 우리국민들의 생활의 질 향상을 기대할 수 없을 것이다.

비선호시설입지와 관련한 국내 갈등사례 중 공공사업으로 한정하였고, 공공갈등조정 결과 성공·실패 그리고 진행 중인 사례로 나누었다.

갈등조정 성공사례는 과천시 국군기무사령부(이하 기무사) 이전사업을 연구하려고 한다. 과천 기무사 이전사례는 갈등전기에는 갈등조정에 실패한 사례들의 전철을 그대로 밟았으나, 정부·시민사회·지역 주민 등이 함께 참여하는 갈등관리기구를 신설한 이후에는 비선호시설 갈등조정에 성공한 사례의 양상을 띠며 갈등조정이 진전되는 다른 양상을 나타냈다. 이러한 이유로 기무사의 사례는 전기와 후기를 구분하여 살펴보려고 한다.

비선호시설 입지갈등조정의 실패사례는 국책사업으로 크게 실패하여 회자되고 있는 영월 동강댐 건설사업과 지역사업으로 추진하다 국책사업으로 발전하여 실행하려고 했으나 정부의 위상에 큰 흠집을 남기고 실패한 위천공단조성사업이다. 위천공단사업은 지금도 선거때만 되면 다시 회자되고 있어 대구시에서는 그만큼 절박했던 사업이었다는 것을 알 수 있다. 어떠한 이유로 이 사업은 실패했는지 이 사업이 진행될 수 없었던 가장 큰 문제점은 무엇이었는지 살펴보고자 한다. 마지막으로 현재 공공갈등이 진행 중인 인천 연수구 동춘동 화물터미널 건립사례를 통하여 시사점을 제시하고자 한다. 제3부에서는 선행연구의 한계와 선행연구를 기반으로 하여 도출한 참여적 지역거버넌스의 요건을 토대로 분석변수를 작성한 <표 2-20>의 분석의 틀을 이용하여 주민 비선호시설의 공공갈등사례(기무사 이전, 영월 동강댐 건설, 위천공단 조성, 인천 동춘동 화물터미널 건립)를 분석하려고 한다.

제5장 과천시 기무사 이전

1. 사례의 개요

기무사는 서울시 종로구 소격동 소재의 부지가 협소(8천평)하고, 만들어진 지 80년이 넘었기에, 1998년 안전진단 결과 불가판정을 받을 정도로 시설이 노후화되었다. 이에 국방부는 2002년 4월 4일, 1990년대부터 이전을 논의하여 왔던 기무사 이전 예정부지를 서울시 내곡동에서 과천시 주암동으로 변경할 것을 결정하였다(국무조정실, 2007). 과천시로의 이전을 위해 '개발제한구역 관리계획' 변경이라는 일반적인 도시계획 결정절차에 따라 이전사업을 추진하여 기무사 주암동 이전안[19]은 2002년 4월 과천시 심의와 10월 경기도 심의를 통과하였다(국무조정실, 2007).

그러나 2002년 6월 지방자치단체장 선거에서 당선된 신임 여인국 과천시장[20]의 이전 반대를 위한 단식투쟁과 2003년 7월, 106개

---

19) 당시 기무사가 사용하고 있는 건물은 1913년에 세워진 것으로 기무사 이전은 이미 1992년 대통령선거에서 김영삼 후보가 대선공약으로 약속한 바 있고, 기무사 자리에 문화예술벨트 조성에 적합한 건물을 지어야 한다는 문화예술계의 건의까지 더해져 이전 결정은 보다 쉽게 내려질 수 있었다. 기무사는 이전예정부지를 결정함에 있어 청와대와 근거리에 있어야 하고 국정원 등 국가정보기관과의 협조가 중요하다는 판단하에 과천시 주암동이 적합하다는 최종 결론을 내렸다.

20) 과천시 전 시장과는 대화가 있었지만 신임시장과는 커뮤니케이션이 없었다.

사회단체로 구성된 '기무사과천시이전반대공동대책위원회(이하 공대위)'가 수 년간 탄원서 제출 등 반대운동을 전개하였다. '55만 평의 과천시에 22만여 평 규모(본관, 생활관, 군인아파트, 사령부건물 6만 2천 평, 순찰로, 경계 지역, 배수시설 5.1만 평과 교육훈련장 시설면적 11.4만 평으로 소격동 부지의 25배)의 군부대 이전이 말이 되느냐.'는 구호는 과천시민을 결집시켰다. 물론 시의회도 반대 입장을 표명했다. 이에 대해 기무사는 부대의 특성상 서울 근교에 있어야 하며, '과천 이전'은 국책사업이기 때문에 철회할 수 없다는 강행 입장을 고수했다(김광구·문채·박형서, 2006: 52). 또한 기무사는 과천시 및 주민 등이 기무사 이전을 반대함에도 불구하고 경기도 및 건설교통부(이하 건교부)와 개발제한구역관리계획 변경절차를 일방적으로 진행하여 이전 반대를 하는 측과의 이익갈등과 가치갈등은 점점 심해져 갔다. 이런 정부의 일방적이고 소통이 부재한 과정은 시민들에게 양보하며 해결할 의지보다는 정부에 대한 불신감만 안겨 주어 과천시민들을 이전 절대 반대쪽에 서게 하였다. 이런 식으로 난항을 거듭하던 기무사 이전문제는 다자간협의체라는 거버넌스 체계 구축을 통해 2005년 10월 기무사 이전의 합의안(주암동 기무사 이전 예정지 22만 7천 평 가운데 5만 6천 평만을 활용하고, 나머지 17만 2천 평에 대해서는 필요할 때 과천시가 매입·활용하는 경제적 보상)이 도출되었고, 주민간담회 등을 통해 합의서가 작성됨으로써 갈등이 해결되었다(김광구·문채·박형서, 2006: 52; 국무조정실·한국행정연구원, 2007).

<표 3-1> 과천시 기무사 이전 일지

일자	주요 내용
1996.	종로구 기무사 건물 재건축 필요성 대두
2000.	문화 및 언론계의 주장에 따라 교외로 이전 결정
2001.	이전에 대한 대통령 재가
2002. 4.	국방부 기무사 과천 이전 발표 및 과천시장과 이전 협의
2002. 7.	새 과천시장 및 시의회의 전면 백지화 선언
2002. 8.	국방부의 기무사 과천 이전 계속 추진 및 보상계획 공고
2003. 7.	건교부의 기무사 이전 관련 개발제한구역 관리계획 1차 심의에서 과천시장 반대의견 제시 기무사 과천 이전 반대 공동대책위원회(106개 시민단체) 결성 및 서명운동 실시(53,000명)
2003. 7.~2004. 7.	과천 이전에 대한 시장, 시의회 및 시민들의 격렬한 반대시위
2004. 5.	이전 반대 궐기대회 개최 및 현수막, 전단지 등 언론에 배포
2004. 6.	과천시장의 단식투쟁, 시민들의 이전 반대 촛불집회 및 기무사의 지역설명회 무력충돌로 무산
2004. 7.	기무사령관과 과천시장 회동, 과천시장은 대안부지로 갈현동 제시, 기무사령관은 거부
2004. 8.	공대위는 국회에 청원서 제출 및 건교부의 개발제한구역 관리계획 심의승인 무효 성명서 발표, 건교부장관 주관으로 기무사령관과 과천시장 대담
2004. 9.	공대위의 국회 국방위원장 면담 및 건교부장관의 과천시장 및 공대위 대표 면담
2004. 12.	국회 국방위 청원심사 소위에서 재심의 결의
2005. 1.	과천시의 기무사 교통영향 평가결과 반려
2005. 2.	과천시의 기무사 건축협의 반려
2005. 4.	국회 국방위 2차 청원서심사 소위에서 다자간협의체 구성 권고
2005. 6.	국방부, 기무사, 과천시, 과천시의회, 지역 주민대표 등이 협의회 구성
2005. 7.	4차례의 다자간협의체 회의에서 과천시는 남태령을 대안부지로 제시, 국방부는 주암동 이전 입장 고수
2005. 8.	국방부는 (227,000평→62,000평) 수정안 제시, 과천시는 남태령 부지 계속 고수
2005. 9.	국방부는 다자간협의체 회의에서 더욱 축소된 규모로 제시(56,000평), 원래 계획에서 제외된 부지는 과천시에 매각하기로 결정
2005. 11.	9차 다자간협의체 회의 최종합의

자료: 국무조정실 · 한국행정연구원(2007), 김광구 · 문채 · 박형서(2006), 박홍엽(2006).

2. 사업의 성격

과천시 기무사 이전 사안은 다자간협의체가 구성되어 갈등이 해결되어 가는 전환점을 가지기 때문에 다자간협의체가 구성된 시점을 전후로 전기와 후기로 나누어 평가하려고 한다. 본 책에서 다루고 있는 세 가지 갈등사례와 비슷하게 갈등이 증폭되기 전에는 비슷한 양상으로 전개되었으나 갈등증폭 이후에 일원화된 관리체제를 마련한 이후로 이해관계자 간의 입장 차이를 줄여 가고 합의를 도출하여 갈등조정에 성공한다. 이에 본 책에서는 과천 기무사 이전부지의 사례는 갈등조정 전기와 후기를 나누어 연구하려고 한다.

1) 사회적 인식

기무사에 관한 많은 연구 중에서 해당 사업의 필요성에 대해서 부정하는 연구는 없었다. 물론 기무사 이전을 격렬하게 반대했던 사람도 있었고, 많은 의견들이 이해당사자 간에 존재했겠지만, 제삼자의 입장에서 객관적으로 보았을 때는 사업의 필요성이 있는 것은 분명했다. 사업의 필요성에 대해 열거해 보면,

첫째, 기존 기무사 건물이 협소하고 안전성이 부족해 재건축 혹은 이전이 불가피했다.

둘째, 재건축보다 이전에 무게가 실리는 이유는 기존 기무사 자리에 경북궁과 연계한 문화예술벨트 조성에 적합한 건물을 지어야 한다는 주장이 있었기 때문이다(최병은, 2007: 90 – 91).

셋째, 역대 대통령들의 공약이었음에도 불구하고 번번이 무산되

어 문제는 미해결 상태에서 오랫동안 점점 곪아 가고 있었다(문채ㆍ
김광구ㆍ박형서, 2006: 28).

그러나 8천여 평 부지 면적에서 22만 7천평의 새로운 부지로 이
전한다는 계획이 발표되었을 때, 해당 지역 주민뿐만 아니라 일반
국민의 경우에도 그 면적은 너무나 과도하다는 지적이 나왔다(국무
조정실, 2007). 기무사가 과천시와 최종 5.6만 평으로 합의한 결과
를 보아도 초기의 22.7만 평 계획은 너무 많았다는 점을 누구나 공
감할 수 있다. 공공갈등의 가장 큰 원인으로 지적되는 것 가운데
하나가 국가정책 수립이나 결정 시 절차적 합리성뿐만 아니라 내
용적 정당성도 갖추고 있어야 하는데 기무사의 과천 이전계획은
사전 의견수렴이 미흡했으며 절차적 합리성 측면의 문제뿐만 아니
라 과도한 이전부지 면적이었다는 지적과 함께 내용적 정당성 측
면에서조차 문제점이 지적될 수 있다(박홍엽 외, 2005: 19).

사회적 인식의 평가기준의 평가를 살펴보면 다음과 같다. 사회적
인식의 확산은 공공갈등과 지역 주민의 피해가 예상되더라도 입지
정책에 대한 정당성이 충분히 확보가 되어야 하는 필요 불가결한
요소라고 본다. 기무사 이전은 국방부 입장에서는 불가피했고, 이
전에도 수 차례 논의되었던 문제이기 때문에 사업추진의 당위성은
확산되어 있었다고 볼 수 있다.

2) 사전협의

기무사 이전은 '갈등이 빚어지고 나서 사후에 합의했다.'라는 전

형적인 우리나라 공공갈등 조정사례의 전철을 따르고 있다.

① 사업계획에서부터 고시에 이르기까지의 일방적인 공고 수준에 머물렀다(문채 · 김광구 · 박형서, 2006: 29 - 35).

② 형식적인 사전협의만 있었을 뿐 다양한 주체의 참여가 없었다.

③ 갈등이 확대되고서야 다자 간 협의를 통해 주민들의 참여가 이루어졌다(최병은, 2007: 101).

국방부와 기무사는 기무사 이전을 추진하는 시기(2000. 4.~2003. 1.)에 과천시와 수 차례 협의를 했기 때문에 사전 의견수렴을 했다고 주장하지만 협의내용이나 결과가 전혀 없어 형식적인 협의에 그쳤다는 점이 가장 큰 문제점으로 지적되고 있다. 기무사의 이전을 받아들여야 하는 중요 이해당사자인 과천시는 비록 군사시설이지만 이전계획 수립 및 결정과정에 전혀 참여하지도 못했고 지역주민의 의견을 수렴하지도 못했다(박홍엽, 2006). 기무사 이전은 갈등이 첨예했던 시기에 협의가 원활히 이루어지지 않았기 때문에 2년 이상의 시간을 허비했고, 이는 불가피하게 사회적 비용을 초래하는 결과가 되었다. 일방적 발표의 목적은 효율성이었겠으나, 이는 오히려 수많은 사회적 비용을 생산하며 사업을 원점에서 나아가지 못하게 하는 족쇄로 작동했다(문채 · 김광구 · 박형서, 2006: 56). 사전에 주암동에 대해 주민들이나 지자체의 주장이 어떤지, 주민들을 어떻게 설득시킬지 합의가 된 상태였으면 이러한 사회적 비용을 지출하지 않았어도 되는 것이다. 합리적 절차를 구축하는데 쓰는 비용은 손실이 아닌 투자이다(문채 · 김광구 · 박형서, 2006: 63). 사전적 협의기구는 없었으나(최병은, 2007: 101) 사후에라도 합의가 되고, 백지화될 뻔한 사업을 찬반양론으로 끌고 가지 않고 (박홍엽, 2006: 108 – 109), 이해관계자의 이해욕구를 충족시켜 양보와 타협으로 갈등해결을 통해 풀어 나간 과정은 공공갈등 해결에 모범사례가 될 수 있을 것이다.

사전협의는 사업의 계획단계에서 일어나는 현상이므로 '사전협의 평가기준은 전 · 후기 모두 낮다.'라고 볼 수 있다.

3) 경제적 효과

어느 수준까지의 수익을 창출해야 경제적 효과를 강으로 판단하고, 어느 정도면 약으로 볼 수 있는지 명료하지 않다. 동 사례는 편익과 비용이 불일치하는 님비형 군사시설 갈등이나 이 사업으로 인해 지역사회에 미칠 경제적 효과에 대해 추후에 설득이 되었고 지역사회 주민들이 그 효과를 기대한다는 점에서 최후의 합의가 이루어졌다고 할 수 있다. 갈등이 형성되고 전개되는 과정에서는 건축제한, 지가하락 등 경제적 효과에 대한 주민들의 불신 때문에 반대가 심했으나, 갈등이 해소되면서 과천시 입장에서 실익추구가 가능해졌다. 경제적 효과가 한마디로 말해서 갈등관계에 따라 달라지는 양상을 보였다.

기무사는 지난 37년간의 소격동 시대를 마감하고 청와대와 중앙정부의 근거리에 이전하게 되어 국정원과의 업무협조 등 국방정보업무의 효율적 수행의 효과를 얻게 되었고, 과천시도 협의가 진행되면서 각 이해관계의 실익추구가 가능해짐에 따라 ① 22만 7,000평에서 5만 5천평으로 활용 면적 축소(문채 · 김광구 · 박형서, 2006: 47), ②

각종 규제 완화, ③ 나머지 17만 2천평에 대한 매수권 확보 및 매입 부지의 활용, ④ 국방부와 건교부와 경기도의 지원 약속 등 다양한 경제적 효과를 추구할 수 있게 되었다(최병은, 2007: 99 - 100).

경제적 효과의 평가기준을 살펴보면 다음과 같다. 처음에는 각자의 이해관계로 찬성과 반대가 극단적으로 대립되는 양상을 보였지만 결론적으로 다자 간의 이해관계를 충족하는 합의방안을 서로 모색해서 갈등이 해결되고 사업추진이 성공적으로 진행되었다. 따라서 이해당사자 간의 협상이 진행되기 전까지는 경제적 효과를 기대하기 어려웠으나 최종적으로 경제적 실익추구가 가능해짐에 따라 경제적 효과를 창출했다.

〈표 3-2〉 각 이해관계자의 경제적 이득 비교

기무사가 얻은 이득	과천시/과천 시의회/시민대표가 얻은 이득
- 당초 이전 예정지로의 이전을 통한 이전명분 확보 - 이전사업에 대한 과천시의 적극 지원 확보 - 영내 발생오수를 과천시 환경사업소에 연결	- 이전부지에서 제외된 17.1만 평을 과천시가 매입할 수 있는 권리 확보 - 이전부지 내 임상이 좋은 임야 2만 평 보존 약속 확보 - 과천시가 매입한 토지에 대한 군사시설보호구역 해제 약속 - 이전부지 인근마을을 지원하기 위해 군사시설보호구역 해제 확보 - 매입한 부지의 활용에 있어 건교부·경기도의 협조 및 지원 약속 확보 - 추가 군사시설보호구역 지정 없고 지역발전저해·재산권 행사 제한 않기로 약속 확보

자료: 김광구·문채·홍성우(2006), 박홍엽(2006), 허욱(2006), 최병은(2007).

이상의 연구결과를 토대로 작성한 사업의 성격을 살펴보면 <표 3-3>과 같다.

<표 3-3> 사업의 성격

독립변수	하위변수	평가기준	내용
사업의 성격	사회적 인식	사회적 인식 정도(필요성)	사회적 인식이 전기에는 미흡했으나 후기에는 높음
	사전협의	주민의사의 확인과 사회적 합의를 위한 사전노력	지역 주민과의 합의는 배제됨
	경제적 효과	경제적 효과 정도	경제적 효과 있는 것으로 나타남

3. 이해관계자의 가치관과 태도

1) 정부에 대한 신뢰성

기무사와 과천시는 협의하에 개발제한구역관리계획 변경절차에 의한 기무사 이전사업을 추진하였다. 새로 취임한 과천시장이 경기도에 이전반대 의견서를 제출하면서부터 갈등이 시작되었다. 기무사는 과천시 및 주민 등이 기무사 이전을 반대함에도 불구하고 경기도 및 건설교통부(이하 건교부)와 개발제한구역관리계획 변경절차를 일방적으로 진행하여 이전을 반대하는 쪽과의 갈등은 점점 심해져 갔다(김광구·문채·박형서, 2006: 51-52; 김광구·문채·홍성우, 2006: 3).

경기도는 과천시의 상위자치단체로서, 과천시와 기무사 간의 갈등관계에서 조정 및 중재역할을 수행해야 할 중요한 위치에 있다고 할 수 있다. 그러나 2002년 7월 여인국 신임시장이 기무사 이전반대 의견서를 제출했음에도 불구하고 지방도시계획위원회 심의를 통과시키는 등 일방적으로 개발제한구역관리계획 변경절차를 진행하여 2004년 5월 과천시장이 단식을 하여 기무사와 과천시가 대화의 장을 열기까지 거의 2년 간을 허비하게 하였다(한국행정연구원, 2007). 더욱이 다자간협의체를 구성한 후 그 운영과정에서도 소극적으로 대응하는 등의 모습을 보여주며, 과천시와 기무사 간의 갈등을 적극적으로 중재하지 못했다.

정부를 대표하는 건교부는 개발제한구역관리계획의 최종 결정권자로서, 과천 기무사 이전과정에서 발생한 기무사와 과천시 및 주민 등과의 갈등과정에서 상위 의결기관으로서의 해결의지를 보여주어야 했다. 특히 기무사와 과천시 및 주민 등과의 갈등이 심각한 2002년 말부터 2003년 7월까지의 시기에 특별한 사유 없이 중앙도시계획위원회 심의를 수차례 연기한 것은 과천시 및 주민 등으로부터 건교부가 이 기간 동안 기무사에 토지매입 시간을 준 것이 아닌가 하는 오해를 받기도 했다.

이 밖에도 건교부는 국방위의 권고에 따라 구성된 다자간협의체에도 자주 불참하는 등 적극적으로 나서지 않아 중앙정부기관으로서의 추진력을 제대로 보여 주지를 못했다. 즉 2002년 7월 과천시장 취임 이후부터 2004년 7월 기무사령관과 과천시장 간의 대화채널이 가동되기 전까지 약 2년여에 걸쳐 정부 및 상위자치단체가 기무사 이전사업을 일방적으로 추진한 것은 과정상의 적법성 및 효율성만 추구하고 절차상의 민주성이나 내용상의 정당성을 간과한 것으로써 시민들이 스스로 나서게 되는 계기를 마련하였다. 이에 따라 시민들과 과천시장, 과천시의회 등은 중앙정부에 대해 신뢰감을 별로 가지지 않고 있었음은 명확해 보인다. 정부가 해당 시의 시민들의 의견을 고려하지 않고 정책을 일방적으로 추진했으므로(국무조정실, 2007) 신뢰성이 미흡했다라고 볼 수 있다.

그러나 2005년 이후, 다자간협의체를 구성, 9차례에 걸친 회의를 통해 이해관계자 간에 원만한 합의를 이끈 점으로 보아 정부에 대한 신뢰성이 향상되어 있음을 알 수 있다.

참고로 행위주체별 역할과 행위주체 간의 갈등관계를 살펴보면 다음과 같다.

기무사의 과천 이전과 관련한 이해관계자(행위주체)는 중앙정부, 지방정부, 주민 및 시민단체로 구분할 수 있으며, 각각의 세부 행위주체는 <표 3-4>와 같다.

〈표 3-4〉 과천시 기무사 이전 관련 행위주체

구분	세부 행위주체
중앙정부 및 기관	• 국방부 • 기무사 • 건설교통부(중앙도시계획위원회 포함) • 국회(국방위원회, 한나라당)
지방정부 및 기관	• 경기도(지방도시계획위원회 포함) • 과천시(과천시장) • 과천시의회
주민 및 시민·사회단체	• 과천시 주민 및 시민·사회단체 　(기무사 이전 반대 공동대책위원회, 과천트러스트)

자료: 김광구·문채·홍성우(2006), 박홍엽(2006), 허욱(2006).

① 중앙정부 및 기관

국방부는 기무사와 함께 이전의 주체로서 2001년 김대중 정권 때 비록 실패하였지만, 기무사 이전을 주도하였다(박진 외, 2006). 후에 과천 이전 추진과정에서 갈등이 발생했을 때 다자간협의체의 구성과정에서 주도적으로 관여하여(한국행정연구원, 2007) 과천시의 참여적 거버넌스 체제 구축에 노력하였다.

기무사는 2002년 4월 기무사 이전 예정 부지를 변경할 것을 결정하고 순탄하게 이전사업을 추진하던 주체로, 같은 해 6월 야당인 한나라당 소속의 시장이 당선되면서 과천시 주민들과 많은 갈등을 빚다(박진 외, 2006: 289)가 결국 참여적 거버넌스체제 구축에 의해 갈등을 해결하였다.

건설교통부(중앙도시계획 위원회)는 기무사 이전에 대한 최종 법적 결정권자로서 2004년 7월 과천시의 반발로 인해, 이전 추진 승인을 보류하는 등(국무조정실, 2007)의 과천시와 기무사 간에 중재를 담당하였으나, 결국 2004년 8월 원안대로 진행하여 갈등 증폭의 계기를 제공하였다.

기무사 이전의 반대자로서 2005년 한나라당 의원 66명의 발의로 기무사 이전 취소 결의안을 국회의 제출(한국행정연구원, 2007)하였고, 과천시의회 중심의 국회청원을 주선하는 등 갈등해결의 조력자 역할을 하였다.

② 지방정부 및 기관

경기도는 기무사 이전에 대한 법적 결정권자로서 2002년 4월 이전 안을 통과시켰다(한국행정연구원, 2007).

과천시(과천시장)는 민주당 소속 시장은 이전안을 통과시켰으나, 6월 한나라당 소속의 과천시장이 당선되면서 이전안에 대한 반대를 시작하였다. 많은 갈등을 겪은 이해관계 대립의 실질적인 한 주체이다(박진 외, 2006).

과천시의회는 기무사 이전의 반대자로서 2003년 7월 구성을 주도하였다. 특히 기무사의 이전계획이 법적으로 승인됐음에도 불구하고 국회의 청원심사를 제출하여 갈등 국면을 극적으로 전환시키는 계기를 만들었다.

〈표 3-5〉 갈등의 쟁점 및 이해관계 파악

쟁점	기무사의 과천시 주암동으로의 이전		
주요 이해관계자	기무사	과천시장	과천 이전 반대 공동대책위원회(공대위)
입장	과천시 주암동으로의 이전은 불가피	주암동이 아닌 과천시 내 다른 지역으로 이전	과천시로의 이전 반대
이해관계	정보업무의 효율적 추진(청와대/국정원과의 지리적 관계)	발전적인 토지이용	지역발전 장애 우려 재산권행사 제약 우려
동조세력	국방부, 건교부, 경기도, 이전에 찬성하는 일부 주민 및 사회단체	과천시의회, 공대위, 이전에 반대하는 주민 및 단체	과천시장, 국회의원, 과천시의회

자료: 김광구·문채·홍성우(2006), 박홍엽(2006), 국무조정실·한국행정연구원(2007).

〈표 3-6〉 기무사 과천 이전 관련 행위주체들의 갈등

	기무사 이전 찬성	기무사 이전 반대
주체	국방부 기무사, 건설교통부(중앙도시계획 위원회)	한나라당, 과천시(과천시장) 과천시의회, 주민 및 시민·사회단체
내용	• '92년 김영삼 후보의 대선공약. • 소격동 기무사 자리에 경복궁을 연계한 문화예술벨트 조성하자는 예술계의 건의 • 군부대이전을 바라는 소격동 시민들의 건의 (과천 이전 이유) • 청와대 등의 국가정보기관과 근거리에 위치	• 주암동은 문화관광시설 집중 →토지이용목적에 상반 • 주암동 청계산 자연생태계 훼손 • 추가되는 군사시설보호구역에 따른 집값 하락 • 교통체증 혼란 가능성 큼 • 지금의 부지에서도 임무 수행지장 없음

자료: 김광구·문채·박형서(2006: 52)

2) 보상 여부

국방부가 건교부로부터 그린벨트 형질변경을 허가받은 6만 2천

평 가운데 2만 7천 평을 축소한 5만 5천 평(녹지 2만 평 포함)만 활용하고 나머지 부지는 과천시에 매각하겠다는 협상안을 제시했다(한국행정연구원, 2007). 기무사는 이전면적이 다소 줄었지만 예정부지로 부대를 옮기게 되었고 이전사업에 대한 과천시의 적극적인 지원을 확보할 수 있게 되었다(최병은, 2007: 114). 과천시는 나머지 부지를 국가로부터 사들여 공익목적의 지역개발을 할 수 있는 전기를 마련하였고, 이전부지 면적의 최소화를 통해 예정지의 자연생태계 보호라는 실익을 확보하였으며 국방부, 건교부, 경기도로부터의 협조 및 지원 약속을 확보했다(박진 외, 2006).

3) 이익갈등과 가치갈등

(1) 이익갈등

과천시[21]와 지역 주민들이 지역발전 저해와 30년 동안 그린벨트로 묶여 재산권 행사를 못 했던 지역에 군기관이 이전할 경우에 예상되는 군사시설보호구역의 추가지정에 따른 지가하락 등의 재산상의 손실과 재산권 행사 제약 등의 우려로 거세게 반발하였다(박진 외, 2006). 결국 당사자들만으로는 해결이 되지 않아 다자간협의체를 통해 해결되었다.

---

21) 과천시는 기무사가 과천시에 위치해야 한다는 논리에는 반대하지 않지만 지역개발을 이유로 주암동으로의 이전은 안 된다는 입장을 내세웠다. 특히 서울대공원, 경마장, 현대미술관과 연계해 향후 디즈니랜드와 같은 대형 테마파크를 조성하려는 계획이 수포로 돌아가기 때문에 주암동 지역이 아닌 다른 지역으로 이전할 것을 요구하며 대안 부지를 제시했다(국무조정실, 2007).

(2) 가치갈등

공대위는 기무사의 과천 이전을 반대하는 입장이었고, 기무사가
이전할 경우, 주암동에 있는 청계산 옥녀봉 일대의 자연생태계가
훼손될 수 있으며 무엇보다 30년 동안 그린벨트로 묶여 재산권 행
사를 못 했던 지역에 군기관이 이전할 경우 추가로 군사시설보호
구역을 지정할 것이고 그 결과 지가하락 등으로 재산상의 손실이
예상되고 나아가 재산권 행사도 하지 못할 것이라는 우려를 제기
했다(박진 외, 2006).

전기에는 가치갈등이 높았으나 후기에는 다자간협의체의 구성으
로 대안 제시와 갈등 중재에 순응하여 가치갈등은 다소 완화되었
다고 볼 수 있다.

이상의 연구결과를 토대로 작성한 이해관계자의 가치관과 태도
를 살펴보면 <표 3-7>과 같다.

〈표 3-7〉 이해관계자의 가치관과 태도[22]

독립변수	하위변수	평가기준	내용
이해관계자의 가치관과 태도	정부에 대한 신뢰성	인지적 요소 정서적 요소 (정부 신뢰성 확보)	군사시설에 대한 정서적, 인지적인 신뢰성을 갖추지 못함. 다양한 옵션개발 부재
	보상 여부	경제적 유인효과	군사시설이라 별다른 보상 없음 기무사 규모 축소 주민 편의를 중시한 친환경개발, 공공사업 시 행 때 기무사 매입토지에 대한 군사시설보호 구역 해제 약속
	이익갈등과 가치갈등	이익갈등(득실)	이익갈등의 형태 보임
		가치갈등(환경)	가치갈등의 형태 나타남

22) 기무사 부지 이전의 이해관계자의 가치관과 태도를 연구하기 위해 참고한 문헌은 다음과 같다.
김광구・문채・박형서(2006). 「중앙・지방정부 간 협력 간 계획체제 구축방안에 관한 연구」,

4. 관리조정기구의 책임성

1) 리더십

전기에는 리더와 대화채널의 부재로 갈등증폭의 원인이 되었다. 갈등이 표면화되는 과정에서 기무사와 이전 반대 측 간의 공식·비공식 대화 채널이 닫혀 있어서 갈등이 제어되지 못하고 가파르게 상승기류를 탔다(한국행정연구원, 2007). 이전 반대 측이 2년이 넘도록 공세적으로 반대 활동을 전개하고 있을 시기에도 기무사는 소극적인 대처로 일관했다. 그러나 과천시는 2002년 6월 당선된 여인국 과천시장의 이전 반대 단식투쟁(박진 외, 2006)으로 지역 주민에게 시장의 정서적인 리더십을 나타내는 계기가 되었고, 또한 이후 과천시, 지역 주민, 시민단체, 과천시의회는 정부를 상대로 자신들의 의견을 관철하기 위해 언론을 적극 활용하기 시작했다. 또한 국방부는 갈등증폭 후 다자간협의체의 구성과정에 주도적으로 관여하여 관리체제가 일원화된 이후 리더십을 발휘하게 되었다.

2) 전문성

합리적인 대안 제시 능력은 초기에 부적합했으나 지속적인 대화

국토연구원.
김광구·문채·홍성우(2006), 「중앙정부의 국책사업 추진과정에서의 협력적 거버넌스 구축에 관한 연구」, 한국행정학회 학술대회 발표논문.
박홍엽(2006), 「갈등주기관점에서의 갈등해결기제의 탐색」, 한국행정연구원.
박홍엽(2006), 「국군기무사령부 과천이전 갈등사례분석」, 한국행정연구원.
〈사이트 http://bestpdc.com/bbs/board.phpbo_tablecs1page20 내에서 인용〉
최병은(2007), 「한국의 민군관계 유형화에 관한 연구」, 경기대학교 박사학위논문.

로 절충안을 가지고 합의도출 하게 되었다. 과천시가 대안부지로 제안한 수방사 부근의 부지와 갈현동 밤나무골 부지는 협소하거나 자연생태 부지였기 때문에 현실적으로 고려대상이 되지 못했다는 점도 갈등을 확대시키는 원인 가운데 하나였다(박진 외, 2006). 효율적인 중재능력 역시 갈등조정의 타이밍을 실기함으로 인해 초기에는 어려움을 겪었으나, 2005년 4월 21일 국회국방위원회가 나서서 국방부 쪽에 일원화된 관리체제 운영기구를 구성할 것을 권고함에 따라 적극적인 자세로 중재함으로써 이해당사자의 합의를 이끌어 냈다. 갈등 초기에는 각자의 입장을 고집하므로 상당 기간 교착상태(2년 6개월)에 있었으나, 후기에는 기무사가 당초 계획보다 이전부지를 축소하고 향후 남은 토지에 대해 언제든지 우선 매입할 수 있는 권한을 과천시에 대안으로 제시함에 따라 갈등은 타결 국면을 맞이할 수 있었다(한국행정연구원, 2007).

3) 정책의지

정책의지는 일관되어 과천시민들에게 기무사 이전에 대한 중요성을 인지하게 하여 합리적인 갈등조정의 대안을 마련하는 계기가 되었다. 정책의지의 일관성은 이해당사자의 갈등이 증폭되었을 때 갈등조정을 향해 나아가는 중요한 변수로 작용한다. 기무사 이전부지의 갈등사례도 마찬가지이다.

4) 관리체제 운영

기존의 입장에 집착해서 상황에 따른 신속한 대응이 늦어지다가 갈등이 불거진 시점에서 국회국방위청원심사소위원회의 권고에 따라 다자간협의체라는 일원화된 관리체제를 운영함으로써 106개나 되는 시민단체로 구성된 공대위의 언론 플레이에서 자유로울 수 있었고 대안을 제시할 창구와 중재능력을 발휘할 통로를 가지게 됨으로써 갈등조정을 성공적으로 이끌게 되었다(과학기술부, 2005; 국무조정실, 2007).

전·후기의 변화과정을 살펴본다면, 전기에 비해 후기에는 투명성이 높아져서(투명성을 지니는 요소가 증가) 갈등해결이 진전되었다고 볼 수 있다. 박홍엽(2006)에 의하면, 이전 반대 측이 '다자간협의체' 회의 초기에 남태령 부지로의 이전만을 계속 고집하고 기무사도 양보하는 모습을 보여 주지 않아 회의가 자칫 결과 없이 끝나 버릴 가능성이 엿보였지만 기무사가 6차 회의에서 6.2만 평으로 축소하고 국방부가 또 다시 5.6만 평으로 축소 제의함으로써 합의를 이룰 수 있는 가능성을 높였다는 점이 가장 큰 특징이라 할 수 있다. 이와 같이 다자간협의체가 구성된 상태에서도 다양한 이해관계자들을 협상의 주체로 보아 갈등해결에 적극적으로 참여시키는 것이 갈등해결에 핵심적인 부분임을 알 수 있다.

기무사의 갈등조정이 성공적으로 마무리되는 과정을 살펴보면 갈등해결과정의 투명성으로 지역 주민의 참여도, 시민단체의 참여도, 홍보와 교육, 정보 공개, 여론관리 및 언론활용을 지표로 알아볼 수 있다. 그런데 이 지표들은 전기와 후기로 각각 나누어 살펴보는 것이 바람직하다. 왜냐하면 이 지표들은 갈등해결과정에서 일관되지 않고, 그 변화가 결정적인 변화를 이끌어 내기 때문이다.

우선 지역 주민의 참여도는 전·후기에 모두 높다. 시민단체의 참여도는 전기에 106개의 시민단체가 공대위가 결성할 정도로 높았으나(한국행정연구원, 2007), 후기에는 다자간협의체가 구성됨으로써 자신들의 목소리를 낼 수 있는 통로를 잃은 까닭에 영향력이 그다지 높지 않은 것으로 나타났다. 홍보와 교육·정보 공개는 그 필요성이 후기에 와서 대두되었다고 볼 수 있다. 여론관리 및 언론 활용 등이 전기에는 활발하지 않았으나, 후기에 기무사는 기무사의 입장을 대변하기 위해 여론을 적극 활용하였다. 이는 전기의 투명성 지표가 전반적으로 낮다는 것을 의미하는데, 상대적으로 후기에는 지역 주민의 참여도와 시민단체의 참여도가 상승함으로써 투명성 지표가 상승하였음을 알 수 있다. 하지만 후기에서도 9차[23])에 걸친 회의 도중 경기도와 건교부의 중재가 있었고(박진 외, 2006), 국방부에 의한 마지막 수정안 제시가 없었더라면 협상은 타결되기 어려웠을 것이다.

이와 같은 과정을 분석해 보면, 다자간협의체가 구성되었다고 할지라도 상대방의 주장을 전적으로 배제한 상태에서 협상이 이루어졌다면 단지 소모적이었을 것이다. 그러나 이해관계자의 다양한 의

---

23) 다자간협의체 9차 회의에서 서명한 합의서의 주요 내용은 다음과 같다.
  • 당초 이전 예정지인 주암동 300번지 일원 약 5.6만 여평으로 한다. 이전부지 내 임상이 양호한 임야 2만 평은 현 상태로 보존
  • 당초 이전계획부지 22.7만 평 중 제외된 부지는 과천시에서 공익사업 목적으로 매입
  • 과천시 매입부지에 대해 관계기관과 협의하여 군사시설보호구역 해제. 이전 전후에 군사시설보호구역의 설정 또는 군용전기통신법 등의 적용으로 지역발전 저해 및 재산권행사를 제한하지 않음
  • 과천시는 기무사령부 이전사업이 조속히 추진될 수 있도록 적극 협조
  • 이전부지 인접마을 지원 위해 군사시설보호구역을 해제
  • 건교부, 경기도는 과천시에서 매입하는 부지사용 관련 협조·지원
  • 합의사항 이행을 위해 실무협의회 구성·운영
  위의 설명은 기무사 과천 이전 관련 주요 이해관계자의 입장과 역할인데, 위 합의서는 이와 같이 충돌하는 다양한 이해관계가 다자간협의체를 통해 그 합의점을 찾은 것으로 볼 수 있다 (최병은, 2007: 97–98).

견이 반영되고 서로의 견해를 적극적으로 검토한 본 사례는 결론적으로 성공적이다. 단, 그 과정에서 마지막에 이르기까지 과정은 결코 순탄치 못했다. 결론적으로는 긍정적인 결과를 이루어 냈을지 모르나, 전기에 보인 기무사의 태도는 결코 바람직하지 않다. 이는 최병은(2007)이 언급하듯이, 2년 3개월에 걸친 냉각기간을 만들었고, 그 기간 동안 소모적인 정체만 존재하였다. 그 이유는 제3의 조정인(중재인)의 활용이 미비했기 때문이다.

이상의 연구결과를 토대로 작성한 관리조정기구의 책임성을 살펴보면 <표 3-8>과 같다.

〈표 3-8〉 관리조정기구의 책임성

독립변수	하위변수	평가기준	내용
관리조정기구의 책임성	리더십	외부로부터의 자율성	전기는 대화채널의 부재, 후기는 리더십 나타남
	전문성	합리적인 대안 제시 능력	전기에는 대안이 부적합(요구와 충족여건의 차이 큼)했으나 후기에는 적절한 대안 제시
		효율적인 중재능력	전기에는 갈등조정의 타이밍에서 실기했으나 후기에는 중재능력이 돋보임(정보인지의 문제)
	정책의지	정책의지(일관·유동)	정책의지는 일관됨
	관리체제 운영	관리체제 운영으로 상황에 따른 신속한 대응 여부	전기에 기존입장에 집착(협상역량 부족)해서 관리체제 운영의 필요성 못 느낌 갈등이 불거진 시점에서 후기에 다자간협의체 구성

5. 갈등해결과정의 투명성

1) 참여도

(1) 지역 주민 참여 정도

지역 주민은 전기에는 활발하게 참여하였으나 협상의 주체로서 인정받지 못하였다. 그러나 후기에는 지역 주민과 시민단체의 적극적인 참여로 인해 다자간협의체의 구성원으로 참여할 수 있었고 이에 따라 지역 주민들은 자신들의 주장을 적극적으로 펼 수 있게 되었다.

(2) 시민단체 참여 정도

시민·사회단체는 과천시, 과천시의회와 함께 이전 반대의 커다란 주체로서 2003년 '기무사이전반대공동대책위원회'를 결성하고, 2004년 '과천트러스트'를 조직하여 이전예정 부지 매입을 위해 신탁기금 모금행사를 개최하는 등 적극적으로 기무사 이전 반대를 주도하였다(박진 외, 2006).

시민단체의 참여는 전기에는 106개의 시민단체가 연합하여 한목소리를 낼 정도로 활발하였다. 그러나 후기에는 다자간협의체의 구성원으로 참여할 수 있었으나 시민단체 전체의 목소리를 내기는 어려웠다. 왜냐하면 다자간협의체의 구성으로 인해 시민단체전체의 주장을 펼 통로를 잃었기 때문이다.

2) 홍보와 교육

전기에는 홍보와 교육이 다소 부족하였다. 10회에 걸친 공청회는 형식적으로 흘러갔고 예전처럼 일방적으로 결정하고 통보하던 시절의 인식으로는 지역거버넌스적 이론에 기반을 둔 갈등해결의 방향성을 잡을 수가 없었을 것이다(문채·김광구·박형서, 2006: 5). 10회에 걸친 공청회는 초기에 소통 중심이 아니라 일방적이었으나 후기에 와서는 다양한 이해관계자들의 의견을 다자간협의체를 통해 듣는 매체로 활용하여 갈등해결에 큰 영향을 미쳤다.

3) 정보공개

정보공개의 경우, 전기에는 기무사가 고의적으로 공개하지 않았다기보다는 공개의 필요성을 느끼지 못하였기 때문에 전적으로 은폐했다고 보기는 힘들다. 그러나 정보공개의 소홀함으로 인해 주민들의 알고자 하는 욕구를 만족시키지 못했다. 후기에는 기무 사측이 갈등조정을 위해 투명한 정보공개가 꼭 필요한 갈등조정기제임을 인식하고 적극적인 정보공개가 이루어짐으로써 이 사업이 성공할 수 있었다.

4) 여론

여론의 경우 갈등 초기에는 활용되지 않았지만 갈등 후기부터 적극적으로 활용되었다. 과천시장과 공대위는 이익추구를 위해 여론을 적극 활용하였으며, 나중에는 기무사 측도 주민설명회 등을 통해 여론을 조성하려 힘썼다. 비록 전기에 안 여론의 역할이라는 것이 두드러지는 것은 아니지만, 후기에는 이해당사자의 입장에서 자신의 이익을 대변하기 위해 여론을 적극 활용하였다. 이에서 여론의 중요성은 이해당사자인 기무사와 과천시 모두 인식하고 있음을 알 수 있다. 다만 여론을 조성할 필요성이 갈등표출 이후 급증하였을 뿐이다.

기무사 부지이전 전기[24]에는 지역 주민, 시민단체의 참여는 배제되고 홍보는 물론 이루어지지 않았다. 게다가 정보공개 역시 할 필요성을 느끼지 못하였는데, 이는 과천시장과의 행정적 합의가 이루어졌기 때문에 정작 이전 문제의 이해당사자들을 고려하지 않았다. 그렇기 때문에 갈등은 답보상태로 이어지게 되었다. 그러나 다자간 협의체 구성 이후 긍정적인 여론이 확산되었다.

이상의 연구결과를 토대로 작성한 갈등해결과정의 투명성을 살펴보면 <표 3-9>와 같다.

---

24) 정부통제와 사유의 방법은 외부적인 정부에 의해 제도 변화가 이루어져 개인들에게 강제되어야 하며 자신들의 방법이 유일한 방법이라고 주장하는 데 비하여, 자치적 해결방법은 외부적인 정부 도움 없이 공유재 이용자들이 스스로 문제를 해결하며 그 방법이 유일한 방법은 아니라는 것이다(민연경, 2008: 14).

〈표 3-9〉 갈등해결과정의 투명성

독립변수	하위변수	평가기준	내용
갈등해결과정의 투명성	참여도	지역 주민 참여 정도	과도한 이전부지 면적이라고 축소할 것을 주장(당사자 간 요구 불일치)하며 적극 참여
		시민단체 참여 정도	조율된 입장 제시는 미흡했으나 참여는 나타남 전기에는 여론을 이끌 정도로 강하게 나타났으나 후기에는 다자간협의체의 구성으로 목소리를 잃음
	홍보와 교육	공청회 등을 통한 홍보 및 교육	전기에는 의견수렴의 미흡, 후기는 적극 대응
	정보공개	투명한 진행과정의 공개	전기에는 정보공개가 투명하지 못해 갈등이 발발. 갈등증폭 이후 전면 정보 공개
	여론	여론관리 및 언론활용	초기에는 언론을 충분히 활용 못 함 후기 대응 적극적으로 함

6. 소결론

기무사 과천 이전사업은 국방부의 당초 주장대로 밀고 나갔다면 갈등이 극복될 수 없었을 것이다. 국회의 권고에 따라 공식적인 협상기구를 통해 전체의 주장을 통일시키고 협상의 신뢰도를 높여 과천시가 제시한 대로 부지 규모의 축소라는 현실적인 대안을 수용하는 등 상호 합리적인 명분을 바탕으로 협상을 진행하였기에 갈등이 해결될 수 있었다.

과천시 기무사 이전사업은 공공갈등조정에서 크게 성공한 사례이다. 항목별로 정리하자면 과천시 기무사 이전은 기무사의 기존부지가 협소하고 안전성이 부족했으며, 지역사회가 추구하는 방향과도 달라 이전의 필요성이 확산되어 있으나 지역 주민과의 사전 대화가 부족했기 때문에 갈등을 야기했다. 하지만 그 갈등을 찬반양론으로 끌고 가지 않고 다양한 주체가 참여하는 협의를 통해 갈등을 해소하는 데 성공했고, 그 갈등해소는 나아가서 사업의 경제적 효과를 긍정적으로 끌어올릴 수 있었다. 과천시 기무사 이전사업은 다소 늦었지만 대표성이 있는 기구를 설립, 적극 활용하여 갈등을 해결했다는 점에서 모범사례가 될 수 있었다. 하지만 초기 해결이 가능했고 그랬다면 문제를 일으키지 않아도 되는 사업인데, 미리부터 준비하지 않아서 예방비용보다 해결비용이 더 들어가는 사태를 낳았기 때문에 반성을 할 수 있는 사례이기도 하다. 갈등예방비용은 손실이 아니라 투자이다. 앞으로 우리나라가 추진할 수 많은 사업들이 사전에 갈등을 최소화하려는 태도를 보여야 한다. 이는 사회적 비용을 크게 절감시킬 수 있는 효과를 낳기 때문이다.

합의도출 요인을 살펴보면 다음과 같다.[25](박홍엽 · 김광구 외, 2006) 첫째, 합리적 명분을 바탕으로 한 협상의 진행했다. 기무사가 개발제한구역관리계획 변경절차라는 법적 정당성만 고집하며 원안대로 추진, 과천시가 대안 제시 없는 과천시로의 이전 절대 반대만 고집하며 계획적으로 지속적으로 문제제기 했다면 갈등은 극복될 수 없었을 것이다. 그러나 국회 권고 이후 기무사와 과천시 모두 협의기구 구성에 합의했고, 그 후 국방부와 기무사는 과천시와 적극적으로 협상에 임했다(박홍엽, 2006; 김광구 · 문채 · 박형서, 2006).

국방부와 기무사는 이전부지의 면적을 과감하게 축소시키겠다는 제안(22.7만 평에서 6.2만 평으로, 마지막으로 5.6만 평으로 줄일 것을 제안)을 통해 합의를 유도했다(박진 외, 2006).

---

25) 박홍엽, 「국군기무사령부 과천이전 갈등사례분석」, 한국행정연구원(김광구 · 문채 · 박형서 (2006), 「중앙 · 지방정부 간 협력 간 계획체제 구축방안에 관한 연구」, 한국행정연구원).

과천시도 이전의 원천적 반대가 아니라 남태령 부지로 이전할 것을 고집하다가 여의치 않자 수방사 전방 부지를 제시하는 등 여러 차례 대안부지를 제시하였으며, 그것도 여의치 않자 이전면적 축소를 요구해, 부지규모의 축소라는 국방부의 현실적인 대안을 수용하는 등 상호 합리적인 명분을 바탕으로 협상을 진행하였기에 성공적으로 갈등이 극복될 수 있었다.

이전 반대 측이 '다자간협의체' 회의 초기에 남태령 부지로의 이전만을 계속 고집하고 기무사도 양보하는 모습을 보여 주지 않아 회의가 자칫 결과 없이 끝나 버릴 가능성이 엿보였지만 기무사가 6차 회의에서 6.2만 평으로 축소하고 국방부가 또다시 5.6만 평으로 축소하여 합의를 이룰 수 있는 가능성을 높였다는 점이 가장 큰 특징이라 할 수 있다.

둘째, '이전 추진'(기무사)과 '이전 반대'(공대위, 과천시)는 '이전에 따른 인센티브 제공'이라는 이해관계로 문제를 재구성하여 협상을 도출했다.

셋째. 다자간협의체와 같은 공식적인 협상기구를 활용했다(김광구 · 문채 · 박형서, 2006: 83 – 84).

기무사는 초반에 과천시장 및 주민과 대화하고 협의하였다고 주장하였다. 그러나 기무사의 이러한 산발적이고 비체계적인 접촉과 설득은 오히려 불신만을 초래하였다. 이전 반대 측의 권위와 대표성 있는 대표자와의 대화와 타협을 통한 이전문제의 해결이 효율적이라는 인식을 하지 못하였다. 기무사가 다자간협의체라는 공식적인 협상기구 없이 개별적으로 협상을 진행하였다면 이전 반대 측의 다양한 주장에 비추어 협상안을 도출할 수 없었을 것이다. 그러나 국회의 권고에 따라 공식적인 협상기구를 통해 협상을 함으로써 이전 반대 측의 주장을 통일시키고, 협상의 신뢰를 높일 수 있었다.

양쪽의 강한 해결의지와 경제적 유인 제공은 절충적 대안을 마련하기에 이르렀고 이러한 점으로 미루어 볼 때 공공갈등의 조정과정에서 경제적유인 기제는 갈등을 해결로 이끄는 큰 핵심 요인이라고 볼 수 있다.

이상의 연구결과를 토대로 작성한 과천시 기무사 이전사례 평가결과는 <표 3 - 10>과 같다.

〈표 3 - 10〉 과천시 기무사 이전사례 평가결과표

독립변수	하위변수	평가기준	평가척도	평가	평가결과	
					전기	후기
사업의 성격	사회적 인식	사회적 인식의 정도 (필요성)	해당 사업의 필요성이 확산되어 있다.	강		O
			해당 사업의 필요성이 저변확대 중이다.	보통		
			해당 사업의 필요성이 확산되어 있지 않다.	약	O	
	사전협의	주민의사의 확인과 사회적 합의를 위한 사전노력	주민의사의 확인과 사회적 합의를 위해 노력했다.	강		
			갈등이 빚어지고 나서 사후에 합의를 했다.	약	O	O
	경제적 효과	경제적 효과의 정도	경제적 효과 높다.	강		O
			경제적 효과 낮다.	약	O	
이해 관계자의 가치관과 태도	정부에 대한 신뢰성26)	인지적 요소, 정서적 요소, 정부신뢰성 확보	정부에 대한 신뢰성이 높다.	강		O
			신뢰성이 보통이다.	보통		
			신뢰성이 미흡하다.	약	O	
	보상 여부27)	경제적 유인효과	경제적 유인효과 높다.	강		O
			낮다.	약	O	
	이익갈등과 가치갈등28)	이익갈등의 정도	이익갈등 높다(극심).	강	O	O
			이익갈등 낮다(소극적).	보통		
			이익갈등 없다.	약		
		가치갈등의 정도	가치갈등 높다(극심).	강		
			가치갈등 낮다(소극적).	보통	O	O
			가치갈등 없다.	약		

독립변수	하위변수	평가기준	평가척도	평가	평가결과 전기	평가결과 후기
관리조정 기구의 책임성	리더십	리더십 발휘, 외부로부터의 자율성	추진력이 강하다.	강		O
			추진력이 보였으나 미흡	보통		
			추진력이 낮다.	약	O	
	전문성	합리적인 대안 제시 능력의 정도	대안 제시 능력 높다.	강		O
			대안 제시 능력 있었으나 영향력 미미	보통		
			대안 제시 능력 낮다.	약	O	
		효율적인 중재능력의 정도	효율적인 중재능력이 높다.	강		O
			보통이다(중재능력 미흡).	보통		
			낮다(관망).	약	O	
	정책의지	정책의지(일관·유동)	정책의지(일관) 높다.	강	O	O
			정책의지 일관되나 방향은 유동적	보통		
			일관되지 못하고 유동적	약		
관리조정 기구의 책임성	관리체제 운영	관리체제 운영으로 상황에 따른 신속한 대응 여부의 정도	관리체제 운영으로 상황에 따른 신속한 대응 여부 높다.	강		O
			보통이다(타이밍의 실기로 갈등조정 미흡).	보통		
			낮다(관리체제 운영해도 제구실을 못 함).	약	O	
갈등해결 과정의 투명성	참여도	지역 주민 참여 정도	참여 높다.	강	O	O
			참여 보통이다.	보통		
			참여 낮다.	약		
		시민단체 참여 정도	영향력이 강하다.	강	O	
			보통이다.	보통		O
			영향력 낮다.	약		
	홍보와 교육	공청회, 홍보 및 교육	공청회, 홍보 및 교육 있다.	강		O
			있었으나 미미	보통		
			없거나 형식적이었다.	약	O	
	정보 공개	투명한 진행과정의 공개 정도	투명한 진행과정의 완전공개	강		O
			일부 공개하다가 뒤늦게 공개	보통		
			내용 극히 일부 공개 및 완전 은폐	약	O	
	여론	여론관리 및 언론활용 정도	여론관리 및 언론활용 높다.	강		O
			보통이다(영향력 미흡).	보통	O	
			낮다(여론관리 및 언론활용 소극적).	약		

26) 정부가 해당 시 시민들의 의견을 고려하지 않은 정책을 일방적으로 추진함으로 인해 신뢰를 잃어 초기 갈등조정에 많은 어려움을 겪었다.

27) 두 측의 강한 해결의지와 경제적인 유인효과는 절충적 대안을 마련하며 합의점 도출에 성공하기에 이른다. 경제적 유인책을 적절히 제시함으로 인해 과천시는 갈등조정에 성공하기에 이른다.

28) 당사자들만으로는 해결이 불가능하여 중재자가 개입하게 되었다. 또한 이익갈등과 가치갈등이 심한 것으로 연구결과들은 주장하고 있다.

제6장 영월 동강댐 건설

1. 사례의 개요

영월 동강댐의 건설 논의는 1990년 9월 9일부터 12일까지 강원 영월, 충북 단양, 경기도 김포 등 한강 상하류 지역에 내린 집중호우로 영월과 단양 지역이 침수되자 지역 주민들과 강원도가 정부에 댐 건설을 요구하면서 시작되었다. 당시 영월군에 393㎜, 평창군 469㎜, 정선군 469㎜의 폭우가 집중되었고, 이 비로 인해 동강 철교가 끊어지고, 가옥 3,299채가 침수되었으며 이재민 3,206세대가 발생하는 등 약 700억 원에 달하는 피해가 발생했다. 이에 정부는 한강 중하류 지역에 안정적인 용수를 공급하고, 댐 하류부의 홍수피해를 경감하며, 수력발전시설에 의한 전력자원을 개발한다는 차원에서 91년 제3차 국토종합개발계획(1992~2001)에 동강댐의 건설계획을 포함시켜 91년에서 97년까지 타당성 조사 등 사전검토 작업을 거쳐 97년 9월 22일 댐 건설 예정지를 공식 발표하게 되었다(송문곤·우형택, 2003).

동강댐 건설의 문제는 동강댐 건설계획의 초기부터 지역 주민들 사이에서 붉어지기 시작했다. 건설교통부(이하 건교부)와 수자원공사(이하 수공)는 1992년 7월 동강댐 타당성 검토를 종료하고 이듬해 4월에 동강댐 건설사업계획에 대한 설명회를 개최하였다. 설명회에는 군의원을 비롯해 주민 100여 명이 참석하였는데, 당시 수몰예상 지역의 주민들은 강력한 반대의사를 표명하였다.[29] 그 외에도 정선읍번영회, 정선청년회의소, 군번영회 등을 중심으로 서명운동, 반대시위 등의 활발한 반대활동을 전개하였으나, 이러한 반대 움직임은 댐 건설 예정지에서의 여타 반대운동과 같이 매우 일반적인 것이었기 때문에 보상액을 둘러싼 지역적 문제로만 여겨질 뿐이었다(오은정, 2003). 동강댐이 본격적으로 사회적 쟁점화가 된 것은 1997년 9월 22일 건교부가 댐 건설 예정지를 고시하면서부터이다. 건교부가 주민설명회와 공청회를 거쳐 97년 9월 댐 건설 예정지를 고시하자, 환경운동연합을 비롯한 전국의 환경시민단체들이 거세게 반발하면서 이 문제는 전국적으로 사회적 쟁점화가 되기 시작하였다.

이 와중에서도 건교부와 수공은 댐 건설의 불가피성을 주장하며 댐 건설 강행의사를 거듭 밝히게 되고 동강댐 건설에 대한 반대여론은 국민적 지지를 얻으며 크게 확산되어 갔다. 결국 건교부장관의 신중추진 발언에 이어, 건교부와 환경부의 국정보고 자리에서 대통령은 동강댐 건설 시사 발언을 하고(1999년 4월 7일), 그다음 날 강원도지사는 연구와 검토가 부족하여 추진의 근거가 없다는 이유로 건설의 반대의사를 공식적으로 표명했다. 이 과정에서 학계·종교계·문화예술계 등 각계각층에서 댐 건설 반대성명이 잇따랐으며, 그린피스, 시에라 클럽, 지구의벗 등 국제환경단체들도 댐 건설 반대 메시지를 정부에 전달하는 등 동강댐 문제는 국내를 넘어 국제

---

29) 영월댐 공동조사단(2000), 영월댐 공동조사단 보고서

적인 환경 이슈로까지 부각되어 갔다(김선빈 외, 2001).

'99년 8월 초 강원 지역 4개 방송국과의 인터뷰에서 김대중 대통령은 처음으로 사견을 전제로 동강댐 건설 반대 입장을 표명하였고, 동강댐 건설계획을 원점에서 다시 검토하기 위해 구성된 영월댐 건설 공동조사단의 최종 연구보고 후, 2000년 6월 5일 환경의 날을 맞아 대통령의 동강댐 건설계획 백지화 발표에 의해 1990년에 시작된 동강댐 건설 논쟁은 끝을 맺게 되었다(송광섭, 2003: 7-8; 정성호, 2001: 1-2).

⟨표 3-11⟩ 동강댐 주요 사업 일정

일자	주요 내용
'90. 9. 9.~11.	강원도 영월, 충북 단양, 경기도 김포 등 한강 상·하류 지역 집중호우로 영월 및 단양 지역 침수 → 주민들 정부에 댐 건설 요구
'90. 10. 16.	영월댐 건설에 대한 한강수계 항구대책을 노태우 대통령이 재가함으로써 정책화
'90. 12.~92. 7.	건설교통부 댐 건설 타당성 조사
'93. 4.	댐 건설 관련 주민설명회 개최
'96. 2.~97. 12.	수자원공사, 댐 기본설계 및 실시설계 실시
'96. 10. 21.~23.	환경영향평가 관련 주민설명회 개최
'97. 10. 20.	주민설명회, 공청회, 기본실시설계 거친 건교부 댐 건설 예정지 공식 발표
'97년 말	환경운동연합 등 환경·시민단체 건교부 발표에 반발 확산
'98. 9.	한국 육수학회와 강원대 공동으로 농강 생태계 및 동굴 조사
'99. 3. 10.	영월 지역 주민 대규모시위
'99. 3. 23.	이정무 건교부장관 댐 건설 신중추진 발언
'99. 4. 7.	김대중 대통령 댐 건설 시사
'99. 4. 8.	김진선 강원도지사 댐 건설 불가 입장 표명
'99. 8. 6.	김 대통령 회견에서 동강댐 건설하지 않았으면 좋겠다는 입장을 표명
'99. 8. 24.	영월댐 건설 타당성 종합검토를 위한 공동조사단 구성 (물 수급, 홍수, 댐 안전, 환경, 문화 등 5개 분과 33명으로 구성)
'99. 11.	환경부 환경영향평가보완서 최종검토 완료
2000. 3. 21.	민주당 댐 건설 백지화 방침 발표
2000. 5. 19.	영월댐 공동조사단 최종보고서 국무총리실(수질개선기획단)에 제출 영월댐 건설 중단과 동시에 동강 일대를 천연보호 지역 등으로 지정 필요 주장
2000. 6. 5.	김대중 대통령 전격적으로 동강댐 건설 백지화 발표

자료: 건설교통부 - www.moct.go.kr.

갈등관리디자인을 위한 징검다리

한겨레 '정부부처, 수재책임 떠넘기려 댐 건설' 지적

한겨레는 사설에서 수재책임을 떠넘기기 위해 환경단체·주민들에게 책임을 돌리고 댐 건설을 서둘러 추진하려 한다고 주장했다. 한겨레는 사설 〈수재 책임을 떠넘기려, 동강 댐 꺼내든 건설족〉에서 "집중호우가 한고비 넘겼으니 책임론 공방이 나올 때도 됐다."며 "300～400mm 물폭탄도 문제지만, 부실공사가 원인이었던 서울 양평동이나 고양 행주외동 등 도시 지역 침수피해, 마구잡이 도로공사로 인한 강원도 지역의 통행두절 사태, 하천정비 불량과 막개발이 크게 기여한 강원 산간 지역과 하천 주변의 피해 등 원인이 자명하다."고 밝혔다.

▲ 한겨레는 막개발과 부실공사로 인한 홍수피해 책임을 회피하기 위해 정부 관계부처가 댐 공사 카드를 들고 나왔다고 비판했다.
(2006년 7월 19일자, 한겨레 만평)

갈등관리디자인을 위한 징검다리

조중동, '댐 건설 반대한 환경단체에 홍수책임'
조선일보는 댐 건설추진 입장을 재차 밝히면서 홍수의 책임을 댐 건설을
반대한 환경단체와 주민들에게 돌렸다.

조선일보는 또 이들 주장에 계획을 철회한 (혹은 반대를 무릅쓰고 강력하게 추진하지 못한) 정부도 함께 비판했다. 조선일보는 사설 〈해마다 물난리여도 10년간 댐 하나 못 짓는 나라〉에서 "누가 반대한다고 하면 위원회부터 만들어 놓고는 '당신들이 알아서 결정해 달라.'고 하는 습관적인 '책임 떠밀기 병'부터 고쳐야 한다."고 밝혔다.

동아일보도 A12면 〈수해주민 '댐 하나만 있었어도……'〉 기사에서 "한탄강댐 건설 결정하고도 7년째 진전이 없다."며 환경보호 – 지역갈등에 댐 건설이 표류하고 있다며 조선일보와 같은 주장을 폈다.

중앙일보도 앞의 두 신문보다 주장이 약하기는 했지만 4면 〈파주 시민들 '한탄강에 댐 지어 달라.'〉 기사에서 매년 수해를 겪는 파주 시민들이 댐 건설 서명운동에 나섰다는 소식을 전하면서 환경단체 반대로 댐 건설이 표류하고 있다고 보도해, 수해책임을 환경단체에 전가하는 모습을 보였다.

조선일보는 A4면 기사 〈댐 건설 막힌 곳 홍수피해 컸다.〉에서 "당연히 있어야 할 곳에, 계획까지 다 세워 놨던 댐이 환경단체와 일부 주민들의 반대로 건설되지 못하면서 결국 인명을 앗아 가고 엄청난 재산 손실을 낳았다."고 주장했다. "태풍과 폭우의 피해 지역이 댐 건설 무산 지역과 일치함은 국책사업을 방치할 때 어떤 비극적 결과가 초래되는지를 웅변으로 말해 준다."고도 했다.

조선일보는 기사에서 영월댐의 경우 "환경단체와 지역 주민들은 '환경이 뛰어난 동강 지역을 해치는 댐 건설을 용인할 수 없다.'며 대대적인 반대운동"을 벌였고, 한탄강댐 역시 지역 주민과 환경단체가 "한탄강 상류 지역이 상수원 보호 지역으로 철원 지역의 발전을 가로막는 또 하나의 족쇄가 채워진다."며 반대해 이번과 같은 대형피해를 불렀다고 주장했다.

▲ 조선일보는 댐 건설을 반대한 환경단체에 홍수피해의 책임을 물었다. 환경단체 입장에 갈팡질팡하는 정부를 비꼰 2006년 7월 19일자 조선일보 만평

갈등관리디자인을 위한 징검다리

▲ 댐 건설 효용성에 의문을 제기한 19일자 한국일보 1면 머리기사

2. 사업의 성격

1) 사회적 인식

영월 동강댐은 홍수 예방뿐만이 아니라, 제3차 국토종합개발계획 (1991)에서 의도한 새로운 산업기반시설의 건설(특히 수도권)과 관련, 이에 필요한 용수의 공급이라는 목적으로 추진되었으나 동강댐이 물에 녹기 쉬운 석회암 지대에 지어져 건설 후 지반이 침수될 위험이 있고, 동강댐 건설예정지는 예로부터 지진이 자주 일어나는 지역으로 1999년 4월 7일에는 규모 3.0의 지진이 발생한 바 있기 때문에 안전성에 우려를 제기했다. 예컨대 1404년부터 1998년 사이 영월, 평창, 정선 등에 댐 건설 예정지 인접 지역에서 규모 6.0 이상 19회, 5.0 이상 135회 등 2.0 이상 지진이 모두 242회 발생했고 게다가 댐이 완성되어 물이 채워지면 물의 무게에 지진이 유발될 수도 있기 때문에 그 안전도에 심각한 의문이 생길 수밖에 없다고 우려한다.

또한 댐 건설에 따른 자연생태환경의 파괴문제로, 동강이 지니고 있는 식물 300여 종의 식생군락, 조류 72종, 어류 34종, 곤충류, 양서파충류, 포유류 등 다양한 희귀 동식물종은 우리나라 제일의 생태 박물관이라 할 수 있다. 동강댐 건설계획이 문제가 된 후 실시된 각종 조사 때마다 새로운 동식물의 서식이 확인되어 동강댐 건설로 인한 환경피해는 예상보다 훨씬 클 것으로 추정하며 여기에 인류가 살기 훨씬 전부터 흘러온 세계적인 사행천과 아우라지, 어라연 계곡의 비경은 대대손손 물려줄 만한 자연유산이라는 것이다

(정성호, 2001: 1 - 7).

이 외에도 댐 예정지 내의 문화재보호, 댐 건설에 따른 수질오염 및 댐 건설 지역의 지리적 특성에 따른 역류에 의한 홍수문제를 우려함에 따라(정성호, 2001) 해당 사업에 대하여 사회적 인식이 점차적으로 불필요한 사업으로 전환하게 되었다.

2) 사전협의

갈등에 따른 기회비용과 갈등해결 비용보다 갈등예방 비용이 훨씬 적게 든다고 할 수 있다(박홍엽, 2006: 76). 사전협의는 갈등의 중요한 해결기제임에도 불구하고 우리나라의 공공갈등에서 사전협의를 시도한 사례는 찾아보기 힘들다. 동강댐의 사례 역시도 사전협의를 위한 노력은 어디에서도 찾아볼 수 없는 사례이다.

1996년 10월의 환경영향평가서(초안)에 대한 주민설명회 이후 영월군민이 수몰 지역에 대한 환경영향평가서의 대책내용 중 수몰지역 보상문제 등이 자신들의 기대수준에 크게 미치지 못하고 지진으로 인한 댐 붕괴의 문제를 심각하게 제기한 반면, 수공은 이를 밀어붙이려는 권위주의적 태도를 보임으로써 영월군 주민이 댐 건설에 대한 반대의 입장으로 선회하게 된다. 이후 1997년 9월 22일에 있은 댐 건설 예정지 고시까지 영월군·정선군 주민의 반대는 지속적으로 이루어졌으며 관계기관에 청원서를 보내는 등 더욱 체계화되어 갔다. 한편 이러한 갈등상황에 대한 환경부의 중재노력은 통과 의례적이고 소극적인 것으로서 지역 주민과 건설주체 그리고 지역주민 간의 협상의 매개역할을 수행하지 못하였으며, 외부적으로도 언론은 관련 주민의 반대를 지역이기주의로 해석하였다.

3) 경제적 효과

'02년부터 '06년까지 낙동강 수계 자연재해 피해액은 소방방재청 재해연보 자료에 의하면 '02년은 1조 7,613억 원, '03년은 1조 6,385억 원, '04년은 1,513억 원, '05년은 325억 원, '06년은 1,932억 원으로 나타났다. 건교부가 '수도권과 영월 지역의 홍수피해방지 및 수도권 지역 물 부족 해결'에 관심을 갖고 1997년에 실시한 동 사업의 경제적 타당성에 대한 분석결과 편익 - 비용비(B/C)는 <표 3 - 12>에서와 같이 1.02로 분석되었다. 여기서 순 현가 방법은 편익과 비용의 흐름을 미래에 발생할 비용이나 편익이 할인될 하나의 수치로 환산시키는 것으로서, 여기에서는 8.5% 할인율에 대한 순 편익을 산정하였다(건교부 · 수공, 1997; 곽승준 · 유승훈, 2001).

〈표 3 - 12〉 영월 동강댐 경제성 분석결과

구분	항목	단위	분석결과
순 현가 방법	• 총 현가 편익	백만 원	936,398
	• 총 현가 비용	백만 원	922,331
	• 순 현가 편익	백만 원	14,067
	• 편익 - 비용비		1.02
경제적 내부 수익률		%	9.57
연간 균등가액 방법	• 연간 편익	백만 원/년	115,603
	- 용수 편익	백만 원/년	99,851
	- 발전 편익	백만 원/년	4,071
	- 홍조절 편익	백만 원/년	11,681
	• 연간 비용	백만 원/년	114,969
	- 자본비	백만 원/년	110,424
	- 운전유지비	백만 원/년	4,545
	• 연간 순 편익	백만 원/년	634

사료: 건교부 · 수공(1997), 곽승준 · 유승훈(2001)

그러나 진정한 경제적 효율성을 고려하기 위해서는 환경의 가치를 고려한 비용-편익을 분석해야 하며, 그 결과는 <표 3-13>과 같다.

<표 3-13> 연간 균등가액 방법에 근거한 비용-편익 분석결과

(단위: 백만 원/년)

사적비용 (PC)	환경비용 (EC)	사회적 비용 (SC=PC+EC)	편익 (B)	사적 순 편익 (B-PC)	사회적 순 편익 (B-SC)
114,969.0	111,875.1	226844.1	115,603.0	634	-111,241.1

자료: 곽승준·유승훈(2001)

환경비용을 제대로 고려하지 않은 동강댐 타당성 평가에서는 동강댐 건설이 연간 6억 3천 4백만 원의 순 편익을 가져다주는 것으로 계산되었지만, 환경비용을 고려한 타당성 평가에서는 오히려 연간 111,241만 원의 순 편익을 감소시키는 것으로 분석되었다(곽승준·유승훈, 2001: 163). 위의 연구 결과, 동강댐은 경제적 효과가 없는 것으로 나타났다.

이상의 연구 결과를 토대로 작성한 사업의 성격을 살펴보면 <표 3-14>와 같다.

〈표 3-14〉 사업의 성격

독립변수	하위변수	평가기준	내용
사업의 성격	사회적 인식	사회적 인식 정도(필요성)	영월 동강댐의 환경보전에 대한 사회적 인식이 미미했으나 언론보도 후 환경보호에 대한 인지도가 높아지기 시작함 반대여론이 강해져 필요성은 상대적으로 약해짐
	사전협의	주민의사의 확인과 사회적 합의를 위한 사전노력	사회적 합의를 위한 노력 보이지 않음
	경제적 효과	경제적 효과 정도	환경비용 고려 시, 경제적 효과 없는 것으로 나타남

　동강댐이라는 환경적·사회적 이슈가 되었던 공공갈등 문제를 다루면서 사회문제에 대한 거시적인 측면과 미시적인 측면에서 볼 수 있다.

　댐 건설로 국가적 차원에서 많은 이득이 되고 경제적으로도 성장할 수 있는 좋은 기회라고 볼 수 있지만, 동강댐처럼 사전협의와 경제적 효과에 대한 준비가 부족한 국책사업은 갈등조정에서 실패할 확률이 높다는 것이다.

　사업의 추진부터 적절치 못한 계산법으로 물의 양을 체크하여 물 부족 통계를 내놓고, 지진다발 발생지에 댐을 건설한다는 것은 매우 위험한 것이다. 아무리 인구가 늘어나고 산업이 발전한다 하여도 댐 하나 건설로 모든 것이 해결되는 것은 아니다. 미시적인 차원에서 우리 가정에서 조금씩 물 사용량을 줄인다면 조금이나마 물 부족 문제는 해소될 것으로 예상된다. 거시적 차원에서 본다면 국가에서는 물값을 매 년 조금씩 인상하고 이로 인해 무분별한 물 사용량을 규제할 수 있을 것이다. 또한 동강댐 사업 추진 자체가 모순인 이유는 자연환경을 거의 고려하지 않고 추진하였다는 것이다. 우리 조상들에게서 물려받은 고유하고 희귀한 자연을 댐 건설 하나로 모두 파괴한다면, 이것 또한 댐 건설의 악영향으로 보며(정성호, 2001), 따라서 이 동강댐 건설에 대한 해당 사업의 필요성에 대한 사회적 인식은 확산되어 있지 않았다고 평가하며 사전협의, 경제적 효과 역시 상당히 낮은 것으로 평가한다.

3. 이해관계자의 가치관과 태도

1) 정부에 대한 신뢰성

영월 동강댐 건설이 논의되는 초기 단계의 주도권은 정책부서인 건교부와 수공에 있었다. 이때는 한강 홍수와 2000년대 물 부족 논리에 대하여 댐 건설의 필요성이 우위에 있었기 때문에 정책부서인 건교부와 수공은 제도에서 명시한 절차대로 무리 없이 정책을 추진했다. 다만 건교부가 제출한 환경영향평가서에 대하여 환경부의 보완 요청이 있었고, 건교부에서는 이에 대한 보완책을 강구하면서 댐 건설을 밀고 나가는 대응이 있었다(주재복·홍성만, 2003).

1996년 10월 이후 동강댐 건설을 둘러싸고 인근 지역주민을 중심으로 반대가 나타나면서 주민 간 갈등이 고조되었다. 정선주민은 수몰 지역에 대한 대책이 미흡하다는 이유와 역류가능성을 들어 주민반대 설문조사를 발표, 투쟁위원회를 조직하는 등 반대의 움직임을 보였다. 이런 과정에서 건교부는 1997년 9월 22일 댐 건설 예정지를 고시하였고, 이것을 계기로 환경운동연합이 개입하게 된 것이다. 그러면서 중앙언론의 조명 속에 이슈가 점차 전국적으로 사회쟁점화 되었고, 문제의 장기화로 수몰예정 지역주민에 대한 각종 지원혜택의 감소와 지역 주민의 부채는 증가하면서 생존권이 위협받기 시작하였다.

갈등의 증폭 속에 정책문제는 점차 복잡한 양상으로 변했고, 국무총리실 수질개선기획단까지 나서서 조정을 시도했지만 갈등은 조절되지 않았다.

지역 주민들이 댐 건설에 반대의사를 표명하자 건교부는 환경부에 대한 협조요청과 더불어 지역 주민에 대한 설득을 시도했다. 먼저 건교부는 환경영향평가서에 대한 협의가 종료되기 이전에 특정 다목적댐법 제5조의 규정에 의거하여 동강댐 건설사업에 대한 관계기관 협의를 하고자 '동강댐건설사업기본계획안'과 지도를 관계기관에 공문으로 발송하였다. 그리고 관계기관들이 부정적인 입장을 보이자 일단 관망의 입장을 견지하면서 후속대책을 마련하였다. 그리고 건교부의 환경영향평가서 제출과 환경부를 중심으로 한 유관기관 간의 환경영향평가서에 대한 검토 의견교환 과정에서 댐 건설의 구체적인 내용이 주민에게 알려졌다. 이후 지역 주민들의 항의가 계속되자 주민들과의 면담과정에서 댐 건설은 반드시 추진된다고 하며 댐 건설 관련 조직의 확대, 댐 건설 확인 및 구체적인 보상계획을 통하여 댐 건설을 기정사실화해 나갔다. 그리고 수공은 지역 주민의 반대에도 불구하고 댐 건설 사무소직원을 확대하였다 (주재복·홍성만, 2003). 이러한 점은 정부에 대한 불신을 증폭시키는 계기가 되었다.

2) 보상 여부

동강댐 건설 시 수자원은 동강의 담수화에 의하여 이루어지는데, 동강은 영월군, 정선군, 평창군을 주 유역권으로 하고, 태백시, 삼척시, 강릉시의 일부가 포함되어 있다. 동강댐 건설로 직접적으로 영향을 받는 지역에는 영월·정선·평창 3개 군, 5개 읍·면 20개 리가 포함된다. 이 중에서 동강댐 건설 계획 시 포함되는 완전수몰 예정 지역에 거주하는 행정구역은 3개 군, 읍·면 17개 리, 521세대, 1,820명이다(주재복·홍성만, 2003: 250).

이에 대한 보상은 정부의 SOC(Social Overhead Capital: 사회간접자본)사업 기본방침인 선 보상 후 착공 기준으로 일괄보상의 원칙을 제시하였다. 건교부는 양도소득세 등 각종 세금면제에 대해 타 댐 건설 시 처리 수준과 형평을 맞추어 추진할 것이라는 것과 각종 세금면제에 대해 현실에 맞게 해당 주민의 요구를 수용할 것을 제시하였다.[30] 그러나 댐 건설 문제가 장기화되면서 수몰예정지역 주민에 대한 각종 지원혜택이 중단되었고, 동강댐 건설 지역주민들은 댐 건설 예정지에 대한 행위규제 및 이해구조에 따른 도덕적 해이로 인하여 각종 피해를 입기 시작했으며, 생존권마저 위협받는 상황에 이르게 되었다. 이에 초기에 암묵적으로 찬성 상태였던 수몰예정지의 지방자치단체 및 지방의회가 반대 입장을 공식적으로 표명하기 시작하였다.

결국 수몰 예정 지역의 주민들조차 댐 건설의 장기화와 백지화에 정신적·물리적으로 큰 손해를 입고 반대로 돌아섰다.

---

30) ibid, p.253.

3) 이익갈등과 가치갈등

(1) 이익갈등

하류 지역의 홍수피해방지와 용수공급을 위한 상류 지역의 희생을 감수하도록 하는 데 대한 상대적 박탈감과 비현실적 보상 등에 따른 이해관계 갈등이 나타났다(정성호, 2001).

수몰예정 지역주민의 피해상황과 지역주민의 요구사항을 살펴보면 <표 3-15>와 같다.

〈표 3-15〉 수몰예정 지역 주민의 피해상황과 내용

수혜중단 및 피해상황		피해내용
물리적 지원 제약	농업자금지원 중단	- 농어업 구조개선사업의 지역 주민 미신청으로 농업기반시설 지원 제외, 농기계공급 지원 제외
	사회간접자본 투자 중지	- 이설도로의 개설로 인한 기존도로에 대한 확포장 중단
주민행동 제약		- 댐 건설 예정 지역 고시 이후 증·개축까지 규제되어 전근대적인 주거환경에서 생활, 토지의 형질변경 제한
간접적 피해	관광객 급증에 의한 피해	- 대형차량 운행으로 주민 영농에 불편 및 피해유발, 래프팅 등 레저업 이용객의 증가가 댐 건설 예정 지역 주민들의 이익과 불일치함

영월군 수몰 지역 주민 요구사항은 금융권(농협, 수협, 축협) 농가부채에 대한 상환연기 및 저리자금 지원과 농정시책사업 및 소득지원사업을 추진해 달라는 것이었다.

평창군 수몰 지역 주민들은 금융권(농협, 수협, 축협) 농가부채에 대한 20년 이상 장기저리 전환과 영농, 축산업 육성, 임업산업 육성을 요구하였다.

정선군 수몰 지역 주민 요구사항은 금융권(농협, 수협, 축협) 농가부채 지원과 주민 정주의식 고취, 주민 농외소득증대사업 추진

등이었다(과학기술부, 2005: 29). 그러나 이 협상안들은 만족할 만하게 수용되지 못하였다. 이로 인하여 갈등은 더욱 증폭되었다.

(2) 가치갈등

동강 지역에는 천연기념물과 온갖 희귀야생동물들이 존재하고 있으며, 동강 자연생태의 수려한 경관 등 충분히 경제적 가치가 있는 곳이다(과학기술부, 2005: 30, 주재복 · 홍성만, 2003).

또한 영월댐 예정지 주변은 석회암 지대로 지반이 안정되지 못하고, 수많은 동굴과 지하 동공으로 이루어져 있으며, 대규모 지진의 위험성도 내포하고 있다(과학기술부, 2005: 30, 주재복 · 홍성만, 2003).

그리고 동강의 수질은 BOD(biochemical oxygen, 생물화학적 산소요구량)가 1.3~1.9ppm으로 2급수이지만 댐이 건설되면 오염도가 높아져 3급수가 될 가능성이 있다고 보았다. 또한 댐이 석회암 지대에 건설되기 때문에 물이 식수로는 부적합한 강알칼리성이 되고 이는 폐광에서 흘러나오는 중금속과 결합하여 수질에 부정적인 영향을 줄 수 있다고 주장한다(주재복 · 홍성만, 2003).

건교부는 우리나라가 2000년대 초부터 심각한 물 부족 현상에 직면할 것이라는 예상에 근거를 두었다. 즉 국민 생활수준의 향상과 도시화 및 산업화의 진전으로 용수 수요가 연평균 12% 증가되어 2011년의 경우 66억 톤이 늘어난 367억 톤으로 221.9%가 증가할 전망인데, 용담댐, 밀양댐, 횡성댐, 남강댐, 탐진댐 등을 모두 건설하여 물 공급을 개시하더라도 2001년 이후에는 전국적으로는 물 부족 현상이 발생될 것으로 예상했다. 그러나 환경단체들은 정부의 통계자체에 의문을 제기하였다. 정부의 댐 건설계획은 한국인 1명이 쓰는 물을 408리터로 잡고 예상되는 물 수요량을 계산하고 있는데, 이러한 수치는 일본의 367리터, 프랑스의 211리터, 독일의 196리터에 비하면 터무니없이 많은 양이라는 주장이다. 또한 환경단체들은 물이 부족하더라도 댐 건설 이외의 방법으로 물 부족 문제를 해결할 수 있다고 주장했다. 대표적인 방법은 낡은 수도관을 교체하여 중간에 새는 물의 양을 줄이고, 물 절약 기기의 보급 등을 의미한다(주재복 외, 2003).

건교부의 주장에 따르면 한강유역은 그동안 소양강댐 및 충주댐이 건설되어 수도권의 홍수피해 경감과 용수공급에 크게 기여하여 왔으나 빈번한 이상기후와 하천 주변의 도시화에 따라 홍수규모가 점차 커지고 피해액도 증가하는 추세라고 한다. 또한 98년 8월 게릴라식 호우로부터 수도권을 구한 것은 다목적 댐이라고 주장하며 과거의 한강 홍수별 침수 지역과 위성사진을 이용한 한강 수위별 예상 침수 구역도를 작성한 결과, 소양댐과 충주댐의 홍수조절이 없었을 경우 한강의 주요 지천 인근이 범람하여 서울의 강서구, 마포구, 영등포구, 강남구와 구리시 등이 엄청난 피해가 발생하였을 것이라고 말하며 한강 하류 지역의 홍수피해방지를 위해서는 본류 수위를 낮추는 것이 가장 효과적이므로 동강댐은 조속히 건설되어야 한다는 것이다(국무조정실, 2007).

이에 대해 환경단체는 홍수는 예방대책이 매우 중요하지만 반드시 다목적 댐이 필요한 것은 아니라는 입장이었다. 예를 들어 수도권 홍수는 한강 본류의 물 때문이 아니라 중랑천 등 지천의 물 때문에 일어난다며 동강댐 같은 대형 댐보다는 소형 댐을 여러 개 건설하는 것이 홍수조절에 더 효과적이라고 주장했다. 또한 산림의 조성을 통해서도 홍수예방에 상당한 효과를 거둘 수 있을 것이라고 주장했다. 우리나라 산림의 수자원 보존량이 연간 약 180억 톤으로 추정되고, 우리나라 연간 용수 총 이용량이 301억 톤임을 비추어 볼 때 그 활용 잠재력이 엄청나다는 것이다(주재복 외, 2003).

환경영향평가서에는 수압상승과 동굴 등을 통한 누수, 불안정한 지층의 틈새를 통한 누수, 이에 따른 지하수면 상승에 대해서는 별다른 평가나 대책을 제시하지 못하고 있다(과학기술부, 2005: 30, 주재복 · 홍성만, 2003).

〈표 3 - 16〉 이해관계자의 가치관과 태도

독립변수	하위변수	평가기준	내용
이해관계자의 가치관과 태도	정부에 대한 신뢰성	인지적 요소 정서적 요소 (정부 신뢰성 확보)	정부와 수공은 소극적 대응으로 일관하는 등 사실상 방치하므로 NGO와 주민들은 신뢰성 갖지 못함
	보상 여부	경제적 유인 효과	댐 건설 문제가 장기화되면서 수몰 예정지역 주민에 대한 각종 지원혜택의 중단으로 경제적 유인 효과 미미함
	이익갈등과 가치갈등	이익갈등(득실)	이익갈등의 형태 보임
		가치갈등(환경)	가치갈등의 형태 나타남

여기에서 크게 대립하고 있는 정부부처는 건교부, 수공과 환경부, 문화재청 등으로 이들은 환경영향평가서의 보완과 평가가 몇 번이나 오가며 의견을 조율하려 했지만 각자 다른 토론회를 개최하는 등 의견의 보완이 늦어지면서 결국 시민단체가 개입되었다. 건교부는 이런 시민단체의 개입을 방지하기 위해 한 달 남짓 추진된 사전조사에서 획득한 논리로 시민단체를 반박하려 했지만 결국

완벽하게 사전조사를 마친 시민단체의 논리를 반박하지 못했다. 중앙언론에 의해 쟁점화되면서 환경단체의 반발에 의해 결국 쟁점은 더 복잡화되어 가고 주민들의 의견까지 분열되었다.

4. 관리조정기구의 책임성

1) 리더십

동강댐 사업 추진절차에서 발현된 리더십을 찾아보면 다음과 같다. 건교부는 환경부에 협조요청을 하면서 절차적으로 대응하였다. 댐을 건설할 경우, 필수적으로 거쳐야할 제도적 절차 중 관련 기관의 협조는 정책 추진 기관의 의무사항에 해당하는 것이었고, 이에 환경영향평가서의 작성과 이에 대한 협조를 얻는 것이다. 수공은 환경부에 1996년 10월, 1997년 4월 영월 다목적 댐 건설사업의 환경영향평가서에 대한 협의요청을 하였다(국무조정실, 2007). 지역 주민들이 참여하기 시작하면서 건교부는 1998년 2월 환경영향평가서 1차 보완서류를 제출하였고 환경부는 보완된 환경영향평가서를 유관기관에 검토해 줄 것을 의뢰하였다.

건교부의 협조요청에 대해 환경부 역시 절차적으로 대응하였다. 1996년 11월 12일 환경영향평가에 대한 검토의견을 유관 지방자치단체인 영월군, 정선군, 평창군의 군수에게 통보하였다. 그리고 1997년 6월 11일에는 환경영향평가서에 대하여 환경부의 자연보전 국장 등 관련부서에 이의 검토를 의뢰하였고, 문화재청 등 유관기관에서 댐의 안전성 문제와 생태문제가 중요 이슈로 부각되었다(주재복·홍성만, 2003: 252). 이렇게 건교부에 대항하여 환경부는 계속적인 환경영향평가서 재보완 요청을 하면서 결정을 지연시켰다. 재보완을 요구한 내용은 이미 제시된 내용이 보고서에서 빠졌거나 그 근거가 불충분한 내용에 대한 지적이었다.

당사자 간 조정활동은 정책갈등의 실마리를 풀어 가지 못하였고 정책이 지연되는 상황으로 나타났다. 그러다 보니 정책집행대상인 지역 주민에게 기회주의적 대응을 할 수 있도록 부추기는 결과를 초래하기도 하였다. 이것은 궁극적으로 지역 주민에게 큰 피해를 제공하는 계기가 되었다. 댐 건설 정책은 정책입안 및 타당성조사 단계에서 마지막 단계인 댐 사용권 설정 및 댐 관리까지 장시간에 걸쳐서 추진되었다. 동강댐의 경우는 둘째 단계인 기본설계 및 환경영향평가단계를 지나기도 전에 셋째 단계인 댐 건설 예정지 고시단계로 돌입하는 과정에서 반대 집단의 대응으로 인하여 백지화된 것이다. 건교부가 환경부와 절차적인 대응을 하였지만, 가장 기본적이고 절차적인 문제에서부터 첫 단추가 잘못 끼워진 것이다. 건교부의 환경부와의 절차적인 소모는 결국 동강댐 건설 문제에 대한 구체적인 대안 제시와 문제해결에 아무런 도움이 되지 못하였다. 이해가 상충되는 기관의 협조 없이, 절차적인 문제에 봉착하여 처음부터 무리하게 정책을 추진한 건교부의 대응능력에 문제가 있다.

댐 건설에 지역 주민이 개입하게 되면서 갈등이 표출되기 시작하였다. 지역 주민들이 댐 건설에 반대의사를 표명하자 건교부는 환경부에 대한 협조요청과 더불어 지역 주민에 대한 설득을 시도하였다. 먼저 건교부는 환경영향평가서에 대한 협의가 종료되기 이전에 특정다목적댐법 제5조의 규정에 의거하여 동강댐 건설에 대한 관계기관 협의를 하고자 '영월댐건설사업기본계획'과 위치도를 관계기관에 공문으로 발송하였다. 관계기관들이 부정적인 입장을 보이자 일단 관망의 입장을 견지하면서 후속대책을 마련하였다.31)

댐 건설에 대한 적극적인 지역 주민의 반대의사와 관계기관들의 부정적인 입장에 대해 적극적인 주민 설득이나, 토론회, 공청회, 전문가활용, 현지조사활동을 통해 자기주장을 강화했어야 했다. 후에 환경단체의 등장으로 갈등상황이 더욱 복잡해졌고 더 이상 소극적인 대응만으로는 반대의견에 대항할 수 없었다. 그러나 건교부는 상황에 대한 민감한 반응 대신 관망의 자세로 일관하였고 이것은 이해관계대립 조직들의 의견을 초기부터 전혀 반영하지 못하는 태도였다.

지역 주민과 환경단체가 적극적으로 댐 건설을 반대하면서 건교부는 우선 전문가를 통한 정책토론회 등을 개최하면서 댐 건설의 정당화 활동에 주력하였다. 수공은 댐 개발정책 추진의 정당성을 확보하기 위해 '환경 친화적이며 지속 가능한 영월댐 개발'이라는 주제로 1998년 5월 7일에 전문가토론회를 개최하였고, 1998 6월 한국정책학회 주관으로 '영월댐 건설계획' 정책토론회를 개최하였다.32) 환경단체가 참여하게 되었고, 언론에서도 동강댐을 주요 이슈로 다루기 시작하였다. 환경단체와 주민들 그리고 건교부 모두 매체를 활용하여 이 문제를 확대하고, 대안을 모색하는 등의 새로운 논리개발행동을 구상하였다. 그러는 동안 환경부는 동강댐 문제와 관련한 기관과의 협의네트워크를 활용하여 조직의 입장을 강화

31) ibid, p.253.
32) ibid, pp.254 - 255.

하였다. 또한 문화재청에서는 매우 부정적인 견해를 회신하였다.

초기에 갈등관계를 해결하기 못해 환경단체가 참여하는 복잡한 양상으로 확대되었고, 건교부는 확대된 양상에 대한 적극적인 대안 제시를 못하였을 뿐만 아니라, 관련 기관과의 긴밀한 네트워크 형성도 없었다. 하지만 반대 입장인 환경부와 환경단체 그리고 시민들은 긴밀하게 네트워크를 형성하였고 자신들만의 대안을 마련하였다.

국무총리실 수질개선기획단이 공식적으로 조정활동을 시작하였다 (국무조정실, 2007). 관계기관 회의에도 불구하고 협의도출에 실패하였고, 환경운동연합을 참여시키는 합동평가단운영을 제시하였다. 조정기관의 해결능력이 부족한 이때에 건교부는 동강댐 건설 강행 방침을 발표하여 댐 건설의 기정사실화를 재시도하였다. 나아가 동강댐 건설 예정지 상류에 대규모 위락단지를 건설하겠다고 발표하였다. 또한 적극적으로 댐 건설을 반대하는 NGO와의 협상을 시도하였으나 합의도출에 실패하였다. 그리고 합동평가단의 구성이 환경단체의 참여 없이 건교부와 수공 주도로 선정되어 결국 댐 관련 이해당사자들을 광범위하게 참여시키는 데 실패하였다는 점에서 중립적인 조정기제의 역할을 하지 못하게 되어 결국 해체되었다.

제삼자의 개입으로 조정국면에 들어간 동강댐 문제는 제삼자의 능력부재와 건교부의 강행방침, 환경단체와의 협의 실패로 인하여 갈등은 점점 더 심해져 갔다. 특히 건교부는 조정의 필요성을 자각하지 못하고 자신들의 정책을 강행함으로써 더 큰 반대에 부딪히게 되었다.

2) 전문성

건교부가 댐 건설을 강행하기 위하여 내놓은 대안 중에 댐 주변에 대규모의 위락단지 조성은 수질에 막대한 영향을 줄 것이라고 어느 누구나 예상할 수 있는 것인데, 이런 것을 대안이라고 내놓은 건교부의 대안 제시 능력을 예상해 볼 수 있다. 그리고 제삼자의 조정 기간에 환경단체와의 협상실패로 인해 드러난 대안 제시 능력의 부족, 건교부를 정당화해주는 합동평가단은 정부의 신뢰를 잃게 하기 충분했다. 합동평가단을 중심으로 정책을 추진해 나갔지만 댐 관련 이해당사자를 광범위하게 참여시키는 데 실패하였다는 점에서 합동평가단은 중립적 조정기제의 역할을 하지 못하게 되고 결국은 해체된다. 정밀조사를 목적으로 구성된 합동평가단의 평가결과가 나오기도 전에 건교부는 계속적인 기정사실화를 시도하였고, 오히려 이러한 대응은 이해관계자들의 더 큰 반대를 불러일으키게 된다.

3) 정책의지

정부의 정책의지가 강력할수록 갈등해결의 실마리를 찾기가 쉬워진다. 즉 강력한 정책의지가 수반될 때 정부의 정책수행에 있어 갈등이 빚어진 사안에 대하여 해결방안을 도출해낼 수 있다는 것이다. 동강댐의 경우, 둘째 단계인 기본설계 및 환경영향평가단계를 지나기도 전에 셋째 단계인 댐 건설 예정지 고시단계로 돌입하였다. 환경부와의 제도적 절차가 마무리되지 않은 상태에서 지역주민의 반대가 나타났고, 이에 건교부는 관계기관에서 협조요청을 하였으나 부정적인 입장을 표명하자 관망의 입장에서 후속대책을 마련하였다. 그러는 동안에도 지역 주민의 반대는 커져 갔으나 수공은 댐 건설사무소 직원을 확대하였다.

환경단체가 개입하자 건교부는 전문가를 통한 정책토론회 등을 개최하면서 댐 건설 정당화에 주력하였다. 전문가토론회와 정책토론회에서는 물 부족의 근거와 용수확보·홍수조절을 위해 동강댐 건설이 필요하다고 주장하였다. 그러나 계속적인 반대에 제삼자인 국무총리실 수질개선기획단이 조정을 하였으나 협의도출에 실패하였다(국무조정실, 2007). 이러는 동안에도 건교부는 댐 건설의 기정사실화를 재시도하였고, 나아가 동강댐 건설 예정지 상류에 대규모 위락단지를 건설하겠다고 공약을 발표하였다. 그리고 건교부 의견 중심의 합동평가단을 구성하여 정당화를 시도하였으나 이해관계자들의 더 큰 반대에 부딪히게 된다. 이러한 건교부의 태도는 대통령의 입장표명 이후 일단 자신들의 주장을 후퇴시켜 한발 물러선 입장을 보일 때까지 강행되었다.

정책의지가 의미하는 바가 일관적인 정책의지라면 건교부는 높은 점수를 받을 수 있을 것이다. 처음부터 끝까지 동강댐 건설을 강행했기 때문이다. 동강댐 건설을 위하여 조정기구였던 합동평가단까지 그들의 정책을 정당화시켜 주기 위한 사람들로 구성하였고, 이것은 더 큰 반발을 일으키기에 충분했다. 조정 기간에도 주민들과 환경단체의 반대의견을 종합하고 이해하려는 자세보다는 자신들의 주장만 강행하는 모습만을 그려 왔다. 특히 동강댐 건설을 위해서 수질에 위험이 될 수 있는 위락단지까지 조성하려고 한 행동을 보면 건교부의 정책의지는 그 목적과는 모순되지만 상당히 강하다고 볼 수 있다.

4) 관리체제 운영

상황에 따른 신속한 대응 여부는 댐 건설에 지역 주민이 개입하게 된 시기를 보면 잘 드러난다. 지역 주민들이 댐 건설에 반대의사를 표명하자 건교부는 환경부에 대한 협조요청과 더불어 지역 주민에 대한 설득을 시도하였다. 그러나 관계기관과 하부기관의 반대 입장이 나오자 관의 입장을 견지하면서 후속대책을 마련한 점은 건교부의 늦장 대응 여부를 잘 보여 주는 상황이다. 후에 더욱 갈등이 심화되었을 때에야 공청회, 각종 전문가 회의 등을 개최하였지만 이미 복잡화된 갈등은 쉽사리 해결되지 못했다.

'영월댐 합동평가단' 역시도 제기된 문제 및 쟁점을 재검토하고 진행 중인 검증사항을 조사하여 투명성과 국민 신뢰를 높이기 위해 출범하였지만 평가단의 구성 의도가 이미 댐 건설을 전제로 운영됨이 예상되었다. 이는 의견수렴과 갈등의 조정을 제도의 목적으로 하지 않았던 것에 문제가 있다.

〈표 3-17〉 정책결정과정에서의 갈등관리시스템

구분	갈등조정을 위한 갈등관리시스템
〈1단계〉	- 건교부 · 환경부, 환경영향평가 보완 요청(절차적 대응) - 건교부 · 문화재청, 농림부 관계부처 협의, 조건부 협의
〈2단계〉	- 지역 주민과의 면담 - 건교부, 수자원공사, 3개 시 · 군 댐 건설 관련 관계자 회의 구성
〈3단계〉	- 건교부: 정책토론회 개최 댐 건설의 정당화 활동 - 수자원공사: 전문가토론회 - 환경부: 환경영향평가 재보완, 추가재보완 요청, 현지확인 조사, 문화재관리위원회 등 유관기관과 협의 네트워크 구축 활용
〈4단계〉	- 환경단체 조직적 반대운동, 정치권 개입 - 국무총리실 수질개선기획단 조정활동9관계부처회의 - 물관리 정책조정실무위원회 - 합동평가단 구성운영

구분	갈등조정을 위한 갈등관리시스템
〈5단계〉	- 동강댐 공동조사단 구성 - 국회환경노동위원회 논의, 현장방문 - 강원도지사 댐 건설 반대 기자회견 - 대통령의 관심, 건교부 국정개혁보고서 정밀조사 지시, 반대의견 표시 - 미국의 HARZA사 정밀조사 - 영월댐 공동조사 활동결과 발표

자료: 윤종설(2007: 96-97), 국무조정실(2007)

이상의 연구결과를 토대로 작성한 관리조정기구의 책임성을 살펴보면 〈표 3-18〉과 같다.

〈표 3-18〉 관리조정기구의 책임성[33]

독립변수	하위변수	평가기준	내용
관리조정기구의 책임성	리더십	외부로부터의 자율성	이해가 상충되는 기관의 협조 없이, 무리하게 정책을 추진. 지역 주민의 반대의사와 관계기관들의 부정적인 입장에 대해 관망의 자세로 일관
	전문성	합리적인 대안 제시 능력	정부와 환경단체, 주민들 간에 의견 조율 일어나지 않아 끝내 백지화
		효율적인 중재능력	중재자 부재(정부와 수공의 소극적 대응)
	정책의지	정책의지(일관·유동)	정책의지 일관적
	관리체제 운영	관리체제 운영으로 상황에 따른 신속한 대응 여부	영월댐 합동평가단이 있었으나 제구실 못 함 일원화된 창구는 아니었음 공동조사단의 공동조사 결과 보고로 백지화

정책을 추진하였던 건교부는 이해관계가 대립되는 관계부처와의 절차적인 문제에서 소모적이고 지루한 싸움을 하였고, 수몰 예정 지역 주민에게는 물리적·심리적인 피해를 주었으며, 환경단체와의

---

33) 영월 동강댐의 관리조정기구의 책임성을 연구하기 위해 참고한 문헌은 다음과 같다.
   주재복·홍성만(2003), 「수자원 개발의 이해갈등과 정책조정기제의 변화: 영월댐 개발을 둘러싼 중앙부처 간 대응행동을 중심으로」, 지방행정연구지 17권 제1호.
   윤종설(2007), 「정책과정에서의 갈등관리체제 구축 방안」, 한국행정연구원, pp.88-102.

대립에서 합리적인 대안을 제시하지 못했으며, 댐 백지화로 인하여 정부에 대한 불신과 막대한 예산낭비를 초래했으며, 무엇보다도 동강의 아름다운 자연과 생태를 잃을 뻔하였다.

건교부는 이해당사자의 의견을 적극적으로 수렴하려는 태도보다는 강행하는 쪽을 선택했다(한국행정연구원, 2007). 강행하더라도 그것이 절차적·결과적으로 정당화되기 위해선 갈등 초기 상황부터 적극적으로 이해당사자를 설득했어야 했다. 또한 관계부처의 적극적인 후원이 아니더라도 지루한 절차적 싸움으로까지 번지게 하지 말았어야 했다. 그러나 갈등상황의 심각성에 대해 방관으로 시작한 관리능력은 후에 각종 토론회의 이름을 건 설득으로 해결하기엔 이미 선을 넘어 있었다. 합리적으로 갈등을 해결하기 위한 조정기구 운영도 자신들의 입맛에 맞는 평가단을 꾸리는 것이었다. 정책의지를 일관적으로 이끌어 나가기 위해선 의지를 뒷받침할 수 있는 정당하고 투명한 근거들이 있어야 한다. 하지만 그것마저도 건교부는 제 손으로 더럽힌 꼴이 되었다. 효율적이고 합리적으로 갈등을 해결할 수 있는 기회는 많았다. 그러나 건교부는 이 모든 기회를 환경부와의 절차적 논쟁에서, 의견수렴 없는 댐 건설 강행 발표에서, 자신의 의견만을 대변하는 평가단 구성으로 날려 버렸다.

5. 갈등해결과정의 투명성

1) 참여도

동강댐 추진사업은 1997년 정부의 댐 건설계획이 구체화됨에 따라서 지역 주민과 중앙정부의 건설주체 간의 갈등상황이 환경운동연합(이하 환경연)으로 대표되는 제삼자의 참여로 복잡화되었다는 점이다. 동강댐의 건설과 관련된 갈등은 지역 주민에 대한 보상 차원에서 한 걸음 더 나아가 무분별한 중앙정부의 댐 건설을 반대하고 환경보호와 지역고유문화 보존 등의 차원으로 발전하면서 전 국민적인 관심사로 변화되었다. 환경연합, 우리령보존회 등 환경단체가 주축이 되어 1997년 여름부터 동강 살리기 운동으로 추진되었다(국무조정실, 2007). 초반의 동강 살리기 운동은 환경단체가 현지에 직접 찾아가 영월군 등 3개 군 지역주민들에게 댐의 위험성과 댐 건설 시 환경파괴 문제 등을 주지시키면서 지역 주민들과의 연계를 통한 산발적인 시위 위주로 전개되었다. 그후 영월 주민들이 환경단체 및 지역 시민단체들과 연계한 동강댐건설백지화투쟁위원회가 발족되면서 동강 살리기 운동을 단순히 지역이기주의 문제가 아니라 전 국민이 함께하는 환경문제로 부각시키는 데 노력하였다. 환경운동연합은 1997년 여름부터 매달 동강 현지와 대도시를 돌며 반대시위를 주도하면서 반대운동을 전개하였다(국무조정실, 2007).

또한 1998년에 들어 반대운동이 본격화되면서 지역 주민, 환경단체, 정부 등과의 마찰이 본격화되기 시작했다. 그리고 이 시기에는 지역주민들의 마찰이 최고조에 달하였다. 수몰지역주민대책위원회는 7월 23일 조직적인 댐 건설 반대운동과 언론의 왜곡보도 등을 이유로 긴급회의를 갖고 현지로 들어오는 3개 군의 진입로를 차단하고, 투쟁위활동대를 조직하는 등 다각적인 대응을 모색하였다(정성호, 2002: 73 - 75).

동강댐 건설에 논의가 가장 활발하게 전개되었던 1999년 3월 환경운동연합은 시민단체, 종교계, 학계, 문학계, 정계의 인사들, 시민 회원 2,000여 명 등과 함께 동강댐 건설 반대운동 33일 밤샘시위를 벌였다. 또한 1천 명이 전자우편을 통해 밤샘시위에 참여하였고 5만 명 이상이 서명으로 시위에 동참하였다. 이때 각계 인사와 전국 10개 도시의 지역단체들이 동강댐 건설 반대 선언을 표명하였다. 이 밤샘운동에는 YMCA, 소비자 문제를 위한 소비자 모임 등이 '동강 살리기 물 절약 운동'으로 동참하였고, '사회 지도층 100인 선언', '문학인 207인 성명발표' 등 사회 각계의 동참활동이 이어졌다. 또한 환경운동에 별 관심을 보이지 않던 참여연대, 만화가협회, 조계종 등이 반대 성명을 발표하였다. 이 밤샘운동에는 그린피스, 월드워치연구소, 시에라클럽, 보스엔즈 등의 세계환경단체들도 동강 지키기 운동에 뜻을 같이하였다(국무조정실, 2007). 동강댐 건설을 둘러싼 건교부, 댐 건설 지역 주민들, 환경단체들 간의 수자원 개발, 생존권 그리고 환경보전 등에 관한 논쟁은 1999년 초까지 합의점을 찾지 못했다. 이후 1999년 5월에는 동강 살리기 범국민 한마당 대회가 열려 지역 주민, 환경단체, 시민단체, 종교단체 등 동강 살리기라는 공동 목표 아래 5,000여 명이 참여하였다. 특히 환경운동연합은 다양한 쟁점을 제기하면서 동강현지시위, 정책토론회, 건교부장관과 면담, 서명운동, 사진전 개최, 백지화 촉구

성명발표 등을 비롯하여 댐 건설반대 및 백지화를 위한 활동을 전
개하였다(윤종설, 2007: 89 - 90).

위의 내용들을 통해서도 볼 수 있듯이, 동강댐 계획은 지역 주민
과 시민단체 그리고 환경단체 등의 영향력이 강력하게 정책결정
과정에 있어 영향을 주었다고 볼 수 있다. 또한 이 사례는 지역 간
의 단순한 문제가 아니라 지역 주민과 시민단체의 지속적인 반대
운동으로 인해 국민들의 관심까지 유도하였고, 이를 통하여 결국
백지화라는 결론에 도달하는 데 큰 기여를 했다고 사료되는바, 지
역 주민의 참여가 높고 시민단체의 영향력이 어느 사례보다도 높
다고 평가하였다.

2) 홍보와 교육

갈등해결 과정에서 공청회, 홍보 및 교육에 대해서는 미미하였다
는 쪽으로 판단된다. 환경단체가 본격적으로 개입하자 건교부는 전
문가를 초빙하여 정책토론회를 개최하는 등 댐 건설 문제를 계속
적으로 정당화해 나갔다. 유관기관에서의 문제제기와 환경연과 지
역 주민 집단 간의 조직적인 반대가 있자, 수공은 댐 개발정책 추
진의 정당성을 확보하기 위하여 환경 친화적이며 지속 가능한 영
월댐 개발이라는 주제로 1998년 5월 전문가토론회를 개최하였으며,
1998년 6월 한국정책학회 주관으로 영월댐 건설계획 정책토론회를
개최하였다(국무조정실, 2007). 이 정책토론회에서 수공은 물 부족
을 근거로 제시하면서 용수확보와 홍수조절을 위하여 동강댐 건설
의 필요성을 주장하였다. 이에 대해 환경부는 먼저 댐 건설의 시기

적 부적절성을 지적하였다(윤종설, 2007: 92 - 93).[34]

그리고 1998년 2월 25일 환경연이 주관한 토론회에서는 동강댐 건설에 대한 정책토론회를 개최하였는데 경제학, 수량전문가, 운동가, 수자원공사, 주민 등이 모여 동강댐을 사회적인 차원에서 다루고자 하였으며 물 관리 정책과 연결시키려는 발언이 처음으로 제기되었으며 환경영향평가가 엉터리라는 지적도 제기되었다(권종수, 2006: 19).

위의 내용에서만 살펴보았을 때도 갈등해결과정에서의 공청회나 홍보 및 교육이 사회적 합의를 도출해내고자 하는 의도가 아닌 건교부나 한국수자원공사 측의 동강댐 건설계획을 정당화하기 위한 수준에 그친 것으로 볼 수 있다. 또한 그러한 공청회나 홍보 및 교육 또한 거센 반대 여론에 부딪혀 제대로 역할을 다하지 못한 것으로 평가할 수 있다. 따라서 공청회 홍보 및 교육은 있었으나 미미하였다고 평가하였다.

3) 정보공개

동강댐 건설계획 갈등과정에서의 정보공개는 일부 공개하다가 뒤늦게 공개한 사례이다. 초기에 정책진행 과정에서 건설교통부와 환경부 사이에서의 동강댐 건설계획에 대한 환경영향평가서의 노출로 인하여 점차 지역 주민 및 시민단체에 알려지게 되면서 반대

---

34) 건교부의 기본계획(안)에 대한 검토 의견에서 환경영향평가협의가 진행 중에 있으며 환경영향평가서는 기본계획 확정 전에 제출 협의되어야 하며, 기본계획(안)에 대한 검토는 환경영향평가협의가 완료된 후에 이루어져야 한다는 답신을 제시하면서 협의 시기가 부적절함을 지적하였다.

여론이 점차적으로 확산되어 갔다고 볼 수 있다. 이는 건교부나 수공에서 의도하지 않게 노출되었다고 보인다.

특히 지역 주민이 동강댐 건설사업의 갈등양상에 개입하자 건교부는 지역 주민을 설득하거나 댐 건설의 정당화를 추진하였고 동시에 관계기관과의 협의를 시도하였다. 이에 대하여 환경부는 계속적으로 절차적 대응을 하면서 견제역할을 수행하였다. 환경단체가 관련 참가자로 개입하게 되자 건교부는 전문가를 활용하거나 정책토론회를 개최하여 지속적인 정당화를 추진하였고 환경부는 여전히 절차적 대응 차원에서 환경영향평가에 대한 추가적 재보완을 통한 지연과 적극적인 현지조사활동을 벌였으며, 관련 부처의 협의네트워크를 활용하여 대응하였다.

이 과정에서의 건교부와 환경부는 지역 주민, 환경단체 등의 여론 수렴 및 홍보와 정보제공을 위한 노력은 긍정적으로 평가할 수 있다. 하지만 반대로 이는 정당화를 위한 것에 불과하다는 지적도 있다. 이는 건교부와 환경부는 동강댐 건설이 정책의제로 선정된 이후 양 부처 간의 협의체를 구성하여 관련 지방자치단체, 지역 주민, 환경단체의 의견을 수렴하는 제도적 장치를 구성하려는 노력보다는 관련 행위자들을 건교부는 동강댐 건설의 지지자로, 환경부는 동강댐 건설의 반대자로서 포섭하기 위한 성격이 강했다는 것이며 이는 초기 정책과정에서의 갈등을 심화시키는 요인이었다고 지적할 수 있다(윤종설, 2007: 91 - 92).

이러한 과정에서도 알 수 있듯이 차후에 반대운동이 지역 주민 및 환경단체, 예술인 및 정치권에 개입 그리고 범 국민적으로 확산되어 가자 건교부와 수공은 토론회 및 공식적 발표, 설명회 등을 시도하여 반대운동의 여론을 잠재우고 각 부처 간에 댐 건설의 정당성을 확보하고자 하는 목적으로 지역 주민 및 시민단체 등을 대상으로 한 정보공개였다고 볼 수 있기 때문에 일부 공개하다 뒤늦게 공개했다고 볼 수 있다.

4) 여론

건교부·수공과는 달리 시민단체의 여론관리 및 언론활용 부분은 높이 평가할 수 있다. '동강포럼'은 언론과도 연계하여 활동을 벌였는데, EBS의 '하나뿐인 지구', KBS의 '광하에서 어라연까지'라는 프로그램 제작에 참여하였다(국무조정실, 2007). 학술활동으로는 98년 5월에 강원대 동굴탐사반과 수몰 지역 동굴실태 조사를 실시하였고, 98년 7월에는 일본교수팀이 동강조사에 참여하였다. 그리고 또 한 가지 중요한 활동으로는 정부 당국에서 실시하는 동강조사 및 동강에 관한 움직임에 참여하여 '영월을 사랑하는 사람들의 모임' 등과 연계하여 공공으로 진정서를 제출하였고, 98년 5월에는 수공 주최 '영월댐 전문가토론회' 등에 참여하였다(정성호, 2002: 74-75). 그리고 이러한 갈등 과정을 메스미디어에서도 많은 보도를 하였고 이를 통하여 국민적으로 큰 관심과 호응을 이끌어내는 데는 성공한 사례라고 볼 수 있다.

또한 이러한 환경운동연합의 초기 여론활동에 대해 건교부나 수공은 무대응으로 일관하였고 이에 따라 이슈 관련 집단의 프레임 사이에는 경쟁이나 갈등의 양상이 나타나지 않았다. 하지만 환경운동연합은 대응적 프레임을 더 부각시키기에 이르렀다. 이 시기에 건교부나 수공에 대한 직접적 공격과 댐 건설 명분에 대한 반박, 여론의 반대 등을 중심으로 구성되어 있었다(송현주, 2000: 58).

이러한 연구내용을 통해서도 동강댐 반대운동에 커다란 영향을 준 요인 역시 언론 및 여론으로 볼 수 있을 것이다. 이 사례는 지역 주민과 시민단체에서 출발하여 범국민적 이슈가 되기까지의 언론활용도의 기여도가 높다고 보인다. 이에 따라 환경문제가 중요한 이슈로 부각되었고 종교계, 학계, 문학계, 정계의 인사들, 시민회원 등으로 반대운동이 확산되어 가면서 반대여론에 힘입어 결국 동강댐의 건설 추진 문제는 백지화가 되었다고 평가할 수 있다.

이상의 연구결과를 토대로 작성한 갈등해결과정의 투명성을 살펴보면 <표 3-19>와 같다.

〈표 3-19〉 갈등해결과정의 투명성

독립변수	하위변수	평가기준	내용
갈등해결과정의 투명성	참여도	지역 주민 참여 정도	지역 주민들 적극적 참여
		시민단체 참여 정도	환경단체들의 조직적인 반대운동이 전 국민적 환경보전운동으로 확산되어 사업 백지화를 이루어 냄
	홍보와 교육	공청회 등을 통한 홍보 및 교육	주민들에 대한 홍보 부족
	정보공개	투명한 진행과정의 공개	진행과정의 불투명으로 유언비어 유포됨
	여론	여론관리 및 언론활용	홍보 부족으로 허위·과장 보도가 빈발하여 부정적 여론 부채질

6. 소결론

갈등당사자들의 협상행태에 대한 분석결과, 여러 가지 측면에서 동강댐 건설 관련 갈등당사자들은 협상의 기본원칙들을 무시한 채 협상에 임함으로써 모두에게 바람직한 결과를 도출할 수 있는 상생(相生)의 관계(win·win relationship)를 형성하지 못하였다.

동강댐 건설을 둘러싼 협상이 건교부와 수공을 정점으로 다자 간의 갈등이라는 점에 기초하여 먼저, 건교부·수공 측과 영월군민 간의 가치를 분석해 보면 상호 대립하는 대안들만 존재하고 서로 주고받을 대안이 없다. 게다가 수공 측에서는 영월군민들에게 충분한 보상 중단 및 댐 안전성 확보요구에 대한 충분히 납득할 만한 과학적 근거의 제시가 없었고 합리적이고 민주적 절차에 따른 댐 건설 추진보다는 공권력과 현행법에 의존한 협상을 진행하였다는 점에서 오류를 범했다고 할 수 있다.

건교부·수공 측과 정선군민과의 협상에서도 정선군민들의 댐 건설로 인한 정선읍 시가지의 상습적 침수 및 댐 안전성 확보 주장에 대한 공사 측의 댐 높이의 하향조정 및 내진설계 등의 대안이 주민들을 설득하는 데 실패했다(국무조정실, 2007). 지지부진한 협상으로 인한 생활고로 신속한 보상을 요구하는 데 대해서도 댐 건설로 인한 직접적인 피해가 아니라는 법적제한 때문에 이들을 만족시킬 수 없었다.

마지막으로 건교부·수공 측과 환경연 간의 협상에서는 자연보호라는 의제가 협상안으로 부각되었지만 건교부·수공 측에서는 댐 및 발전소 시설을 환경 친화적으로 건설하겠다는 것 이외의 대안은 제시하지 못했다. 반면, 환경연 측은 자연자원보호, 수해방지 그리고 수도권 수자원 확보를 동시에 충족시킬 수 있는 다양한 대안을 개발하려고 노력하였다는 점에서 볼 때 다른 이해당사자들과 다르게 접근하고 있음을 알 수 있으며, 그 근간에는 자연자원보호 차원에서 대규모 다목적댐의 건설을 반대하는 입장이었다. 문제는, 수공 측에서 환경연 측의 제안에 대한 반론을 제시하지만 논리적 우위를 점하는 데는 실패하고 환경연의 제안에 대한 공동조사의 노력이 미미한 상태에서 서로가 자기 논리의 정당성만 강조하는 모습을 보이게 되는데, 이러한 과정에서 자연히 협상은 교착상태에 빠질 수밖에 없었으며 끝내 백지화로 이어지고 말았다.

이상의 연구결과를 토대로 작성한 동강댐 사례 평가결과는 <표 3-20>과 같다.

〈표 3-20〉 영월 동강댐 사례 평가결과표

독립변수	하위변수	평가기준	평가척도	평가	평가결과
사업의 성격	사회적 인식	사회적 인식의 정도 (필요성)	해당 사업의 필요성이 확산되어 있다.	강	
			해당 사업의 필요성이 저변확대 중이다.	보통	
			해당 사업의 필요성이 확산되어 있지 않다.	약	O
	사전협의	주민의사의 확인과 사회적 합의를 위한 사전노력	주민의사의 확인과 사회적 합의를 위해 노력했다.	강	
			갈등이 빚어지고 나서 사후에 합의를 했다.	약	O
	경제적 효과	경제적 효과의 정도	경제적 효과 높다.	강	
			경제적 효과 낮다.	약	O
이해관계 자의 가치관과 태도	정부에 대한 신뢰성	인지적 요소, 정서적 요소, 정부신뢰성 확보	정부에 대한 신뢰성이 높다.	강	
			신뢰성이 보통이다.	보통	
			신뢰성이 미흡하다.	약	O
	보상 여부	경제적 유인효과	경제적 유인효과 높다.	강	
			낮다.	약	O
	이익갈등과 가치갈등	이익갈등의 정도	이익갈등 높다(극심).	강	O
			이익갈등 낮다(소극적).	보통	
			이익갈등 없다.	약	
		가치갈등의 정도	가치갈등 높다(극심).	강	O
			가치갈등 낮다(소극적).	보통	
			가치갈등 없다.	약	

독립변수	하위변수	평가기준	평가척도	평가	평가결과
관리조정 기구의 책임성	리더십	리더십 발휘, 외부 로부터의 자율성	추진력이 강하다.	강	
			추진력이 보였으나 미흡	보통	
			추진력이 낮다.	약	O
	전문성	합리적인 대안 제시 능력의 정도	대안 제시 능력 높다.	강	
			대안 제시 능력 있었으나 영향력 미미	보통	
			대안 제시 능력 낮다.	약	O
		효율적인 중재능력 의 정도	효율적인 중재능력이 높다.	강	
			보통이다(중재능력 미흡).	보통	
			낮다(관망).	약	O
	정책의지	정책의지(일관·유동)	정책의지(일관) 높다.	강	O
			정책의지 일관되나 방향은 유동적	보통	
			일관되지 못하고 유동적	약	
	관리체제 운영	관리체제 운영으로 상황에 따른 신속한 대응 여부의 정도	관리체제 운영으로 상황에 따른 신속한 대응 여부 높다.	강	
			보통이다(타이밍의 실기로 갈등조정 미흡).	보통	
			낮다(관리체제 운영해도 제구실을 못 함).	약	O
갈등해결 과정의 투명성	참여도	지역 주민 참여 정도	참여 높다.	강	O
			참여 보통이다.	보통	
			참여 낮다.	약	
		시민단체 참여 정도	영향력이 강하다.	강	O
			보통이다.	보통	
			영향력 낮다.	약	
	홍보와 교육	공청회, 홍보 및 교육	공청회, 홍보 및 교육 있다.	강	
			있었으나 미미	보통	O
			없거나 형식적이었다.	약	
	정보 공개	투명한 진행과정의 공개 정도	투명한 진행과정의 완전공개	강	
			일부 공개하다가 뒤늦게 공개	보통	O
			내용 극히 일부 공개 및 완전 은폐	약	
	여론	여론관리 및 언론활 용 정도	여론관리 및 언론활용 높다.	강	
			보통이다(영향력 미흡).	보통	
			낮다(여론관리 및 언론활용 소극적).	약	O

제7장 위천공단 조성

1. 사례의 개요

89년 대구 지역 염색업체들의 자체염 색공단 추진으로 태동했던 위천공단 조성 갈등문제는 대구시가 지역균형개발 및 지역경제 활성화 방안으로 낙동강 변 달성군 논공면 일대에 250만 평 규모의 위천국가산업단지 조성을 추진하자 낙동강 하류의 부산시와 경상남도가 취수원인 낙동강 수질오염이 가중된다며 공단계획을 취소할 것을 요구하면서 분쟁이 발발하였다. 대구시는 대구 지역경제 활성화를 위해 위천공단의 조성이 절실함을 강조하고, 이 문제의 해결을 위해 부산시, 경상남도 등 이해관계자가 참여하는 광역자치단체협의회를 구성하고 첨단산업입지와 대규모 공해방지시설 설치를 제의하였다. 그러나 부산시는 낙동강 지류의 72%가 대구·경북 지방에서 낙동강 본류로 유입되고 있으며, 상수원수의 수질이 갈수록 악화되고 있는 상태에서 추가적 공단 조성은 식수오염을 가중시킬 것이라 하였다. 낙동강 하류 수질이 1~2급수로 개선되기 전에는 상류에 공단 조성이 불가능하고 400만 부산시민의 취수원수 확보를 위해 공단설치계획은 철회 또는 유보되어야 한다고 주장하였다.

'95년 3월 1일 시군통합으로 위천 지역이 대구시로 편입되면서부터 공단 조성의 움직임이 본격화되기 시작했다. 대구시의 위천국가공단지정요구에 대하여 건교부는 95년 6월 24일 지방공단으로 개발할 것을 권유했다(배미애, 2000). 그러나 대구시는 동년 7월 19일 건교부, 통산부, 재경원 등에 위천국가산업단지의 지정을 재건의하였으며, 7월 25일 대구시의회에서도 국가공단지정 촉구를 결의하였고, 8월 1일 대구 지역 경제계·학계·환경단체 등 609개 기관 및 시민단체 1,000여 명은 '국가공단지정 범시민촉구 결의대회'를 개최하였다.

대구시의 이러한 위천국가공단 조성 본격화에 반발한 마산시의원들과 부산시의원 및 시민단체들이 8월 31일과 9월 1일에 걸쳐 대구시를 항의 방문하여 염색공단과 달서천하수처리장, 금호강, 위천공단예정지 등 현장을 확인하고 질소, 인 등의 영양유기물질을 제거할 수 있는 근본적인 수질개선대책을 촉구하였다. 또한 9월 10일에는 울산시의회와 창원시의회가 위천공단 조성을 반대하였다. 이렇듯 부산·경남 지역의 격심한 반발과 지역갈등을 해소하기 위해 대구 지역에서는 다양한 노력이 있었다. 96년 1월 9일 대구시는 위천국가산업단지 조성을 위한 중간보고회를 가지고 부산·경남의 요구를 어느 정도 수용한 수정안을 밝혔다. 그러나 이러한 대구시의 노력에도 불구하고 부산·경남의 반발은 공단 조성사업의 추진 정도에 비례해 더욱 높아졌다.

대구시는 4·11 총선 이전에 공단 조성에 유리한 여건을 조성하기 위해 96년 3월 1일 위천공단조성사업을 추진하기 위한 국가공단지정요청서를 다시 건교부에 제출하였고 6월 21일 환경부장관의 공단지정 조건부 승인 발표에 이어 부산 출신 국회의원 21명이 환경부장관에게 공단지정 불가 입장 전달과 환경부장관의 공단지정 승인발표 철회 등 대구시의 위천단지지정 촉구와 부산·경남 지역의 시민단체를 중심으로 한 위천공단 조성정책에 대한 반발운동은 급속도로 확산되었다. 12월 19일 '위천단지 부지 축소하여 연내지정 방침' 발표에 따라 부산시의회는 96년 12월 23일 정부가 위천 국가공단 조성을 허락할 경우 전원 의원직 사퇴를 결의하였으며, 부산 지역의 구청장·군수협의회는 위천공단조성 철회를 정부에 촉구하였다. 또한 부산시 출신의 국회의원들은 23일, 24일 양일에 걸쳐 위천공단 추진 관련 간담회와 당정협의회에 참석하지 않음으로써 위천공단 대책 발표를 연기시켰으며 부산시민단체 대표 60여 명은 위천공단지정 방침에 반발하여 부산시청 중회의실을 점거하고 무기한 항의농성을 결의하였고 부산·경남, 시·도의원은 삭발 농성을 감행하였다. 또한 부산시 신한국당의원들은 대구 위천공단 지정 발표 시 집단적으로 탈당할 것을 결의하였다.

결국 동 사업은 97년 5월 20일, 강경식 재정경제원장관이 대통령에게 "국가공단은 더 이상 지정을 중단하고, 지방공단 규모를 최대 30만 평에서 100만 평으로 확대하겠다(배미애, 2000)."는 보고로 백지화되었다.

〈표 3-21〉 위천공단 관련 일지

일자	주요 내용
'89. 9.	대구 지역 130여 염색업체 대표자들 위천에 염색공단 개발 추진
'91. 12. 14.	경상북도, 건설부에 위천지방공단(104만 평) 지정 신청
'91. 12. 16.	건교부, 낙동강 수질보호 이유로 재검토 요구
'95. 3. 1.	행정구역 개편으로 대구시로 업무 이관
'95. 5. 19.	대구상의, 위천공단을 304만 평으로 확대 조성하여 첨단산업을 유치해야 한다고 건교부와 대구시에 건의
'95. 6. 5.	대구시, 정부에 위천국가산업단지 지정 건의
'95. 6. 27.	지방자치단체장 선거(대구에 문희갑, 부산에 문정수 시장 당선)
'95. 6. 28.	건교부, 대구시에 국가공단지정 불가 통보
'95. 7.~8.	대구시의회 공단지정 촉구결의, 국가공단지정 대구시 범시민 결의대회
'95. 7. 19.	부산시 낙동강 수질감시위원회, 청와대 · 건교부 · 환경부에 위천공단 반대 건의서 전달
'95. 8. 16.	부산 환경보전연맹, 대구시청 항의방문
'95. 9. 18.	부산여성단체협의회, 위천공단 반대 100만 서명운동 시작
'95. 10.	김윤환 신한국당 대표, 김영삼 대통령에게 국가공단지정 건의
'95. 12.	건교부, 국가공단지정 관계관 회의 개최
'96. 1. 19.	신한국당 김윤환 대표 대구 파크호텔에서 "자치단체 간 협의를 거쳐 2월 말까지 공단지정, 환경오염 방지대책 완벽하게 할 것"이라 약속
'96. 2. 2.	대구경제활성화시민운동본부, 250만 시민 서명운동 전개
'96. 3. 1.	대구시는 위천국가공단지정을 위한 최종계획서를 건교부에 제출
'96. 3. 5.	신한국당 김윤환 대표는 관훈클럽 토론회에서 "총선 때 부산과 대구의 표를 의식해서 위천공단지정을 미루는 것이 아니냐."는 지적에 대해 "위천공단의 지정은 이미 결정된 일이지만 맑은 물을 보장하는 것도 중요하다."고 답변, 이에 대해 부산 쪽에서는 곧바로 반발
'96. 3. 6.	건교부, 수질평가 자문회의 개최
'96. 3. 7.	신한국당 강삼재 사무총장 "위천공단 조성문제와 관련, 당론이 결정된 바 없으며 부산 · 경남주민의 희생을 전제로 한 공단 조성은 반대한다."고 주장
'96. 3. 19.	대구시의회, 위천공단 조기지정 촉구결의대회
'96. 3. 19.	신한국당이 대구 지역총선 필승 결의대회에서 위천공단 조성을 총선 공약으로 공식 발표, 이에 대하여 부산 경남 지역 시민단체들이 일제히 비난성명을 내는 등 강력 반발
'96. 4. 11.	국회의원 선거
'96. 5.	정부, 200만여 평 규모로 부지축소 검토
'96. 6.	정부가 '규모축소를 전제로 위천공단지정' 방침 내부적으로 정함
'96. 6.	환경부 3차 수질평가 자문위 3차 회의
'96. 6. 21.	정종택 환경부장관, 공단지정 조건부(규모축소) 승인 발표

일자	주요 내용
'96. 6. 27.	부산 출신 국회의원 21명 환경부장관에게 공단지정 불가입장 전달
'96. 6. 27	문희갑 대구시장, 대구 출신 국회의원 17명에게 공단이 당초 규모로 추진될 수 있도록 협조 요청
'96. 6. 27.	정종택 환경부장관, 21일 발표 철회
'96. 8. 22.	정부와 신한국당은 당정회의를 갖고 위천공단을 연내에 국가공단으로 조성하는 것은 불가능하므로 이에 앞서 낙동강 수질을 대폭 개선키로 함('선 수질개선 후 공단지정' 방침 결정)
'96. 8. 23.	신한국당 이홍구 대표, 대구에서 '낙동강 선 수질개선 후 단지 지정 검토' 발언으로 대구시민들의 엄청난 비판에 직면
'96. 9. 9.	대구시의회 등 대구 지역 1백 30개 기관 시민단체로 구성된 '위천국가공단 추진 범시민대책위원회' 발족, 범시민서명운동에 들어감
'96. 9. 10.	대구시, "위천국가공단이 무산되면 오는 2002년까지 예정된 낙동강 하수처리시설 건설비 2천 8백억 원의 투자를 포기할 것"이라고 선언
'96. 9. 21.	위천단지 조기 지정 촉구 대구 범시민궐기대회 개최
'96. 11. 19.	농림부, 위천단지 내 농림지역 편입 제외 요구
'96. 12. 19.	위천단지 3백 4만 평에서 2백 20만 평으로 축소하여 연내지정 방침 발표
'96. 12. 28.	이수성 총리, 대구 방문 시 "97년 1월 중 낙동강 수질개선책이 발표될 것이고 거의 동시에 위천공단이 지정될 것"이라고 언급('공단지정과 수질개선 동시 추진'으로 정책 선회)
'97. 1. 9.	건교부가 대구시에 위천공단 재설계 후 신청토록 지시, 1월 예정이었던 공단지정을 3월로 연기
'97. 1. 24.	부산 '위천공단 결사저지 부산시민 총궐기본부'에 참여단체를 110개에서 150개로 확대 개편하기로 결의
'97. 2. 20.	대구시, 공단규모 축소하여 지정 재요청
'97. 3.～5.	'상수도수질관리특별조치법'의 국회 통과와 병행하여 위천공단을 지정할 예정이었으나 노동법 파동, 한보사태 등으로 국회가 정상화되지 못하고, 부산의 반대와 부산 출신 장관 부임 등으로 공단지정이 계속 지연됨
'97. 5. 20.	강경식 재정경제원장관, 김영삼 대통령에게 "국가공단은 더 이상 지정을 중단하고, 지방공단 규모를 최대 30만 평에서 100만 평으로 확대 방침" 보고

자료: 소영진(1999: 204), 배미애(2000).

2. 사업의 성격

1) 사회적 인식

일본의 무라마쯔 미치오는 중앙-지방정부 관계론은 행정적 측면뿐만 아니라 정치적 관계 역시 중요한 부분을 차지하며, 기존의 수직적 행정통제 모델의 주요한 작동 메커니즘이었던 공유시스템에 있어서 주민운동은 지방자치단체를 움직이고 중앙정부의 판단의 변경을 재촉할 수 있다고 지적한다. 무라마쯔 미치오의 지적은 위천국가공단사업에도 적용된다(박재욱, 1999: 343).

먼저 위천국가공단조성을 둘러싼 정책갈등을 살펴보면, 이는 국가공단 조성으로 경제적 이익을 얻게 될 것으로 기대하는 대구·경북과, 공단 조성으로 낙동강이 오염되면 식수원을 잃게 되어 피해를 보게 될 것이라는 부산·경남 간의 이해관계갈등이 주요 쟁점으로 정리된다(최봉기, 1999, 박창기, 1999, 배미애, 2000). 즉 위천문제는 지역 정치·경제적인 입장에서 대구·경북 지역의 지역개발욕구가 중요한 계기를 이룬다는 사실을 부정할 수 없다.

1989년, 전국적으로 환경문제가 심화됨에 따라 정부는 염색업체에 대한 환경규제를 강화하게 되었는데, 이때 기존의 대구비산염색공단 외에 산재한 130여 개 업체기업주들이 89년 9월 염색협업공간추진위원회를 구성하여 염색공단의 자체 개발을 추진하였다(박창기, 1999, 배미애, 2000). 이와 같은 위천국가공단계획은 90년 건설부에 지방공업단지 지정승인 신청을 시발로 95년 민선 대구시장의 취임과 함께 건교부와 통산부에 국가공단으로 승격을 건의하면서 가속화되었다. 대구시는 95년 위천국가공단지정을 재건의하고, 대구 지역 경제계·학계·환경단체 등 609개 기관 및 시민단체 1,000여 명은 '국가공단지정 범시민촉구 결의대회'를 개최하였다(최봉기·이시경, 1999: 207).

이에 더하여, 중앙일보가 4·11 총선 등으로 1월 17일에서 31일 사이에 실시했던 대구의 4,800명, 경북의 7,500명에 대해 한 전화 설문조사의 결과, 위천공단조성과 관련하여 '계속 추진해야 한다(69.6%)', '포기해야 한다(23.4%)'였고, 부산·경남의 환경권 침해 주장에 '공감한다(30.2%)', '공감하지 않는다(61.6%)'였다(김성수, 1996: 309).

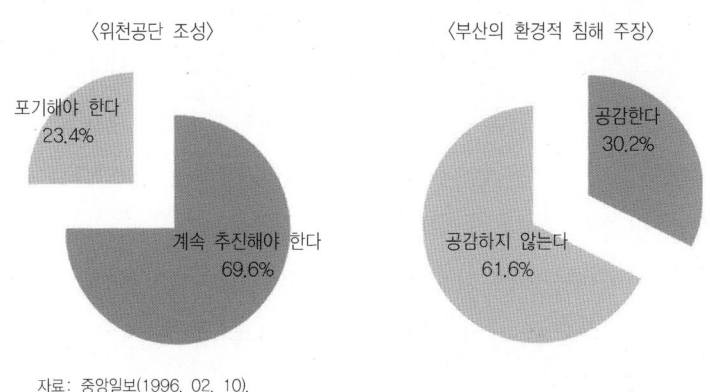

〈위천공단 조성〉

포기해야 한다
23.4%

계속 추진해야 한다
69.6%

〈부산의 환경적 침해 주장〉

공감한다
30.2%

공감하지 않는다
61.6%

자료: 중앙일보(1996. 02. 10).

〈그림 3-1〉 대구·경북 지역 위천공단 여론조사

이는 대구·경북지역 주민들의 위천공단조성 지지 및 의지를 확인해 주는 것으로, 낙동강의 수질오염에 대한 우려로 공단 조성을 반대하는 하류 지역의 여론과는 정반대되는 것이다.

이와 같은 대구시의 국가공단지정 요구는 다음과 같은 배경을 가졌다고 평가할 수 있다. 첫째, 지방공단의 경우 중앙정부의 지원금을 기대할 수 없으므로, 막대한 예산이 드는 위천공단 조성사업을 위해 국가공단지정은 필수적이라고 판단하였고, 둘째, 지방공단일 경우 부산·경남 지역에서 반발이 발생하면 지자체 간인 지방정부 간 갈등으로 국한되어 지역세력권이나 환경보호주의를 지지하는 국민적 공감대에 의해 저지당할 가능성이 크므로 중앙정부의 관여나 정치권의 개입을 적극적으로 유도하려는 의도를 지녔다고 볼 수 있다(박재욱, 1999: 350).

이처럼 대구·경북지역은 위천국가공단조성의 필요성을 매우 크게 절감하고 있었고, 이는 지자체뿐만 아니라 지역 주민들의 의지로도 확인될 수 있다. 따라서 위천국가공단의 조성에 대한 사회적 인식이 널리 퍼져 있었다고 볼 수 있을 것이다.

2) 사전협의

위천공단 조성을 둘러싼 지역갈등은 지난 90년 이래로 대구·경북지역의 경제 활성화를 목표로 하여 공단조성을 추진하고 있는 대구광역시·경상북도와 수자원보호를 이유로 공단 건설을 반대하는 부산광역시·경상남도 등지의 기초자치단체 및 광역지방정부 간에 발생한 첨예한 대립현상으로 정책입안 단계부터 사전협의에 대한 노력은 찾을 수 없다.

3) 경제적 효과

영남 지역의 경제는 기본적으로 노동집약적이고 저부가가치 산업인 신발, 섬유 의복 등 경공업과 전자조립, 자본집약적이고 다에너지 소비산업인 석유화학, 제철 등 대규모 중화학 공업에 의존하고 있다(구종석, 2004: 27).

대구시의 경우, 전국 최고의 실업률, 최고의 부도율, 1인당 GNP 전국 광역시 중 최하위 등의 경제지표가 대구의 경제상태를 말해준다. 국가산업단지 조성은 침체된 대구 지역의 산업구조를 첨단업종을 중심으로 개편함으로써 대구 경제를 활성화하는 데 기여할 것이다(매일신문, 1996. 06. 19).

대구시가 추진하는 위천국가산업단지는 민자와 국비를 포함하여 공사비 7,584억 원, 보상비 및 기타가 4,885억 원35) 등 총 1조 2,419억 원(정부와 신한국당은 위천공단 조성 보완대책과 낙동강 수질개선 비용 2조 9,633억 원 확정(최봉기 외, 1999: 9))을 들여 낙동강변에 위치한 990만㎡(300만 평)의 농지를 공단으로 조성하여 자동차 관련 부품업체(60만 평), 반도체와 컴퓨터 등 정밀전자업체(45만 평), 전자제어기계업체(45만 평), 신소재와 생명공학업체 등을 비롯한 기타 첨단산업체(30만 평) 등을 입주시킨다는 계획으로 구성되어 있다. 그밖에 주거용지 25만 평, 공공용지 75만 평, 지원시설용지 25만 평 등이 조성되는 것으로 계획되어 있다. 그리고 오·폐수 방출량은 1일 8만 톤(공장폐수 5.5만 톤, 생활오수 2.5만 톤) 정도 추정하고 있다. 환경보전 대책은 1,700억 원을 들여 공단 내에 최첨단 수질오염방지시설(3차 고도처리시스템)을 설치, 질소·인·벤젠·페놀 등의 난분해성 물질을 완벽하게 처리하고, 금호강의 수질

---

35) 대구광역시, 「대구 위천국가산업단지 개발계획」, 1996. 2, pp.101 - 102 참조. 보상비 및 기타에는 국비 중 조사설계비 42억 원이 포함되었다.

개선을 위해 하수처리시설을 확충, 생활하수를 100% 처리하며, 공단 외곽 지역에 흩어져 있는 공장 5,000천여 개를 위천공단으로 이전시키거나 정비해 폐수를 효율적으로 처리할 계획이었다(소영진, 1999; 배미애, 2000). 이러한 위천공단설치에 따른 기대효과는 첫째, 지역의 산업구조 개선과 고용증대 및 경기활성화를 도모할 수 있으며, 둘째, 도시인구 밀집 지역에 산재한 소규모 공해공장들을 이전하고 집단화시킴으로써 도시환경을 개선하고 환경관리체계를 보다 효율적으로 운영할 수 있으며, 셋째, 공단이주 지역을 주택단지로 개발, 분양함으로써 주택보급에 필요한 용지난을 해소하는 동시에 대구시의 재정 확충에도 기여할 수 있다는 점 등으로 요약할 수 있다. 지역산업연관모형을 이용하여 위천국가산업단지 건설투자에 따른 지역경제 파급효과를 추정한 결과는 <표 3 - 22>와 같이 생산유발효과가 1,891,480백만 원이고, 고용유발효과는 38,036명, 소득유발효과는 418,209백만 원 등이다.[36](이춘근, 1996)

위천국가산업단지 건설투자가 대구 지역에 미치는 생산파급효과는 총 1조 8,915억 원인데, 건설업 부문이 전체의 42.6%인 8,058억 원으로 가장 높고, 그 다음 부동산 및 사업서비스업이 30.0%인 5,681억 원, 기계장비업이 607억 원 등이다. 건설투자에 따른 고용유발효과는 총 38,036명이다. 이 중 건설업이 23.4%인 8,884명이고, 그 다음 부동산 및 사업서비스업이 22.4%인 8,501명, 도소매업 및 음식 숙박업이 12.3%인 4,668명 등이다.

---

36) 이춘근(1996), 「위천국가산업단지의 조성과 지역경제발전」, 대구경제활성화사업 후속연구(1). 파급효과는 단지 조성에 따른 파급효과만을 의미하는 것이며, 공단이 조성되고 난 후 공장건설이나 시설투자비 등에 따른 파급효과는 제외한 것이다. 공장건설 및 시설투자비까지 고려하면, 파급효과는 훨씬 더 크게 된다.

<표 3-22> 위천 국가산업단지 건설투자(조성)에 따른 파급효과

(단위: 백만 원, 명)

구분		생산유발효과		고용유발효과		소득유발효과	
		금액	구성비	명	구성비	금액	구성비
1	농림수산업	1,439	0.1	6	0.0	129	0.0
2	광업	226	0.0	75	0.2	31	0.0
3	음·식료품 및 담배제조업	9,655	0.5	169	0.4	817	0.2
4	섬유 및 가죽산업	6,702	0.4	227	0.6	1,120	0.3
5	제재·목제품 및 가구	17,000	0.9	960	2.5	2,765	0.7
6	종이·종이제품 및 인쇄·출판업	42,624	2.3	1,796	4.7	6,903	1.7
7	석유화학제품·석유·석탄	19,589	1.0	575	1.5	2,199	0.5
8	비금속광물제품	58,934	3.1	1,202	3.2	5,907	1.4
9	제1차 금속	38,443	2.0	634	1.7	4,954	1.2
10	금속제품	40,115	2.1	1,874	4.9	5,932	1.4
11	기계장비업(자동차 관련업)	60,702	3.2	2,078	5.5	10,146	2.4
12	기타 제조업제품	2,796	0.1	149	0.4	516	0.1
13	전력·가스·수도	12,386	0.7	96	0.2	3,515	0.8
14	건설업	805,803	42.6	8,884	23.4	206,357	49.3
15	도·소매 및 음식·숙박업	50,594	2.7	4,668	12.3	11,647	2.8
16	운수·보관	29,747	1.6	1,214	3.2	10,351	2.5
17	통신	13,565	0.7	200	0.5	4,522	1.1
18	금융 및 보험	54,394	2.9	3,176	8.4	24,066	5.8
19	부동산 및 사업서비스	568,050	30.0	8,501	22.4	109,129	26.1
20	공공행정·교육 및 사회·개인서비스, 기타	58,712	3.1	1,552	4.1	7,203	1.7
	합계	1,891,480	100.0	38,036	100.0	418,209	100.0

주: 합계는 사사오입 관계로 다소 다를 수 있다.

이상의 연구결과를 토대로 작성한 사업의 성격을 살펴보면 <표 3-23>과 같다.

<표 3-23> 사업의 성격

독립변수	하위변수	평가기준	내용
사업의 성격	사회적 인식 정도	사회적 인식 정도 (필요성)	사회적 인식이 확산되어 있었음
	사전협의	주민의사의 확인과 사회적 합의를 위한 사전노력	사회적 합의를 위한 노력 보이지 않음
	경제적 효과 정도	경제적 효과 정도	경제적 효과 있는 것으로 나타남

3. 이해관계자의 가치관과 태도

1) 정부에 대한 신뢰성

위천공단조성사업은 지방정부와 지방정부 간의 갈등이었다. 이렇게 된 요인에는 지방정부 자체의 자치권 강화라는 측면도 존재하지만, 중앙정부부처의 정책 주동성이 약화되고 있는 동시에 중앙정치권의 조정 역할도 한계를 보이고 있다는 것을 알 수 있다(박재욱, 2001: 5).

다음의 <표 3-24>는 중앙부처의 정책혼선과 조정 역할의 약화를 나타낸 것이다.

<표 3-24> 중앙부처의 정책혼선

중앙부처	정책혼선과 조정 역할
통상산업부, 재정경제원	원칙적으로 대구시의 입장을 지지하지만 본 문제에 개입 자제하려는 모습을 보임
건설교통부	공식적 결정권자이나, 정치권과 지역여론에 휘둘려 결정권을 제대로 행사하지 못함.
환경부	초기에 '반대'하는 것으로 확실한 입장을 보였으나 갈수록 입장이 애매해지며 다른 곳으로 책임을 전가하려 한다는 비판을 받기도 함
국무총리실	행정적 문제가 아닌 정치적 문제로 치부하여 조정 역할을 못 함
정당	양 도시의 반발을 우려해 입장표명이 수시로 바뀌는 등 정치적 이해득실에 따라 정책방향에 일관성이 없었음

(구종석, 2004: 44-46)의 내용을 표로 재정리

이러한 중앙정부부처의 정책적 혼선은 중앙정부의 환경정책에 대한 불신과 더불어 전통적으로 주무부서인 환경부의 행정적 권한의 미약성으로 인한 지역 주민의 불신감을 증폭시키는 결과를 낳았다. 또한 부산·경남의 입장에서는 경제성장만을 중시하고 환경에 대해서는 별로 노력을 기울이지 않는 정부에 대한 불신감이 팽배하였다고 볼 수 있다.

위천공단과 관련된 중앙정부 방침의 변화를 <표 3-25>로 요약하면 다음과 같다.

<표 3-25> 위천공단 관련 중앙정부 방침의 변화

기간	정책방침
'95. 6.~'95. 10.	위천공단지정 불허방침
'95. 10.~'96. 02.	환경영향 평가 후 공단지정
'96. 03.~'96. 04.	4·11 총선을 의식하여 공단지정 발표 지연
'96. 05.~'96. 06.	규모 축소 후 지정
'96. 07.~'96. 12.	선 수질개선 후 공단지정 방침
'96. 12.	수질개선작업과 병행하여 동시에 공단지정

기간	정책방침
'97. 01.~'97. 02.	'4대강 수질개선특별법'과 공단규모 축소 등 실무적 작업으로 지연
'97. 03.~'97. 05.	정치적 파동, 부산의 반대 등으로 규모축소 후에도 지정 지연
'97. 05.~'97. 11.	공단지정 결정책임 지방정부에 전가
'97. 11.	IMF 외환위기로 공단지정 관련 논의 감소

자료: 소영진(1999: 194), 최봉기 외(1999), 배미애(2001), 구종석(2004: 44)

위천공단 사례는 지역 간의 가치나 이익의 대립으로 인해 일어난 갈등사례이지만, 이 갈등을 심화시키는 데에는 정부의 역할이 컸다고 볼 수 있다. 정부는 위천공단의 지정과 관련하여 정책결정을 무수히 번복하였다. 정책결정의 변화과정을 살펴보면, 처음에는 위천공단의 지정을 불허하였다가, 환경영향평가 이후 다시 공단지정으로 변경한다(최봉기 외, 1999). 그러나 당시 4·11 총선을 의식하여 지연하고, 이후 규모를 축소하여 지정하려고 했다가, 수질개선 후 공단을 지정하는 것으로 다시 변경하고, 또 수질개선작업과 병행하여 동시에 공단을 지정하기로 한다(배미애, 2000). 이해관계가 확실한 두 지역 간의 대립에 있어서 정부의 정책결정으로 인해 울고웃는 지역주민들로서는 정부의 결정에 민감하게 반응할 수밖에 없는데 1995년부터 1997년까지 불과 2년 사이에 8번이나 결정을 번복하였다.[37]

따라서 정부에 대한 신뢰성은 매우 미흡했다고 볼 수 있다(박재욱, 2001: 29 - 31).

---

37) 상동, pp.46 - 47.

2) 보상 여부

① 정부는 위천공단 조성 보완대책과 낙동강 수질개선 비용 2조 9,633억 원을 확정하여 부산의 민심을 달래려 했다.

② 수자원 오염에 따른 환경보전에 대한 위기의식은 반드시 경제적 보상을 통한 합리적 해결방안으로 처리될 수 없다는 점에서 경제적 차원과는 구분되는 비환원적 차원이 존재하고 있다.

③ 상당한 경제적 보상책이 제시된다 하더라도 광역구역에 거주하는 대규모의 인구집단의 생명원인 수자원의 가치와 등가하기에는 어렵다.

④ 수자원 문제는 광범위한 지역 내에서 다수의 인구집단과 관련되어 있으므로 단기적이거나 일회적인 경제적 보상책이나 해결책으로는 갈등해소가 어렵다고 볼 수 있다.

2조 9,633억 원이라는 액수는 어마어마한 액수이긴 하지만, 위천공단지정에 대한 문제는 그 거대한 액수의 경제적인 보상만으로 해결될 수 있는 것이 아니다. 개발을 위해서 환경의 희생을 어느 정도 감수해야 될 수도 있겠지만, 그 희생이 인간의 생존을 위협하는 단계라면 이야기가 달라진다.

또한 위에서 언급한 것처럼 이번 문제는 3조 원에 달하는 거액의 경제적 보상이라 할지라도, 단기적이고 일회적인 보상이라면 정부가 부산 측에 주는 경제적 유인효과는 매우 낮다고 할 수 있다.

게다가 위천공단지정을 허가했을 때 부산에 이러한 경제적 보상을 해 준다는 이야기뿐, 공단지정을 허가하지 않았을 때 대구에 주게 되는 경제적 보상은 언급하고 있지 않고 있다는 점에서 보상 여부·경제적 유인효과에 대해서 매우 낮다고 볼 수 있다(구종석, 2004: 30).

3) 이익갈등과 가치갈등

(1) 이익갈등

대구의 입장을 살펴보면 다음과 같다. 첫째, 대구는 지역의 경공업 중심인 산업구조 개선과 고용증대 및 경기활성화를 도모하려 했다(박창기, 1999; 최봉기 외, 1999; 배미애, 2000).

둘째, 도시인구 밀집 지역에 산재한 소규모 공해공장들을 이전하여 집단화시킴으로써 도시환경을 개선하고 환경관리체계를 보다 효율적으로 운영하고자 했다.

셋째, 공단이주 지역을 주택단지로 개발·분양함으로써 주택보급에 필요한 용지를 확보하고, 대구시의 재정 확충에 기여하고자 했다(최봉기 외, 1999).

넷째, 이처럼 대구시가 주장하는 대안은 기본적으로 낙후된 지역의 경제를 위천공단 조성을 통해 극복하겠다는 경제개발 논리에 근거해 있었다. 이러한 경제논리는 국가산업화 과정에서 중심적 역할을 했음에도 경제환경 변화에 따라 침체된 경제 속에서 어려움을 겪고 있던 대구시민들의 입장에서는 설득력이 있다(구종석, 2004: 37 - 40).

부산의 입장을 살펴보면 다음과 같다. 식수원 확보: 하루 250만 톤의 낙동강 물을 식수로 쓰고있는 지역특성상 위천공단조성은 주민들의 생존을 위협하는 것이므로 양보할 수 없다는 입장으로 환경보전의 논리를 지속적으로 강조하였고(박창기, 1999; 최봉기, 1999; 배미애, 2000), 이와 함께 경제적 측면에서도 대구·경북 지역에 대규모 공단이 조성될 경우 같은 영남 지역 내에 있는 부산시와 경남 지역에 들어올 기업체의 수가 그만큼 줄어들 수 있다(배미애, 2000). 따라서 부산의 상공인들도 환경을 빌미로 삼아 대구 지역에의 국가공단 입지를 반대하는 데 쉽게 동참하게 된 것이다(구종석, 2004: 28, 37 - 40).

(2) 가치갈등

낙동강 오염에 대한 대구와 부산의 입장을 살펴보면 다음과 같다. 대구는 3단계의 고도처리를 거쳐 오염도를 최소화하겠다고 주장한다. 공단폐수의 BOD를 10ppm 이하로 정화하여, 고령교 지점을 기준으로 낙동강 수질을 BOD 7.3ppm(95년 평균치)에서 2.3ppm으로 개선, 2급 수질을 회복할 수 있다는 주장을 펼쳤다(김종달, 1996; 박창기, 1999; 최봉기 외, 1999).

그러나 부산은 완전차단은 불가능하며 오염방지시설비와 정화처리비용 등으로 인한 막대한 재원을 감당하는 것이 불가능하다고 주장한다. 공단폐수를 3차까지 고도정수처리 하고 방류수를 BOD 10ppm 이하로 낮춘다는 대구시의 계획은 실효성이 없으며, 특정 유해물질의 처리를 무시한 것이라고 주장한다(김종달, 1996; 박창기, 1999; 구종석, 2004: 37 - 40; 최봉기 외, 1999).

이 갈등사례에는 대구와 부산, 즉 지역과 지역 간의 이익갈등과 가치갈등이 확연하게 나타나고 있다. 먼저 대구의 경제위기 극복과 부산의 식수원 확보 문제이다. 만약 대구가 부산이라면, 부산이 대구라면 그들 역시 그러한 주장들을 했을 것이다. 그리고 이러한 이익갈등은 각 도시 주민의 생존과 관련되어 있다는 점에서 서로 양보하는 것을 쉽지 않게 한다(박창기, 1999; 최봉기, 1999; 배미애, 2000).

공단을 조성하게 됐을 때 대구가 얻게 되는 이익은 위에서 언급한 것처럼 여러 가지가 있는 반면, 공단을 조성하지 못하게 됐을 때 부산이 얻게 되는 것은 식수원 확보라는 근본적인 문제 하나뿐이다(박창기, 1999; 최봉기, 1999; 배미애, 2000). 그러다 보니 가장 쟁점이 되는 낙동강 오염에 있어서 대구시에서 어느 정도 맞춰 주며 합의점을 찾으려 했지만 부산시를 설득할 수 있을 만큼의 대안은 아니었다.

<표 3-26> 대구와 부산의 대립 구도

대구		부산
주력산업인 섬유업의 사양화와 불경기에의 취약성 → 전국 최악의 불황지역화 → 첨단산업으로 업종전환 시급 ⇒ 위천공단 = 경제적 생존권	⇔	낙동강이 유일한 취수원 → 수량빈곤, 몇년 간 계속된 가뭄 등으로 인한 수질 악화 → 먹는 문제가 심각해짐 ⇒ 위천공단 = 환경적 생존권

자료: 김종달(1996), 박창기(1999), 소영진(1999: 199), 최봉기 외(1999)

또한 대구와 부산은 갈등과정에서도 다른 태도를 보인다. 대구가 시장이 중심이 되어 공식적인 방법을 통해 갈등을 해결하려 했다면 부산은 시장보다 시민단체들을 중심으로 비공식적인 방법까지 동원하여 갈등을 해결하려 했다는 점에서 다르다. 따라서 위천공단 사례에서 나타나는 이익갈등과 가치갈등은 비교적 높다고 평가할 수 있다.

이상의 연구결과를 토대로 작성한 이해관계자의 가치관과 태도를 살펴보면 <표 3-27>과 같다.

<표 3-27> 이해관계자의 가치관과 태도

독립변수	하위변수	평가기준	내용
이해관계자의 가치관과 태도	정부에 대한 신뢰성	인지적 요소, 정서적 요소(정부 신뢰성 확보)	낙동강 변에 공단을 조성하려는 대구시와 상수원 보호를 위한 부산시 갈등, 정부 간 갈등으로 정서적, 인지적인 신뢰성 낮음
	보상 여부	경제적 유인 효과	약함(생명원인 수자원의 가치와 등가하기에는 무리)
	이익갈등과 가치갈등	이익갈등(득실)	경제적 생존권과 환경적 생존권의 대립으로 이익갈등의 형태 보임
		가치갈등(환경)	가치갈등의 형태 나타남(낙동강 수질오염문제)

지방정부의 영향력 강화에 따른 중앙정부의 영향력의 상대적 약화 그리고 그로 인해 나타나는 중앙정부에 대한 불신, 공단 조성에 대한 정책결정 결과로 양보하게 될 지역에 대한 충분한 보상이 제시되지 않고 있다는 점, 그래서 양 지역이 각 지역의 이익만 고집하여 첨예한 이해대립이 이루어지는 상황에서 중앙정부부처는 서로 책임을 전가하고만 있다.

중앙정부는 위천공단문제와 같이 지방정부 간 갈등에 있어서 당사자 간 합의가 불가능하거나 진척이 어려울 때 중재자 역할을 수행해야 할 필요가 있었지만, 이제까지의 위천공단문제를 둘러싼 진행과정을 살펴볼 때, 중앙정부와 정치권은 합리적 해결방안을 제시했다기보다는 정치적 이해득실에 따른 정치적 처리방안에 치중해왔다고 할 수 있다(이종열 · 권해수, 1998: 178; 김인철 · 최진식, 1999: 106). 특히 96년 4 · 11 총선을 전후해서 당시 여당인 신한국당은 '공단 조성'과 '선 수질개선'이라는 양립할 수 없는 공약만을 양 지역에 제시함으로써 지역 간 갈등을 조정 및 중재했다기보다는 오히려 증폭시킨 결과만을 초래했다고 할 수 있다(박재욱, 2001: 26; 구종석, 2004).[38]

4. 관리조정기구의 책임성

1) 리더십

양 지역은 이미 김영삼 정부 때부터 대구 지역의 중점산업이었던 섬유산업이 산업구조조정의 물결 속에서 사양산업이 되면서 고용불안과 경기침체를 해결해주는 보상이 제대로 마련되지 않아 소위 PK(부산 · 경남)와 TK(대구 · 경북) 간의 지역이기주의를 형성시켰다고 한다. 또한 부산지역의 정치적 상황도 변하게 되는데 부산은 김영삼 정부의 집권초기에 대통령을 배출시킨 지역으로서 그에 걸맞은 보상을 지역 주민들이 기대하였으나 기대보상이 미미하게 이루어졌다. 이와 같은 상황에서 위천공단의 조성계획은 부산시민들이 집단적으로 항의하게 만드는 또 다른 계기가 되었고 대구 지역의 정치인들은 자신의 정치적 입지를 굳히기 위해 이러한 지역주의의 정서를 이용하게 된다. 원래 애초부터 중앙정부는 조정의 역할을 수행하기는커녕 이러한 지역 대립 하에서 정치적 손익을

---

38) 위천공단의 문제를 정책갈등으로 정의하고, 이의 원인, 전개과정, 해소방안으로 분석 틀을 구성하면서 설명하고 있다. 이 연구는 갈등의 전개과정을 파악하고 갈등을 심화시키고 있는 원인으로서의 쟁점내용을 분석하며, 갈등주체들의 갈등대응형태를 검토하였다. 여기서 갈등의 전개과정과 원인 등은 문헌자료 선행 연구를 통하여 분석하였고, 주체별 갈등대응 형태는 설문조사를 통하여 위천공단 갈등사례를 분석하고 있다.

계산하며 정책적 혼선을 거듭하였으며, 이것이 위천공단조성 문제를 더욱 정치적 역학관계 속으로 빠져들게 만들었던 것이다(정현민, 1999: 152 - 153).

또한 대구시에 의해 위천공단 건설과 관련하여 96년 1월 9일 '위천국가산업단지 조성을 위한 중간보고회'를 가지고 부산 · 경남의 요구를 어느 정도 수용한 수정안을 밝혔다. 그러나 이러한 대구시의 노력에도 불구하고 부산 · 경남의 반발은 공단 조성사업의 추진 정도에 비례해 더욱 높아졌다. 갈등이 심화되는 양상을 보이자 이수성 국무총리는 "부산 · 경남 지역 주민들이 마음으로 승복하지 못한 상태에서 일방적으로 공단을 추진하는 일을 없을 것"이라고 밝혔다. 중앙정부로서의 리더십의 발휘에 한계가 보이는 부분이라고 말할 수 있겠다. 대구시는 4 · 11 총선 이전에 공단 조성에 유리한 여건을 조성하기 위해 96년 3월 1일 위천공단조성사업을 추진하기 위한 국가공단지정요청서를 다시 건교부에 제출하였다. 부산 · 경남 지역의 강한 반발과 항의로 인해 건교부는 수질영향평가단 구성작업에 나서는 등 위천공단 조성 심의절차를 진행하였다(김종달, 1996; 박창기, 1999; 최봉기 외, 1999; 구종석, 2004: 37 - 40). 그러나 양 지역에 첨예한 대립과 정치권의 개입으로 인해 결론 없이 환경부로 이관되었고, 환경부는 이를 이관받아 종합적인 검토 없이 자문위원의 의견을 첨부하여 다시 건교부에 통보하였다. 그러나 당시의 여당이었던 신한국당 이홍구 대표의 "위천공단의 필요성은 인정하나 낙동강 수질개선 종합대책을 추진한 후 위천공단지정을 검토한다."는 발표에 이어 김종필 자민련 총재의 대구 위천국가공단 찬성의사 발표와 이수성 국무총리의 "위천공단 면적 축소와 비공해업체 중심 공단 조성검토 발언"이 있었다. 각 분야의 입장이 혼란해짐에 따라 대구시는 더욱더 강력하게 위천공단 조기지정을 중앙정부에 강력히 촉구함으로써 갈등은 더욱 강화된다(최봉기·이시경, 1999: 208; 배미애, 2000).

요약을 하면, 대구시와 경북도민의 희망으로 제시된 국가공단지정이 중앙정부의 비협조로 인해 무기연기 되었다는 것이고, 두 분의 대통령(김영삼, 김대중 대통령)과 중앙정부의 최고책결정자들이 3년 이상의 시간을 낭비하고도 결과적으로 해결한 것이 하나 없는 성과제로의 상태가 되었다(최봉기 외, 1999). 따라서 이 사례는 리더십 부재로 인한 전형적인 국력 낭비의 표본이라고 볼 수 있다.

갈등 과정에서의 주도적 역할을 한 리더십의 형태를 살펴보면 다음과 같다.

대구에서는 시장이 추진세력의 핵심으로서 지역연합을 주도했다. 또한 부산에서도 시장이 제도권의 중심적 역할을 수행했으나 시민 총궐기 본부가 핵심이 되어 지역 연합세력을 주도함으로써 대구에 비해 보다 강력한 정치적 동원력 발휘할 수 있었다(박재욱, 2001: 19 - 21).

2) 전문성

합리적인 대안 제시 능력을 살펴보면, 통상산업부·재경경제원은 원칙적으로 대구시의 입장을 지지하지만, 건설교통부나 환경부와는 달리 자기들이 어떤 입장 표명을 반드시 취할 필요가 없으므로 개입을 자제하였다고 할 수 있다. 이들 부서는 원칙적이고 원론적인 입장만을 밝히면서 뜨거운 감자인 위천공단문제에 대해 어떠한 형식으로든지 관여하지 않으려고 했다. 건설교통부는 96년 3월에 대구시의 '위천공단 조성에 따른 수질보전대책'에 대한 반대여론이 격화되자 서울, 대구, 부산, 경남 등 전국 각 지역의 관계학자와 전문가 등 11명이 참여하는 수질평가단을 구성하여 두 차례에 걸쳐 전문가회의를 열고 검토의견서를 제출받았다(박창기, 1999). 이를 바탕으로 건설교통부는 내외의 반대여론을 의식하여 위천공단의 국가공단지정은 어렵다는 내용의 자체 심사결과를 발표하였다. 그러나 8월 22일에는 신한국당이 대구 위천국가공단 설립을 적극 추진하되 이에 따른 낙동강수질개선종합대책도 병행해 추진할 방침을 표방하자, 이에 동조하는 입장을 취하면서도 당정회의를 갖고 향후 5~6년간 5,000여억 원을 투입하는 낙동강 및 금호강 수질개선을 위한 종합대책을 위천공단 설립문제와 병행해 추진키로 방침을 정하기도 하였다(박재욱, 1999). 이와 같이 정부 및 여당이 각종 선거에서의 '표'를 의식한 정치적 계산으로 대구 위천공단 조성문제에 접근함으로써(박창기, 1999; 배미애, 2000), 부산·경남과 대구·경북주민 간의 갈등을 부채질하고 혼선을 빚게 한 사례는 96년에만 국한시키더라도 무려 5차례 이상이나 나타났다. 건설교통부는 위천공단의 국가공단지정에 대한 공식적인 결정권한은 가지고 있으나, 정책사안의 비중이 일개 부서에서 결정하기에 부담이 되어 정치권과 지역여론에 따라 결정권을 제대로 행사할 수 없었다. 환경부는 94년 1월 20일 '낙동강 수질 2급수 회복 후 공단 조성' 공식발표를 계기로 애당초 공단불가 입장에서 출발하였다. 따라서 위천공단문제에 대해 정부의 중앙부처 중 가장 최초이자 가장 확실한 입장을 보였던 부서가 환경부였던 것이다. 그러나 부처 및 정당의 입장에 따른 정책 혼란으로 인해 환경부 역시 부처입장이 애매하기는 마찬가지였다. 이에 따라 환경부는 96년 당시 위천공단의 설치가 낙동강 수질에 미칠 환경영향평가를 해야 할 주무부서임에도 정치권에 책임을 미루거나, 상위부서에 책임을 전가하고 있다는 비판을 듣기도 하였다. 국무총리실은 여러 행정부처가 관련된 사안에 대한 정책조정 역할을 담당하도록 되어 있다. 그러나 위천공단 문제는 행정적인 문제가 아니라 정치적인 문제(총선 및 차기 정권 창출과 밀접히 관련된 문제로 인식)로서 행정부처 간 이견조정 차원을 넘어섬에 따라 조정 역할을 할 수 없게 되고, 결과적으로 정치권에 문제해결의 책임이 전가되고 말았다(박재욱, 1999: 361 – 362). 위천공단문제에 대응하는 정부부처 입장에서 드러나는 가장 큰 특징은 낙동강 수질관리에 대한 정책적 혼선을 지적할 수 있다. 위천공단문제는 정책당국에 의해 정책의제가 이미 채택된 이후 정책결정 과정에서 갈등이 야기되었으며, 특히 최종적 정책결정권을 가진 건설교통부가 정치적 민감성을 의식하여 책임을 회피함에 따라 분쟁이 격화되는 양상을 보이게 되었다. 중앙정부의 '선 수질개선, 후 공단 조성' 정책방침은 정부부처의 정책혼선과 애매성으로 지방정부의 의혹과 주민들의 불신만 더욱 가중시켰다(배미애, 2000). 따라서 중앙정부는 위천공단문제와 같이 지방정부 간 갈등에 있어서 당사자 간 합의가 불가능하거나 진척이 어려울 때 중재자 역할을 수행해야 할 필요가 있었지만, 이제까지의 위천공단문제를 둘러싼 진행과정을 살펴볼 때 중앙정부는 합리적 해결방안을 제시했기보다는 정치적 이해득실에 따른 정치적 처리 방안에 치중해 왔다고 할 수 있다. 위천공단 조성문제가 표출화되기 시작한 시점은, 자치단체장의 선출을 통해 한국에서 지방화시대가 본격화됨에 따라 그동안 잠재되어 있던 지역 주민들의 욕구가 대폭 상승하였고, 전국적으로 의욕에 찬 지방정부의 계획들이 일시적으로 분출되어, 이들 계획이 타 지역의 이해관계와 배치됨으로써 곳곳에서 갈등이 야기되고 있었던 시대적 상황에서 정부 간 갈등의 조정 메커니즘의 필요성이 제기되고 있던 시점과 맞물려 있었다고 볼 수 있다. 지방자치의 일천한 경험과 역사로 인해 지역 간 이해관계를 자율적으로 조정·타협할 수 있는 제도적 틀이나 규범이 형성되지 못하였고, 과거와 마찬가지로 중앙정부가 이러한 문제에 대한 결정권한을 독점하고 있는 상태였으나, 중앙정부는 민선단체장에 대한 제어능력의 저하, 정부 간 갈등조정 역할의 약화 등으로 각 지역에서 일시적으로 분출하는 욕구와 갈등을 효과적으로 제어하거나 충족시켜 주기에는 역부족이었다. 즉 중앙정부의 정부 간 조정 역할은 과부하 상태였던 것이다. 또한 대구·경북 및 부산·경남 모두 정책결정자인 중앙정부에 대한 강력한 불신감을 가지고 있었기 때문에 중앙정부는 더욱더 정책의 선택폭이 좁아진 상황이었다. 중앙정부 입장에서는 대구·경북 및 부산·경남 간의 정치적 세력이 균형상태를 이루고 있기 때문에 정부는 어느 한쪽으로 정책선택을 할 경우 이에 따라 치러야 할 정치적 비용이 막대하였다고 볼 수 있다(박재욱, 1999: 365).

3) 정책의지

본 갈등상황을 개략적으로 분석해 보면 국가공단 조성으로 경제적 이익을 얻게 될 것으로 기대되는 대구·경북과 공단 조성으로 낙동강이 오염되면 식수원을 잃게 되어 피해를 볼 것이라는 부산·경남 간의 이해관계갈등이 주요 쟁점이 되어 있다(박창기, 1999; 최봉기, 1999; 배미애, 2000). 특히 갈등의 정도를 심화시키고 있는 요인으로는 정책당국에 의해 정책의제가 이미 채택된 이후 정책결정과정에서 갈등이 야기되었다는 점이다. 이전부터 위천공단은 각 정권과 관련되어 언급이 되었는데 김영삼 대통령의 약속(낙동강 수질개선과 위천공단 건설을 병행해서 추진)과 김대중 대통령의 공약(취임 후 6개월 내에 해결)도 결과적으로 지켜지지 않았다. 또한 중앙정부와 대구시의 수질개선대책에 대해 부산 지역은 대책의 실현가능성이 적기 때문에 믿을 수 없다고 언급하였고 양 지역 간에 낙동강 수질을 오염시키는 오염원에 대해서도 견해차이를 좁히지 못하고 있다. 대구시는 위천공단이 설혹 낙동강의 오염에 영향을 미치더라도 그 비율은 미미하고 낙동강의 주요 오염원인은 금호강이라고 주장하고 있고, 부산시는 이러한 대구시의 주장에 신뢰성이 없다고 반박하고 있다. 이러한 대립에 대해 중앙정부는 갈등완화를 위하여 양측이 주장하는 수질오염에 관한 과학적인 연구성과나 통계자료들이 설득력이 있는 것인지에 대한 판단조차도 서지 못하고 있는 실정이었다. 그래서 중앙정부는 공단을 조성할 것인지 그렇지 않을 것인지에 대한 분명한 결정도 없고, 일관된 방침도 제시하지 못했다. 해당 중앙부처의 경우, 공단 조성정책결정권을 거의 행사하지 못하고 전적으로 대통령, 국무총리의 눈치를 살피는가 하면 해당 부처의 장관 역시 무소신으로 일관하였다. 공단지정 전에 수질을 개선하겠다고 했으나 수질개선을 위한 특별대책도 없었고, 수질개선을 위해 특별법을 제정하겠다고 했으나 특별법 제정도 없었다.

사실 낙동강 수질문제와 관련하여 중앙정부는 상당한 노력을 기울였다. 앞서 언급했지만 국가공단지정에 있어서 필수절차인 환경영향평가를 하기에 앞서서 전문가 8인으로 구성된 수질영향평가단을 1996년 4월에 구성하여 위천공단이 낙동강 수질에 미칠 영향을 분석하고 평가하는 것은 진일보한 자세이며 환경부가 더욱 엄밀한 환경기준을 적용하겠다고 선언한 것도 진일보한 것임에는 틀림없다. 그러나 위천공단 조성과 관련되어서는 정치권의 이해관계 및 지역정서에 따라 일관성이 없는 모습을 보여 준 것도 사실이다. 그리고 그러한 일관성 없는 태도가 한 지역에서는 공단조성 허가의 희망을 부풀렸고, 다른 지역에서는 조성금지의 가능성과 기대를 부풀렸음은 회피하기 어려운 지적이다. 따라서 중앙정부는 물 공급을 더욱 확충하고, 지자체 간의 협조를 이끌어 내는 중재력을 발휘해야 하며, 슬로건에 그치는 것이 아니라 실질적으로 준수되는 '친환경적 성장, 지속 가능한 개발'을 천명해야 했다. 그리고 중·상류 지역의 개발 욕구를 고려하면서도 동시에 수계 전체의 이익을 꾀해 주는 대책 등을 강구해야 한다(김성수, 1996: 312).

4) 관리체제 운영

위천공단 갈등사례의 쟁점은 '선 수질개선, 후 공단지정이냐, 아니면 수질개선과 공단지정을 동시에 추구하느냐.'로 볼 수 있다. 중앙정부는 '선 수질개선, 후 공단 조성' 정책방침을 발표하여 정부부처의 정책혼선과 애매성으로 지방정부의 의혹과 주민들의 불신만 더욱 가중시키고 있었다(배미애, 2000). 이 점은 오히려 지방정부의 자치권을 무시한 중앙정부의 구태의연한 관치주의적·행정편의적 해결방식이라고 보고 비판적 분위기를 자아내고 있다(박재욱, 1999: 363).

식수원으로서 낙동강의 수질관리 개선책과 침체된 대구·경북지역의 경제를 활성화하려는 지역활성화 대책은 상호 갈등·대립적인 정책문제로서 정책결정상 딜레마에 직면하게 된다(박창기, 1999; 최봉기, 1999; 배미애, 2000). 중앙정부는 이러한 대립 갈등에 대하여 어느 지역의 이익가치가 더 중요한 것인지에 대하여 파악하지도 않으려 하였으며, 특히 최종적 정책결정권을 가진 건설교통부가 정치적 민감성을 의식하여 책임을 회피하였다.

이상의 연구결과를 토대로 작성한 관리조정기구의 책임성을 살펴보면 <표 3 - 28>과 같다.

〈표 3 - 28〉 관리조정기구의 책임성

독립변수	하위변수	평가기준	내용
관리조정기구의 책임성	리더십	외부로부터의 자율성	위천공단 건설과 관련하여 정부는 최종관리자로서의 역할을 제대로 수행하지 못함. 대구시와 부산시 지자체장들의 강한 리더십 발휘, 갈등해결에는 걸림돌
	전문성	합리적인 대안 제시 능력	초기에 환경부에 의해 정책진행이 추진되었지만 대구시, 부산시, 여론의 영향으로 인해 정부가 갖추어야 할 전문성을 가지지 못함. 대안 도출 못 하고 백지화
		효율적인 중재능력	중재자 효과 미미

독립변수	하위변수	평가기준	내용
관리조정기구의 책임성	정책의지	정책의지(일관·유동)	정부가 주관을 가지고 있지 못하고 정치세력에 영향을 받아 상황에 따른 유동적인 자세를 나타냄
	관리체제 운영	관리체제 운영으로 상황에 따른 신속한 대응 여부	공단 추진과 관련하여 상황의 변화에 따라 앞뒤가 맞지 않는 자세를 보였고, 결국에는 IMF 사태로 인해 위천공단 건설은 수면 아래로 가라앉게 됨(미흡함).

5. 갈등해결과정의 투명성

1) 참여도

위천공단의 갈등조정 과정에서 지역 주민과 시민단체 참여도는 모두 높다 할 수 있다. 참여도를 두 지역의 주민과 시민단체로 나누어 분류하여 제시한다. 우선 지역 주민의 참여는 시민들의 서명운동의 규모를 보면 파악을 할 수가 있을 것이다. '대구경제활성화시민운동본부' 회원 40명은 대구시청을 방문해 위천공단 조기지정을 위해 시민 5만여 명으로부터 받은 서명서를 문희갑 당시 대구시장에게 전달하였고(박창기, 1999; 배미애, 2000; 구종석, 2004: 38) 노총대구본부는 위천국가공단지정촉구를 위한 약 3만 8,000여 명의 서명부를 건교부장관에게 제출하였다. 부산 지역의 경우에도 위천공단 조성 반대서명에 참여한 시민 인원이 30만 명을 돌파한 것 등을 보면 시민들의 참여가 높았음을 유추할 수 있다(최봉기 외, 1999). 물론 이와 같은 서명운동의 시민들의 참여는 지방정부와 시민단체의 여론과 노력으로 이루어진 점이 높지만, 성명의 규모를 보면 위천공단에 따른 대구·경북 지역의 시민들과 부산·경남 지역의 주민들의 관심과 참여가 높음을 유추할 수 있다.

시민단체의 참여는 위천공단 조성의 문제를 대구·경북 지방정부와 부산·경남의 지방정부를 지지하는 큰 세력으로 뒷받침하게 된다. 대구 지역의 시민단체들은 위천공단조성 찬성의 입장에서 대구·경북 지방정부의 입장을 지지하고, 반대로 부산 지역의 시민단체들은 위천공단조성 반대의 입장에서 부산·경남 지방정부의 입장을 반대하는 양상으로 나뉜다(박창기, 1999; 배미애, 2000). 구체적인 양상은 <표 3 - 29>와 같다.

〈표 3 - 29〉 대구, 부산 · 경남 시민단체의 활동

일자	사건
대구 '95. 8. 1.	대구시 '국가공단지정 범시민촉구 결의대회' 개최 이후, 시·의회·지역 경제단체·환경단체들로 구성된 '위천국가공단추진범시민대책위원회' 결성
대구 '96. 6. 26.	대구 경실련 주최로 위천국가산업단지의 경제적·환경적 타당성에 관한 토론회 개최
대구 '96. 11. 26.	위천공단추진범시민대책위 대구시민 40만 명의 서명원부를 청와대에 전달
부산·경남 '96. 1. 18.	부산 환경운동연합을 중심으로 200여 명의 부산·경남시민이 대구시청 항의방문 및 낙동강 사망장례식을 거행하고 1백만 명 서명운동에 돌입
부산·경남 '96. 1. 19.	대구 위천공단조성반대비상대책위원회 결의문 채택, 부산 환경운동연합, 부산 경실련, 참여자치시민연대, 민주당, 진보정치연합 등 50개 사회정치 단체들의 헌법소원 제기
부산·경남 '96.12. 23.~24.	부산 시민단체대표 60여 명, 부산시청 중회의실 점거하고 무기한 농성
부산·경남 '98. 3. 17.	부산·경남 지방정부 및 시민단체 반대의사 표명
부산·경남 '98. 3. 18.	부산시 민간환경단체의 '민관합동저지투쟁' 공포
부산·경남 '98. 3. 25.	경남도·경남도의회·마산 환경운동연합 가세, 부산·울산·경남도공동협의체 구성

자료: 박창기(1999), 배미애(2000).

시민단체의 특성으로, 우선 대구시의 환경단체들이 위천공단의 조성에 찬성을 한다는 점이 특이하다고 할 수 있다. 환경단체의 특성인 환경보호의 관점을 유지하는 것이 아닌 지역의 발전에 기반을 둠으로써 환경단체의 환경보호라는 본래의 취지보다는 대구지역의 경제성장을 우선으로 하는 태도를 보이는 모순을 보인다.

또 다른 특징적인 부분은 "대구 · 경북 지역이 지방정부 주축의 지지운동을 주로 공식적 · 제도적 채널을 통해 전개한 데 반해, 부산[39] · 경남 지역은 지방정부는 물론 지역 내의 거의 모든 환경운동단체와 기타 시민단체들이 참여하여 공식적 · 제도적 채널은 물론 일반시민을 대상으로 한 비제도적 홍보 전략까지도 적극적으로 구사함으로써 자신들의 주장에 대한 지지기반 확산에 성공하였다고 볼 수 있다(구종석, 2004: 39)."

이를 통해서 상대적으로 부산 · 경남 지역의 위천공단 조성 반대의 움직임이 대구 지역의 위천공단 조성의 움직임보다 좀 더 효과적으로 전달된 것을 파악할 수 있다.

2) 홍보와 교육

대구시나 부산 · 경남의 지방정부 그리고 각 지역의 사회단체들은 위천공단에 따른 효과와 영향에 대해서 여러 번의 토론회, 홍보, 중간 보고회 등을 가졌다. 하지만 토론회와 홍보, 교육은 위천공단 조성에 있어서 객관적이고 대안 마련을 위한 것이라기보다는 자신들

---

39) 부산은 대부분의 시민단체를 총결집시켜 이를 강력한 반대투쟁의 거점으로 삼아 공식적인 방식 이외에도 가두시위나 시가지행진, 관련 기관 항의방문 등의 비공식적이고 비제도권적인 방식도 병행했다(박재욱, 2001: 19-21).

의 의사를 결집시켜 관철시키기 위한 자리에 더 가까웠다. 즉 토론회와 홍보, 교육으로 인해서 대구 지역과 부산·경남지역의 합리적인 대안을 마련하지 못하고 오히려 극으로 대립하는 양상을 보였다.

다만 1995년 9월 말 대구시[40)]에서 위천공단 조성을 설득시키고 알리기 위해서 부산 지역 설명회를 한 것은 긍정적으로 보아야 할 것이다. 또한 1996년 1월 9일 대구시가 부산·경남의 요구를 어느 정도 수용한 수정안을 가지고 '위천국가산업단지조성을 위한 중간보고회'를 가진 것도 긍정적인 부분이다.

하지만 본질적으로 이와 같은 공청회나 홍보 및 교육은 대안의 마련과 합의를 위해서 마련되어야 했으나 오히려 갈등을 증폭시켜 많은 사회적 비용을 초래하였다.

3) 정보공개

대구의 언론과 집행기관 쪽에서는 찬성을 이끌어내기 위해 정보를 공개하는 등 홍보활동을 강화했다(박창기, 1999: 57). 위 내용을 보면 정보공개만큼은 투명하게 이루어졌다고 본다. 중앙정부의 의견이나 당시 집권정당(신한국당)의 의견, 각 지방정부의 의견, 각 지역사회단체의 의견 등이 뒤늦게 공개되었거나 일부 공개 및 완전 은폐되었다고 볼 만한 근거가 전혀 없다.

또한 위천공단문제가 발생한 1990년대 중·후반에 국회의원, 지방자치단체장 선거 등이 있어서 오히려 위천공단의 문제는 선거 때에 중요한 정책으로 빈도 높게 등장하였지 정보가 은폐되거나

---

40) 대구에서는 공식 청원이나 장관의 면담, 공청회 등 공식적인 제도적 통로를 주로 활용했다(박재욱, 2001: 19−21).

뒤늦게 공개되었다고 보기는 무리가 있다.

정보공개가 투명하기는 했지만, 그 과정에 있어서 문제가 없지는 않았다. 위천공단 조성에 대해서 중앙정부(총리실, 건교부, 환경부)와 집권당(신한국당)의 입장변화의 과정은 정치적 이해관계에 의한 것이다. 이 입장의 변화는 각 지방정부(대구와 부산·경남)와 지역민들에게 혼선과 혼란, 갈등을 일으킨다. 이는 각 지방정부나 지역민들 사이의 갈등의 조정자로서 역할을 충실히 하지 못하고 오히려 갈등을 더욱더 깊게 만드는 문제를 야기한다.

하지만 특별히 정보를 감추거나, 뒤늦게 공개한 부분이 존재하지 않으므로 투명한 진행과정의 완전공개라 평가한다.

4) 여론

여론관리 및 언론활용이 높다고 볼 수 있다. '97년 1월 10일에 개최된 범시민항쟁대회에서는 약 2만 5,000명의 시민들이 자발적으로 참석하는 성과를 낳게 된다. 이러한 대중동원의 성공은 1차적으로 신한국당의 위천공단조성 수용방침에서 기인하였시만, 지역언론의 역할도 상당하였다. 이슈 형성기부터 시작하여 지역언론은 대대적인 보도를 함으로써 잠재된 불만을 폭발시키는 적극적 역할을 수행했다. 지방신문인 ○○일보의 경우, 1996년 1월 1일부터 1997년 4월 30일까지 위천공단 관련 기사는 740건에 달하였으며, 한결같이 일반 지역 주민들의 감정을 자극하는 제목을 달았다(정현민, 1998: 157). 이를 통해서 여론의 형성에 있어서 언론의 역할이 막대한 영향을 미쳤음을 알 수 있다. 이들 지역신문의 자신 지역에

우호적인 보도는 자신들 신문 판매부수를 상승시키는 효과를 얻었다. 또한 결과적으로 지역 주민들의 관심을 증대시키고 분노를 일으켰다는 점에서 막대한 영향을 주었다고 본다. 지역신문뿐만이 아니라 조선일보와 중앙일보 등의 신문들도 관심을 기울이고 위천공단 사건에 대해서 소개하였다.

이상의 연구결과를 토대로 작성한 갈등해결과정의 투명성을 살펴보면 <표 3 - 30>과 같다.

〈표 3 - 30〉 갈등해결과정의 투명성

독립변수	하위변수	평가기준	내용
갈등해결과정의 투명성	참여도	지역 주민 참여 정도	각 지역 주민들 참여 적극적
		시민단체 참여 정도	각 지방정부를 지지하는 큰 세력으로 뒷받침
	홍보와 교육	공청회 등을 통한 홍보 및 교육	홍보는 적극적 그러나 오히려 갈등 증폭
	정보공개	투명한 진행과정의 공개	전면 공개함
	여론	여론관리 및 언론활용	상수원 보호를 위한 부산시에 대해 긍정적 여론 확산

위천공단의 갈등해결과정의 투명성에 있어서 전체적으로 긍정적이라 할 수 있다. 지역 주민과 시민단체의 참여도는 높은 편이라고 볼 수 있다. 높은 참여도는 지자체선거 도입 이전에는 나타나지 않았던 특이한 점으로 이는 지역민들과 지역의 시민단체가 본격적으로 정치적인 영향력을 가진다는 점에서 긍정적인 효과로 볼 수 있다. 특히 시민단체의 영향력이 다방면에서 발휘되고 이들의 활동이 지역 주민의 참여를 이끈다는 점이 위천공단의 특징이다. 다만 위천공단의 사례에서 다양한 주체(지역 주민, 시민단체)들에 의한 정

치적 참여가 합리적 대화와 유연한 사고를 동반하지 못하고 자신들의 지역 이익에 치중하는 모습은 문제가 있다고 본다.

홍보와 교육에 있어서도 각 지방정부와 시민단체들이 중심이 되어 이루어졌으나, 그 활동이 자신들의 의견 집결과 표현에만 치중이 되어 있어 한계가 있었다. 구체적인 자료로 '관훈클럽토론회, 위천국가산업단지조성을 위한 중간 보고회, 부산 지역 설명회, 위천공단이 낙동강에 미치는 영향을 분석하기 위한 공동회의와 전문가 좌담회 등 수 차례, 대구 경실련주최의 위천국가산업단지의 경제적·환경적 타당성에 대한 열린 토론회 등'이 있다.

정보공개 평가기준에 관해선 우수하다 할 수 있다. 하지만 이는 정보공개가 늦게되거나 은폐되지 않아서 우수한 것이지 결코 진행과정이 원만해서 그런 것은 아니다. 진행과정에 있어서 중앙정부와 당시 집권당의 일관성 없고, 지속적이지 못한 부문이 눈에 띈다. 또한 조정 역할의 부재 역시도 안타까운 부분이다. 또한 당시 '96년 4월 11일 국회의원 선거가 존재하여 위천공단을 정치적으로 이용하려고 정보를 공개하려 한 정황이 있어 정보 투명성이 우수하다고 본다.

여론에 있어서 여론의 활용과 관리에 있어서 활발히 이루어졌다. 이는 위천공단의 문제를 여론화하여 지역민들의 관심을 증대시켰다는 점에서 높은 점수를 부여한 것이다. 하지만 여론이 합리적 대안의 부재와 합의·조정이 미흡하고 오히려 지역민들의 갈등을 증폭시켰다는 점은 아쉬운 부분이었다.

6. 소결론

위천공단조성계획은 장기적으로 진행되어 왔으며 갈등에 개입된 당사자들 또한 복합적으로 관여되어 있다. 또한 지방자치제의 실시로 인하여 지역 간의 환경적·경제적인 요인들을 중심으로 두 지역단체가 첨예하게 대립하는 성향을 띄고 있다.

대구·경북 지역은 초기에 위천공단을 지방공단으로 건설을 추진하고자 하였으나 행정구역 개편으로 위천시가 대구광역시로 업무이관 되자 위천시 일대를 국가공단으로 지정하고자 하는 과정에서 부산·경남 지역과의 피할 수 없는 대립구도를 형성하게 된 것이다.

결국 이 사례는 환경과 경제성장의 양립이 어려운 두 가지 문제를 놓고 각각의 입장에서 자신의 지역 입장을 끊임없이 고수하면서 결국 양측이 만족할 만한 결과를 낳지 못한 채로 백지화된 사례이다. 초기에 낙동강을 사이에 두고 시작된 갈등에서 점차 정치인들의 선거를 염두에 둔 선거공약으로 이용되면서 두 지역 간의 갈등이 깊어졌고 그에 따르는 갈등해결과정에서의 해결방법도 적절한 해결책을 고안하지 못했다. 또한 이러한 사례와 같이 복합적인 지역 간의 갈등은 당사자 간의 해결이 어려우므로 중앙정부의 개입이 요구되는데 이 사례에서는 중앙정부의 모호한 태도 및 정책의 불명확성 등으로 인하여 오히려 지역 간의 갈등을 더 증폭시키는 계기가 되었다. 때문에 이 사례는 장기간 대립하면서 시행하고자 하는 지역과 이를 반대하고자 하는 지역 간의 합의점을 찾지 못하고 마무리됨으로써 아직도 낙동강 부근에서는 제2의 위천공단으로 야기되는 매리공단조성 등, 물 분쟁 지역에서의 산업개발 추진의 공단 조성 문제가 끊임없이 제기되고 있는 실정이다.

이러한 사례들에 여러 가지 해결방안들이 제시되고 있지만 실제적으로 두 지역 사이에 합리적인 해결점을 찾아 공단 조성이 시행되는 데에는 많은 어려움이 뒤따르리라 본다. 갈등의 이해당사자들 사이에서 적절한 타협으로 해결하는 방법이 최선책이겠지만 현실적으로는 각자 자신들의 이익이나 가치문제가 개입되어 있기 때문에 서로 간에 물러설 수 없는 팽팽한 갈등구도를 형성하기 때문이다.

따라서 한 지역이 경제발전을 명목으로 공단을 조성한다면, 해당 공단이 입지한 지역은 어느 정도의 경제효과를 볼 수 있겠지만 그에 따르는 산업 폐기물의 위험성 또한 간과할 수 없는 중요한 사안이므로 공단지정에 있어서 무엇보다 신중하게 계획하고 현실적인 분석 및 대안들이 필요하리라 사료된다. 그리고 만약 산업폐기물로 인한 식수원이 오염될 시에 재빠른 대책방안과 지역 주민 보상의 문제도 미리 체계적으로 분석한 뒤 정부의 투명한 정보공개 및 적극적인 주민참여 태도가 무엇보다도 필요할 것이다.

이상의 연구결과를 토대로 작성한 위천공단 조성사례 평가결과는 <표 3 - 31>과 같다.

〈표 3-31〉 위천공단 조성사례 평가결과표

독립변수	하위변수	평가기준	평가척도	평가	평가결과
사업의 성격	사회적 인식	사회적 인식의 정도(필요성)	해당 사업의 필요성이 확산되어 있다.	강	O
			해당 사업의 필요성이 저변확대 중이다.	보통	
			해당 사업의 필요성이 확산되어 있지 않다.	약	
	사전협의	주민의사의 확인과 사회적 합의를 위한 사전노력	주민의사의 확인과 사회적 합의를 위해 노력했다.	강	
			갈등이 빚어지고 나서 사후에 합의를 했다.	약	O
	경제적 효과	경제적 효과의 정도	경제적 효과 높다.	강	O
			경제적 효과 낮다.	약	
이해관계자의 가치관과 태도	정부에 대한 신뢰성	인지적 요소, 정서적 요소, 정부신뢰성 확보	정부에 대한 신뢰성이 높다.	강	
			신뢰성이 보통이다.	보통	
			신뢰성이 미흡하다.	약	O
	보상 여부	경제적 유인효과	경제적 유인효과 높다.	강	
			낮다.	약	O
	이익갈등과 가치갈등	이익갈등의 정도	이익갈등 높다(극심).	강	O
			이익갈등 낮다(소극적).	보통	
			이익갈등 없다.	약	
		가치갈등의 정도	가치갈등 높다(극심).	강	O
			가치갈등 낮다(소극적).	보통	
			가치갈등 없다.	약	
관리조정기구의 책임성	리더십	리더십 발휘, 외부로부터의 자율성	추진력이 강하다.	강	
			추진력이 보였으나 미흡	보통	
			추진력이 낮다.	약	O
	전문성	합리적인 대안 제시 능력의 정도	대안 제시 능력 높다.	강	
			대안 제시 능력 있었으나 영향력 미미	보통	
			대안 제시 능력 낮다.	약	O
		효율적인 중재능력의 정도	효율적인 중재능력이 높다.	강	
			보통이다(중재능력 미흡).	보통	
			낮다(관망).	약	O
	정책의지	정책의지(일관·유동)	정책의지(일관) 높다.	강	
			정책의지 일관되나 방향은 유동적	보통	
			일관되지 못하고 유동적	약	O

독립변수	하위변수	평가기준	평가척도	평가	평가결과
관리조정기구의 책임성	관리체제 운영	관리체제 운영으로 상황에 따른 신속한 대응 여부의 정도	관리체제 운영으로 상황에 따른 신속한 대응 여부 높다.	강	
			보통이다(타이밍의 실기로 갈등조정 미흡).	보통	
			낮다(관리체제 운영해도 제구실을 못 함).	약	O
갈등해결과정의 투명성	참여도	지역 주민 참여 정도	참여 높다.	강	O
			참여 보통이다.	보통	
			참여 낮다.	약	
		시민단체 참여 정도	영향력이 강하다.	강	O
			보통이다.	보통	
			영향력 낮다.	약	
	홍보와 교육	공청회, 홍보 및 교육	공청회, 홍보 및 교육 있다.	강	O
			있었으나 미미	보통	
			없거나 형식적이었다.	약	
	정보 공개	투명한 진행과정의 공개 정도	투명한 진행과정의 완전공개	강	O
			일부 공개하다가 뒤늦게 공개	보통	
			내용 극히 일부 공개 및 완전 은폐	약	
	여론	여론관리 및 언론활용 정도	여론관리 및 언론활용 높다.	강	O
			보통이다(영향력 미흡).	보통	
			낮다(여론관리 및 언론활용 소극적).	약	

제8장 인천 동춘동 화물터미널 건립

1. 사례의 개요

1988년 당시 건교부는 연수구 동춘동 962 일대를 유통업무설비지역으로 결정하였다. 이 유통업무설비지역으로 결정된 것은 남동공단의 물류비 절약과 화물차에 대한 정부의 지원이 정책의 목적이었다. 주목할 점은 동춘동 962 일대를 유통업무설비지역으로 결정을 내릴 당시는 연수구에 아파트단지가 조성되기 이전이라는 것이다. 그 뒤에 1999년 연수구 동춘동 962 일대를 한국토지공사가 토지조성원가로 (주)서부트럭터미널에 토지를 넘기게 된다.

갈등의 시작은 2001년도부터 발생하게 된다. 2001년 7월 (주)서부트럭터미널이 화물터미널 조성을 하려 연수구청에 건축허가를 얻으려 하자 주민들이 반대를 하면서 시작된다. 연수구 동춘동 한양1차 · 대우 · 삼환아파트 주민 500여 명은 7월 19일 연수구청 앞 광장에서 항의집회를 갖고 즉각적인 건축 중단과 함께 이번 공사를 전면 백지화할 것을 요구한다. 반면에 시관계자는 소음 등의 공해문제는 일부 생길 수 있겠지만 집값하락 등의 주민들 주장은 현실성이 떨어져 받아들일 수 없으며, 적법한 절차에 따라 들어서는 시설인 만큼 앞으로 주민들 설득에 노력할 것이라고 하였다.

이렇게 화물터미널건립에 따른 주민과 시의 의견이 충돌하여 화물터미널 건립은 뚜렷한 해결이 되지 못한 채 넘어가게 된다. 이러한 와중에 (주)서부트럭터미널은 동춘동 962 일대의 토지의 일부를 대형할인점에 판매하여 이마트 연수점이 건축허가를 받고 들어서게 된다.

2003년 3월 (주)서부트럭터미널은 다시금 지하 2층, 지상 6층, 연면적 2만 1천 6백9.35㎡ 규모의 화물터미널 건축허가를 연수구에 신청하게 되면서 일대의 주민 300여 명이 28일 연수구청 앞 광장에서 항의시위를 갖고 강력 반발하고 나섰다. 연수구 한양1차 · 대우 · 삼환아파트 주민들로 구성된 '화물터미널반대대책위원회'가 개최한 이날 집회에서 주민들은 "2001년도 똑같은 상황을 반복시킨 인천시는 각성하라."고 주장했다(인천일보, 2003. 03. 28). 당시에도 지역 주민들의 의견은 화물터미널건립에 따른 분진 · 소음, 교통 혼잡에 따른 주거환경의 악화에 근거를 들어 화물터미널건립을 백지화할 것을 주장했다. 지역 주민의 반발이 거세지자 연수구청장, 연수구의원, 인천시의원, 연수구 국회의원들은 지역 주민들의 의견을 수렴하여 화물터미널건립 반대에 의견을 함께하게 된다. 지역언론들 역시 화물터미널건립에 문제점을 여론화하였다. 화물터미널 건립에 부정적 여론이 조성되자 연수구청이 화물터미널건립의 허가를 내주지 않자 (주)서부트럭터미널은 행정소송을 진행하게 된다. 2004년 10월 동춘동 화물터미널 신축허가 신청에 대해 연수구청이 주민의 반대 민원과 이에 동조하는 지방의회의 동조 결의 등을 이유로 건축허가 신청을 거부한 것은 위법하다는 법원의 판결(인천일보, 2004. 10. 22.)로 (주)

서부트럭터미널이 행정소송에서 승소하게 된다. 행정소송에 패한 연수구청 측은 2005년 건축허가를 내주었고, 인천시 도시건축공동위원회는 2007년 초 화물터미널의 지하화설치와 주민피해 최소화 및 편익시설 최대 설치 등을 내용으로 조건부 가결했다. 주민들은 2007년 9월, 6,400여 명이 서명한 '동춘동 화물터미널 설치 반대 청원[41]'을 인천시의회에 제출했고, 인천시의회는 이를 타당한 것으로 인정하고 채택하는 등 반발이 계속되고 있다. 인천시는 이에 따라 동춘동 화물터미널사업의 각종 인가 등은 추진부서를 현행대로 하고, 앞으로 발생되는 물류터미널사업은 항만공항물류과로 일원화하기로 했다. 또한 화물터미널사업의 적격성 등 지속적인 추진에 대해서는 인천시 물류기본계획 등과 연계해 종합적으로 검토한 뒤 2008년 상반기 중 착공 여부를 결정키로 하였으나(인천연합뉴스, 2008. 03. 18), 지난 6월 3일 안상수 인천시장이 시 주요 사업 추진상황 보고를 받는 자리에서 동춘동 화물터미널건립사업과 관련해 도시계획시설 결정을 철회할 수 있다고 밝혀 화물터미널건립이 새로운 국면을 맞이하게 됐다(연수신문, 2008. 06. 10).

---

41) 청원은 주민이 지방자치단체의 행정에 관한 희망사항이나 개선사항을 지방의회 의원의 소개를 받아 서면으로 그 해결을 요구하는 제도이다(지방자치법 제24조).

〈표 3-32〉 연수구 동춘동 화물터미널 사업진행 일지

일자	주요 내용
1988. 11. 8.	• 연수구 동춘동 962 일대 건설교통부(현 국토해양부) 유통업무설비 지역으로 결정
2001. 07.	• 연수구 아파트 밀집 지역에 화물터미널 허가를 내주려 하자 인근 아파트 주민들의 반발. 주민반대로 인해 화물터미널 건립 무산
2001. 11. 8.	• 대형할인점(이마트) 건축허가(연수구청)
2002. 11. 4.	• 도시계획시설 시행자지정 및 실시계획변경인가 고시(인천시) – 시행자 변경: 서부트럭터미널 → 서부트럭터미널, 신세계 – 사업내용: 부지조성사업, 대형점 사업, 화물터미널 사업
2003. 03.	• (주)서부트럭터미널은 연수 동춘동 962 일대 화물터미널 재추진 • 주민들의 반발로 인해 구청으로부터 허가를 못 얻음
2004. 10.	• (주)서부트럭터미널이 화물터미널 건립 허가를 안 내준 것에 대하여 연수구청을 상대로 행정소송을 걸어 승소 • 연수구청 화물터미널 건립을 허가를 내림
2005. 01. 21.	• 화물터미널 집배송센터 건축허가(연수구)
2005. 06.	• 인천시 연수구 동춘동 화물터미널 건설을 반대하는 인근 아파트 주민 300여 명이 7일 오전 연수구청 앞 광장에서 '동춘동 화물터미널 유치반대를 위한 주민궐기대회'를 함
2006. 05.	• 인천시가 주민반대로 화물터미널 건립이 어렵게 되자 새로운 안으로 '지하화 건설'을 추진 지하 3층(화물터미널), 지상 5층(대형쇼핑몰)
2006. 08.	• 지역 주민 대표들의 합의 • 일부 동대표들이 합의내용을 제대로 이해하지 못한 상태에 있었던 탓에 원천 무효란 주장
2006. 11. 01.	• 주민 7,428명이 화물터미널 설치 자체를 반대하는 의견이 접수되어, 화물터미널을 지하 설치 공람공고 내용에 대한 의견을 제시토록 요청(시→화물터미널반대대책위원회)
2006. 11. 08.	• 화물더미널 설치 자체를 빈대하는 의견 제출(화물터미널반내대책위원회→ 시)
2006. 12. 19.	• 시의회 의견 청취(원안과 의견을 같이하기로 함)
2007. 04. 23.	• 유통업무시설 지구단위계획 변경 고시 – 화물터미널 지하화 설치, 대규모점포 면적 변경, 건폐율(45%), 용적률(155%) 변경 등
2007. 09. 06.	• 동춘동 화물터미널 설치 반대를 위한 주민청원 市의회 접수(박종수 외 6,418 세대)
2007. 09. 14.	• 市 지방교통영향심의회(의결내용: 보류) – 진출·입동선, 주변가로 및 교차로 확보, 교통유발원단위 및 주차발생원단위 재산정
2008. 01.	• 화물터미널 조성사업이 그대로 강행
2008. 08.	• 유통업무설비(화물터미널)에 대한 지구단위변경업무를 처리하면서 관련 법규를 무시하고 멋대로 추진했다는 감사원 지적

자료: 동춘동 화물터미널 관련 정책건의(2007. 10. 17), 인천연합뉴스(08. 03. 18).

2. 사업의 성격

동춘동 화물터미널 예정 부지는 1988년에 건설교통부에서 계획한 인천시 도시계획 중에 포함된 부지이다. 화물터미널 건립 예정 부지 근처에는 대우·삼환 아파트 1,913세대, 한양 아파트 1,090세대, 우성 아파트 1차 1,158세대, 우성 아파트 2차 2,127세대 등 대형 아파트가 밀집해 있다. 그리고 남동구 구월동 농산물도매시장에서 남동공단과 연수구를 가로질러 송도신도시 인근 서해로 흐르는 승기천이 있으며, 뿐만 아니라 송도국제도시로 가는 유일한 진입로가 이 부지 옆으로 지나가고 있다. 화물터미널 건립 예정 부지가 아파트 밀집촌과 하천과 송도국제도시 진입로 사이에 끼어 있는 형세로 대규모 연수 주택단지와 남동산업단지와의 완충 녹지대 벨트에 위치해 있어서 이 지역의 부지 활용안에 대한 결정은 매우 민감하게 다루어져야 할 사안이었다.

하지만 건설교통부에서 1988년 도시계획을 수립하고 이후에 인천시가 주체적으로 도시계획을 이끌어 나갈 당시 지역주민들과의 사전협의가 전혀 이루어지지 않았고, 그 이후로도 계속해서 시와 주민들, 시공사 측의 의견이 대립하고 있어 문제 해결에 난항을 겪고 있다(건설교통전문위원, 2007).

(1) 사회적 인식

해당 사업의 필요성은 지속적으로 저변이 확대되고 있는 중이라고 볼 수 있다. 인천 연수구 동춘동 화물터미널을 건립할 경우, 화물터미널은 송도국제신도시와 인천항, 남동공단 등을 오갈 수 있는 위치에 세워진다. 이런 장점 때문에 화물터미널이 인천의 물류거점으로서의 역할을 톡톡히 할 것이라고 예상한다. 하지만 화물터미널의 경우 건설계획이 잡혀있는 인천국제공항 자유무역지역 내 대형복합화물터미널과 인천항의 대형화물터미널 등의 국제물류화물터미널의 위치 등을 따져 봤을 때[42] 연수구 동춘동에 화물터미널을 세우는 것은 위치상 적절치 못하다는 의견과 첨예하게 대립하고 있다.[43]

화물터미널이 인천 물류의 거점이자 주요 위치로 자리매김하는 것이 터미널 공사에 어느 정도 무게를 더해 줄 수 있겠지만, 굳이 아파트가 밀집해 있는 거주 지역에 화물터미널을 건설해야 한다는 시와 시공사의 주장을 뒷받침해줄만한 내용은 되지 못한다. 동춘동에 화물터미널이 들어서는 것을 소음과 재산상의 이유로 반대하는 주민들에 대해 시공사 측에서 한발 물러나 화물터미널의 지하화에 대한 대안을 제시했지만 주민들은 이조차 반대하고 공사의 무효화를 주장했다(경인일보, 2007. 02. 09). 시에서 주장하는 화물터미널 건립 이유가 주민들을 납득시키기는 어려울 것으로 보인다.

---

42) 인천 거주 39세 화물트럭을 운전하는 기사의 인터뷰를 소개하면 다음과 같다. "남동공단과 인천국제공항 화물터미널과의 위치를 생각해 보세요. 남동공단에서 동춘동까지는 5분 거리이고 통행료도 없습니다. 영종도는 2~3시간 걸립니다. 땅 하고 들어가면 30분 거리라고 하나 절차 받고, 뭐하고 이러면 아무리 적게 잡아도 두 시간입니다. 일하는 사람 입장에서는 영종도 인천국제공항 화물터미널은 필요가 없어요. 영종도 들어가는 데 통행요금이 편도요금만 만 오천 원에서 만 칠천 원입니다. 화물 종류와 차 종류에 따라 다르나 왕복요금이 3만원에서 5만원은 드는데 누가 갑니까? 트럭 운전사들은 약자라서 통행료나 기름 값을 자신의 돈으로 내는 경우도 많은데 더구나 누가 그 먼 데까지 가려고 합니까? 영종도는 그냥 섬입니다. 공장이 있는 것도 아니고 공단이 형성되어 있는 것도 아니지 않습니까? 다른 일도 없이 외진 섬에 화물 실으러 일부러 갔다가 다시 나와야 하는데 효율성이 너무 떨어집니다. 제3경인고속도로가 월곶으로 2012년까지 생긴다고 하니 지금의 장소는 화물터미널부지로 더욱 적합할 것으로 보입니다. 지역 주민들이 주장하는 의견은 너무 억지가 많은 것 같습니다. 자신들의 집값이 떨어질까봐 본인들의 주장을 정당화하는 것으로 보입니다. 화물터미널은 남동공단에서 가장 가까운 곳이어야 합니다."

43) 국가경쟁력 강화 · 지역 발전 위한 SOC(사회간접자본) 투자 효율화 - 대한민국 정책포털 (http://www.korea.kr/).

(2) 사전협의

갈등이 빚어지고 나서 사후에 합의를 시도하는 갈등사례라고 볼 수 있다. 동춘동 화물터미널 문제는 시와 주민과의 사전협의가 이루어지지 않은 상태에서 행정부의 물타기식 도시계획 때문에 벌어진 문제라고 볼 수 있다.

1998년 지금의 화물터미널이 지어질 부지가 유통업무설비시설로 지정됐으나 이 지역에 아파트 입주가 끝난 시점에서 지역 주민들이 화물터미널이 들어서는 것을 반대함으로 인해 공사가 계속 미뤄져 왔다. 결국 몇 년간 착공에 들어가지 못한 서부트럭터미널 측에서는 건립허가를 내주지 않는 시를 상대로 제기한 행정소송에서 승소했으며, 판결 후에 착공에 들어갔지만 착공 다음 달에 지역 주민들의 반발로 인해 공사를 중단할 수밖에 없었다. 이에 시공사 측은 주민설명회를 마련하여 지역 주민들의 의견을 수렴하여 화물터미널을 지하화하고 대신 지상에 상업시설을 확대하는 것으로 문제를 해결하려고 했지만 이마저도 주민들의 반대로 인해 무산되고 말았다(경기일보, 2008. 09. 03).

이 문제는 당초 시가 계획한 도시계획이 근시안적인 결정이었다고 할 수 있다. 이 때문에 한국토지공사로부터 부지를 매입해 공사 착수를 위해 건립허가만 기다리고 있던 서부트럭터미널 측과 화물터미널건립을 반대하는 지역 주민 두 당사자 모두 일관성 없는 시의 안일한 정책결정의 피해자인 셈이다.

처음부터 건교부 측에서 연수구에 유통업무시설을 마련하기로 계획을 세운 것에 대해 시와 협력하고 주민들과 협의하여 그 지역에 화물터미널이 들어서는 것에 대하여 주민의 의견을 먼저 수렴

한다거나, 당초 그 지역에 대규모 아파트 단지를 세우는 것에 대해 허가하지 않는 조치를 내렸다면 지금과 같은 문제를 일으키지는 않았을 것이다.

(3) 경제적 효과

인천시는 '유통업무설비 내 화물터미널조성대책 방안'에서 "내륙 수송의 원활한 집·배송을 위해 도시물류기본계획에 도심화물터미널을 권역별로 배치되도록 계획하고 장래 대단위 내륙물류운송체계 구축 등 종합적인 방안을 수립하여 인천도시물류체계가 원활한 기능이 발휘될 수 있도록 추진해 나감에 따라 동춘동 화물터미널의 조성이 불가피한 실정이다."고 밝히고 있다(제113회 인천광역시의회, 2003. 05. 21). 또한 인천에는 인천항, 남동·부평공단 등으로 인해 화물트럭의 통행이 잦은 만큼 이들 화물트럭을 위한 전용 터미널 건립이 시급하다는 점을 강조하고 있다.

동춘동 일대 화물터미널조성사업은 (주)서부화물터미널 소유의 총 8만 3,964㎡의 부지에 지하 3층, 지상 5층 규모의 터미널 및 유통단지가 들어서는 사업비 2,300억 원(민자사업)의 사업으로, 300대에 가까운 화물차를 세워 놓을 수 있는 주차장과 집·배송센터가 들어설 계획이었다. 화물터미널의 경우, 물류의 반출·보관·분류 등 종합적인 기능을 수행하는 만큼 계획된 화물터미널이 인천을 비롯한 주변지역 물류의 거점 역할을 하게 될 것이다.

시는 복합유통단지로서의 기능성 제고 및 도시철도 역세권 활성화를 도모하고 전시장 입지로 지역경제의 구심점 확보와 주민 이용의 편리성을 제고할 수 있다는 기대로 동 사업을 추진하였으나

화물터미널이 들어설 경우, 교통영향평가결과 인근 주요 사거리가
최저등급이 예상되는 등 교통체증은 불가피하다.

경기일보에 의하면, 삼성증권이 최근 서부트럭터미널 측이 인천
연수구 동춘동에 상업시설 등을 완공할 경우 오는 2010년의 영업
이익은 이전보다 60억 원 이상 늘어날 수 있다는 내용의 보고서를
발표하였다. 또 서부트럭터미널 측의 당기 순이익도 큰 폭으로 증가
할 것이라고 예측했다(경기일보, 2008. 09. 04).

또한 서부트럭터미널이 한국토지공사 측으로부터 부지를 매입했
을 때의 지가는 3.3㎡당 25만 원에 불과했으나 현재는 1,500만 원
이상 할 것이라는 게 주변 부동산 관계자들의 평가다(연수신문,
2008. 09. 03). 지금 시점에서 시가 부지를 다시 매입해 주민들이
요구하는 공공시설 등을 세우는 용도변경을 한다 해도 시의 입장
으로서는 막대한 손실을 입는 것이고 세금 낭비인 셈이다. 그럼에
도 불구하고 경제적 효과가 높다고 볼 수 있다.

이상의 연구결과를 토대로 작성한 사업의 성격을 살펴보면 <표
3 - 33>과 같다.

〈표 3 - 33〉 사업의 성격

독립변수	하위변수	평가기준	내용
사업의 성격	사회적 인식	사회적 인식 정도(필요성)	해당 사업의 필요성은 인식되나 아파트가 밀집해 있는 거주지에 화물터미널 건설은 반대
	사전협의	주민의사의 확인과 사회적 합의를 위한 사전노력	사회적 합의를 위한 노력 보이지 않음
	경제적 효과	경제적 효과 정도	경제적 효과 있는 것으로 나타남

3. 이해관계자의 가치관과 태도

동춘동 화물터미널 건립은 약 20년 정도 그 설치가 미루어져 오고 있다. 그 원인으로는 다른 여러 가지들이 있겠지만 이해관계자 간의 서로 상충되는 태도가 주요한 원인으로 꼽힌다.

1) 정부에 대한 신뢰성

정부의 입장은 주민들과의 연대를 통해서 동춘동 화물터미널을 건설하고 싶었지만 주민들의 계속되는 반대에 부딪혀 결국 그 뜻을 이룰 수 없는 입장이다.

2006년 11월 1일에 주민 7,428명이 화물터미널 설치 자체를 반대하는 의견이 접수되자 정부는 동춘동 화물터미널을 지하에 설치하자는 내용으로 주민들에게 의견을 제시하도록 화물터미널반대대책위원회에 요청했다. 하지만 2006년 11월 8일에 화물터미널반대대책위원회는 정부에 동춘동 화물터미널설치 자체를 반대하는 의견을 제출했고, 인천시는 2007년 4월 23일에 유통업무시설지구단위계획으로 변경하면서 화물터미널지하화 설치, 대규모 점포 면적 변경, 건폐율(45%), 용적률(155%)을 변경하는 등 주민들의 의견을 최대한 존중하면서 조화를 이루려는 노력의 모습을 보여 주었다. 하지만 2007년 9월 6일에 주민들은 동춘동 화물터미널설치 반대를 위한 주민청원을 시의회에 접수하였고, 결국에는 2007년 9월 14일 시지방교통영향심의회에서 보류로 의결 처리되었다. 그동안의 이러한 사건전개를 통해서 정부가 동춘동 화물터미널을 설치하려고 주민들과 의견을 조율하는 모습을 볼 수가 있었지만, 안타깝게도 끝까지 주민들이 반대함으로 인해서 동 사업은 보류처리 되었다.

계속적인 주민들의 반대에도 불구하고 정부가 정부입장에서 계속 동춘동 화물터미널의 건설을 주장했던 것은, 유통업무설비시설은 '도시계획시설의 결정·구조및설치기준에 관한 규칙' 제26조(유통업무시설) 제2항에 따라 가목 내지 다목 중 1개 이상의 시설을 복합하여 설치하도록 규정되어 있는 묶음(package)시설로, 불가피하게 화물터미널설치가 입안되었기 때문이다. 또 화물터미널을 설치하지 않을 경우, 사업시행자 측(서부트럭터미널, 신세계)에 특혜를 준다는 논란의 여지가 있기 때문에 정부는 계속 동춘동 화물터미널의 건설을 주장했던 것이다(연수신문, 2008. 09. 03).

정부는 이러한 특혜논란을 차단하기 위해서 주민제안제도를 활용해서 도시계획시설(유통업무설비)을 폐지하고 제1종 지구단위계획구역결정 및 지구단위계획 수립을 2007년 10월에 제안했다. 지구단위계획은 현황을 최대한으로 반영하여 계획의 연속성을 유지하는 것이다(E-마트 등 현 토지계획 현황 → 지구단위 계획으로 유지, 현행 화물터미널 계획부지 → '특별계획구역'으로 결정관리). 특별계획구역으로 관리하는 것은 시 차원에서 토지이용계획을 관리하는 것으로 특별계획구역은 별도의 토지이용계획 수립 후 도시계획결정 절차에 따라 토지이용계획을 공론화하면서 확정한다. 또한 토지이용계획확정 과정에서 설계공모 등의 창의적인 개발안을 작성하되 지역경제 활성화, 공익성 등을 감안하여 토지이용계획을 수립하여 토지이용을 공론화함으로써 특혜 논란을 차단할 수 있다.

시와 구청은 이러지도 저러지도 못하는 진퇴양란의 입장이다. 지역 주민들과 지방의회, 사회단체 등의 화물터미널건립 반대 여론과 감사원과 사업시행자의 화물터미널건립의 여론에서 정책결정에 어려워하고 있다.

인천시와 연수구청은 화물터미널을 건립해야 한다고 하는 기본 입장은 같지만 약간의 차이가 있다. 연수구청은 아무래도 지역 주민들의 의견을 수렴하여 대체 부지를 마련하여 옮기는 것에 좀 더 비중을 두는 입장을 취하고 있다. 또한 화물터미널의 건립이 인천시의 영향력하에 있어 자신들도 어쩔 수 없다는 입장을 취한다. 인천시는 화물터미널을 건립해야 한다고 주장한다. 우선 화물터미널의 건립이 건축법, 도시계획법 등 관계법령에 적합하기 때문이다. 다음으로 지역 주민의 반대로 인해서 다른 곳에 화물터미널이 지어진다면, 앞으로 혐오시설의 건립에 좋지 못한 선례를 남긴다고 하여 화물터미널을 건립해야 한다고 주장한다. 그리고 화물터미널이 건립될 지역이 유통업무시설 부지로 이 유통업무시설에 들어설 수 있는 도·소매센터, 주차장, 주유소, 창고 등이 있는데 이미 이마트와 주유소, 창고, 주차장 등이 들어섰기 때문에 용도변경이 불가능하여 화물터미널이 건립되어야 한다는 것이다. 만약 유통업무시설의 용도가 변경이 된다면 회사에 막대한 특혜를 주는 것에 대한 문제뿐만 아니라 기존에 들어서 있는 시설들도 애매하게 되는 문제가 발생하는 어려움이 있어 인천시는 화물터미널 건립을 강행하려 한다. 마지막으로 감사원의 지적사항이어서 화물터미널의 건설이 불가피하다고 한다(인천일보, 2003. 05. 20).

국회의원, 인천시의원, 연수구의원의 태도를 참고로 살펴보면, 국회의원과 시의원, 구의원들은 화물터미널 건립에 대해서 공식적으로 반대한다. 이는 국회의원과 구의원들은 민선에 의해서 선출되기 때문에 주민들의 의견을 수렴한 것으로 볼 수 있다.

연수구 국회의원인 황우여 의원은 "유통시설 내 화물터미널 이전은 지역이기주의가 아니며, 송도신도시 조성 등 장기적인 지역 환경변화를 예측할 때 지속적인 민원대상이 될 수 있다는 점에서 이전을 검토해야 한다."고 주장한다(경인일보, 2003. 05. 28). 또한 18대 국회의원 선거에서 황우여 의원은 동춘동 화물터미널 이전을 공약으로 들고 나왔다.

그 밖에 시의원과 구의원들도 황우여 의원과 유사한 의견을 내놓으며 인천시를 압박하고 있다.[44] 실례로 연수구의회는 2003년 5월 19일 '동춘동 화물터미널 건립반대를 위한 결의문'을 채택하였다.

2) 보상 여부

주민들이 계속 화물터미널 자체를 반대하자 정부 측은 한 단계 뒤로 물러서서 화물터미널의 지하화를 제시한다. 이와 함께 화물터미널을 지하화하는 데 추가적으로 더 비용이 들기 때문에 대규모 점포의 면적을 더 늘리겠다고 했지만 이 역시 주민들의 마음을 돌려놓기에는 큰 효과를 발휘하지 못했다는 점으로 봐서 정부의 경제적 유인효과가 낮다고 할 수 있다.

3) 이익갈등과 가치갈등

---

44) 구청장도 민선으로 선출되기에 연수구청장도 화물터미널을 다른 곳으로 이전해 줄 것을 인천시에 요구하였다. 하지만 2004년 행정소송에서 패소한 뒤에는 구체적인 입장을 표명하지 않고 인천시와의 협조관계에 놓여 있어 주민들의 반대를 무시하기도 들어주기도 어려운 입장에 처해 있다.

(1) 이익갈등

지역 주민들은 화물터미널 건립이 주변 집값의 하락을 초래하여 재산상의 피해를 염려하고 있다. 동춘동 인근 지역은 현재에도 극심한 교통체증이 있는 곳이며 여기에 대형화물차까지 가세한다면 남동로 일대는 주차장화될 것이라는 주장이다. 또한 교통혼잡 등 큰 피해가 우려된다. 주민들은 화물터미널 건립을 원천적으로 반대하는 입장을 유지하고 있고, 대체부지를 마련하여 화물터미널을 다른 곳으로 이동하는 것을 원칙으로 한다. 그렇기에 주민들의 반대 활동은 언론, 시와 구청, 지방의회, 지역구 국회의원 등을 대상으로 다방면으로 이루어지고 있다. 실례로 인천시와 연수구청을 상대로 주민들은 화물터미널의 건립을 반대하기 위해서 수 차례 항의방문 하였다.[45] 주민들의 반대활동의 또 다른 예로 지역신문에 독자투고란을 통하여 자신들의 의견을 피력한 것이다.[46] 독자투고란을 통해서 나타난 지역 주민들의 의견은 주거환경의 악화와 주변환경에 부정적 영향을 미치는 화물터미널의 건립을 반대하고, 법적 절차의 하자가 없다고 해서 화물터미널을 건립하는 것은 부당하다는 내용이다(경인일보, 2005. 06. 21).

주민들이 무조건 동춘동 화물터미널 설치를 반대하는 것은 아니다. 주민들은 도시계획시설의 변경결정은 시장이 입안하거나 '국토의계획및이용에관한법률' 제26조의 규정에 의하여 주민이 도시관리

---

45) 2001년 7월, 연수구청이 화물터미널 설립을 허가하려 하자 주민 500여 명이 연수구청을 방문하여 항의하였다. 또한 2003년 3월, 주민 300여 명이 연수구청 항의방문, 2005년 6월, 주민 300여 명이 연수구청 광장에서 집회를 하였다.

46) 독자투고는 인천일보 2003년 2월 5일 '화물터미널 신축 중지돼야', 인천일보 3월 17일 '연수구 화물터미널 허가 주거환경 우선 고려해야' 등을 참조할 수 있다.

계획(도시계획시설의 변경결정 또는 지구단위계획의 변경) 입안을 직접 제안할 수 있으므로 물류계획상 동춘동 화물터미널을 대체할 부지가 있다면 동 문제가 원만히 해결될 수 있을 것으로 기대하는 뜻을 동춘동 화물터미널 설치 반대 청원 보고서에서 밝히고 있다.

또한 주민들은 수동 지하철 1호선 통과 구간인 원인재 전철역 주변에 계획된 주차장부지와 동 화물터미널 부지, 동춘역 주차장 부지, 골프연습장 등이 승기천 녹지벨트를 따라 연속적으로 문제를 야기하고 있으므로 집행부에서는 책임의식을 가지고 도시관리에 임해야 하며 화물터미널 문제도 주민과 행정기관이 큰 안목에서 합리적인 방안을 논의하여 송도경제자유구역을 진입하는 주 통행로인 동 지역의 도시관리문제가 원만히 해소되기를 기대하고 있다 (경인일보, 2005. 06. 21).

회사((주), 서부화물터미널)는 자신들의 재산을 행사하는 데 제한을 하여 막대한 손해를 입고 있다고 주장한다. 하지만 화물터미널의 건립에 대하여 회사는 모호한 입장을 취하고 있다. 회사는 화물터미널을 건립하려고 하면서도 주민들이 반대를 하면 화물터미널의 건립을 서두르려 하지 않는 이중적인 모습을 드러낸다. 회사의 이러한 이중적인 태도는 지역 주민의 반대로 화물터미널의 부지가 용도변경이 되면 회사는 막대한 이득을 취하기 때문이다. 실제로 회사는 1999년 동춘동 962 일대 지역의 땅을 당시의 시세가가 아닌 토지조성의 원가로 땅을 샀다. 그렇기에 용지가 변경이 된다면 회사는 막대한 시세차익을 얻을 것이다.

회사의 입장을 정리하면 회사는 화물터미널을 건립하려 하면서도, 화물터미널 외의 다양한 부대시설의 건립과 용지변경 등의 다른 이윤 창출 대상에 더 많은 관심을 기울이는 모습을 보인다.

(2) 가치갈등

지역 주민들은 화물터미널의 건립으로 인해서 발생하는 소음, 매연, 교통체증으로 주거환경이 악화된다며 반대하고 있다. 화물경유차의 미세먼지배출로 공해를 오염시키고 인천 지역의 대기오염을 악화시키는 등의 문제들을 야기한다. 매연 배출로 인한 미세먼지는 암을 유발하고 인체 DNA를 손상시킨다는 환경부 보고가 있어 주민들에게 건강상에 피해를 주므로 동춘동 화물터미널 설치를 반대한다(경인일보, 2005. 06. 21).

이상의 연구결과를 토대로 작성한 이해관계자의 가치관과 태도를 살펴보면 <표 3 - 34>와 같다.

〈표 3 - 34〉 이해관계자의 가치관과 태도

독립변수	하위변수	평가기준	내용
이해관계자의 가치관과 태도	정부에 대한 신뢰성	인지적 요소, 정서적 요소(정부 신뢰성 확보)	이전을 위해서는 시의 물류기본계획을 변경해야 하는 까다로운 장벽이 있다고 인천시가 맞서게 되면서 정서적, 인지적인 신뢰성 낮음
	보상 여부	경제적 유인 효과	터미널의 지하화 외의 보상기제 제시하지 않음
	이익갈등과 가치갈등	이익갈등 정도	집값 하락 등 우려로 이익갈등의 형태 보임
		가치갈등 정도	가치갈등의 형태 나타남

4. 관리조정기구의 책임성

1) 리더십

동춘동 화물터미널의 대체부지로 인천광역시 경제자유구역 조성
계획 후 송도지구 내의 원활한 물류활동지원을 위해 민간자본 서
부터미널과 합의 화물터미널건설을 추진했으나, 사업시행자와 주민
들 간의 마찰로 난항, 사업이 원활히 추진되지 못했다. 외부로부터
자율성을 지킨 리더십은 발휘되지 못하였다.

2) 전문성

(1) 합리적인 대안 제시 능력

서부터미널과 지역주민 간의 논쟁이 계속되자 인천광역시 측은
대안을 급히 마련하여 1차적으로 서부터미널의 지하화를 내세웠으
나 주민반대로 무산, 2차 대안으로 새로운 대체부지로의 이전을 내
세웠으나 먼저 입주되어 있던 상업시설로 인해 용지변경 절차와
그로 인한 특혜논란 시비로 인해 이전 합의 마련에 어려움을 겪었다.

(2) 효율적인 중재능력

오랜 기간 동안 발생해 온 서부터미널과 주민단체 간의 논란을 신속히 해결하지 못했으며 대안 제시 능력에서도 미미한 영향력을 보여 원활한 합의를 이끌어 내지 못했다.

3) 정책의지

인천시 측은 화물터미널 건립 조성에 있어 미미하지만 건설의지를 확고히 유지하고 있었으나 끊임없는 논란으로 수정을 거듭, 2008년 시의회에서 안상수 시장은 전면 재검토를 지시, 사실상 동춘동 화물터미널 건설계획은 철회된 것으로 판단될 수 있다. 화물터미널 건설을 필요로 하는 부문에서의 정책의지는 일관성을 보였으나 구체적인 사업내용에서는 유동성을 많이 보였다.

4) 관리체제의 운영

2차 대안 마련 후 대체부지로의 이전을 추진하려 했으나 기존 상업시설의 동춘동 화물터미널건설예정지구 이용으로 인한 용지변경 작업의 번거로움과 절차상의 수순으로 인해 다소 과정이 매끄럽지 못하고 신속한 변경이 어려웠다.

이상의 연구결과를 토대로 작성한 관리조정기구의 책임성을 살펴보면 <표 3-35>와 같다.

〈표 3-35〉 관리조정기구의 책임성

독립변수	하위변수	평가기준	내용
관리조정기구의 책임성	리더십	외부로부터의 자율성	사태 관망
	전문성	합리적인 대안 제시 능력	'07년 10월 20일 시 임시회에서는 집행부쪽이 사업시행자의 포기 및 대체지 확보가 가능하다는 전제조건 하에 주민제안 수용 등의 형태로 도시계획상 용도변경이 가능할 수도 있다는 전향적인 입장
		효율적인 중재능력	중재자 부재
	정책의지	정책의지(일관·유동)	정책의지 일관
	관리체제 운영	관리체제 운영으로 상황에 따른 신속한 대응 여부	대화 창구 있으나 서로의 입장차이 큼

5. 갈등해결과정의 투명성

1) 참여도

(1) 지역 주민

주민들은 만약 화물터미널이 건립된다면 재산상의 피해와 교통체증 그리고 환경오염에 따른 주거환경이 악화될 것을 우려하고 있다(경인일보, 2005. 06. 21). 이러한 이유로 1988년 동춘동 화물터미널 건립이 결정된 후, 사업이 추진된 2001년부터 주민의 반발은 지금까지도 계속되고 있다. 인천시가 정책을 결정하는 데 있어서 주민의 참여는 가장 두드러지게 나타났다고 볼 수 있다. 이러한 주민의 참여는 먼저 지난 2001년 11월 1일 주민 7,428명이 화물터미널 설치 자체를 반대하는 의견을 시에 제출하고, 2007년 9월 6일 주민 6,418세대가 인천시에 동춘동 화물터미널 설치 반대 청원을 넣은 사건을 봐도 알 수 있다. 또한 2005년 사업시행자인 (주)서부트럭터미널과 행정소송까지 벌인 끝에 패소하였고 2005년부터 공사가 재개되었음에도, 이 공사는 2년여 동안의 주민들의 반대 끝에 결국에는 중단되게 되었다(경인일보, 2007. 02. 09). 그리고 지금 주민들의 끝없는 반대와 시위로 결국 시에서는 주민 쪽의 손을 들어주고 있는 상황이다(연합뉴스, 2008. 03. 18).[47] 자세한 경위는 다음과 같다.

먼저 공사지 관할인 연수구청이 주민 민원을 이유로 건축허가를 내주지 않자, (주)서부트럭터미널은 연수구를 상대로 소송을 낸 끝에, 결국에는 연수구청이 패소하여 2005년 10월 터미널 측에 건축허가를 내주게 된다(경인일보, 2007. 02. 09). 하지만 주민의 반대로 결국에는 2006년 인천시가 주민대표와 사업시행사 등이 참석한 가운데 이 사건에 대해, 주민요구를 받아들이는 쪽으로 현안 회의를 열게 된다(뉴시스, 2006. 07. 06). 또한 그 결과, 사업 내용의 많은 부분이 주민들의 뜻에 따라 바뀌게 되었다. 이 부분에서 중요한 사실은 끊임없는 주민의 민원 요청에 결국에는 시가 나서서 합의안을 이끌어 냈다는 점이다.

하지만 중간에 주민들을 대표하는 대책위의 간부가 바뀌면서, 주민들은 또다시 건립사업의 완전 백지화를 들고 나섰다. 이러한 입장의 변화는 2006년 9월 연수구청에서 열린 주민설명회에서 주민들의 저지로 설명회가 5분 만에 중단되는 등 다소 강경한 반응으로 나타나게 되었다. 이러한 주민의 입장 변화에 따라 인천시는 애써 합의안을 도출해 냈고, 이제 위의 변경안은 몇 가지 심의안만

---

47) 인천시 "동춘동 화물터미널 착공 상반기 결정" 기사에서 시 관계자는 착공이 결정될 경우, 공사 시행과정에서 반영할 수 있는 주민의견은 최대한 수렴하도록 노력하겠다고 말했다.

통과를 하면 그대로 시행 가능한 절차에 있다고 대응했다(뉴시스, 2006. 07. 06). 하지만 인천시는 그 뒤 계속된 주민들의 반발로 1년여 동안이나 결론을 맺지 못하고 표류하다가, 결국 2008년 3월이 되어서야 연수구 동춘동 화물터미널의 착공 여부를 올 상반기 중 결정할 계획이라고 밝히게 되었다(연합뉴스, 2008. 03. 18). 이러한 인천시의 입장의 변화만 보더라도 주민의 참여가 얼마나 이루어졌고, 또 그로 하여금 얼마만큼이나 정책이 바뀔 수 있었는지를 잘 알 수 있다.

(2) 시민단체(인천연대)

평화와 참여로 가는 인천연대 연수지부는 '화물터미널 행정심판 결과'에 대한 입장이란 내용의 성명을 통해 "과거의 도시계획을 현재에 적용시켜 25만 지역 주민이 살고 있는 아파트 주변에 화물터미널을 건설한다는 것은 있을 수 없는 일이며, 연수구 화물터미널이 들어설 경원로는 경제자유구역으로 선포된 송도신도시로 통하는 주요 도로이며 이 도로에 화물터미널을 설치한다는 것은 도시기반시설확충과도 배치된다"고 주장했다(인천일보, 2003. 12. 08).

2) 홍보와 교육

홍보 및 교육, 공청회에 관한 사항을 연구자료와 신문자료를 토대로 살펴봤을 때, 88년 건설교통부가 연수택지개발사업 내 유통업무설비 설치를 결정하고, 2002년 11월 4일 도시계획시설 시행자 지정 및 실시계획변경인가를 고시할 때까지, 정부가 정책을 결정하기 전에 먼저 주민들의 소리를 듣거나, 또는 정책결정 후, 정부정책에 대하여 주민들에게 적극적으로 홍보하거나 설득한 경우가 없었다(건설교통전문위원, 2007).

물론 2006년에 연수구청에서 주민설명회를 열고 주민들과 시행사 간의 합의점을 찾으려 하였지만(경인일보, 2007. 02. 09), 이는 애초부터 갈등고리를 제대로 파악하지 못했던 정부의 실책을 드러내는 것에 불과하였다. 이는 이후 2008년이 되어서야 인천시장이 20년 전에 계획된 도시계획시설을 재검토하도록 지시했다(경기일보, 2008. 09. 03)는 사실로부터 알 수 있다.

정부의 미흡한 대처능력과 시행사와의 갈등의 골이 깊어질대로 깊어진 상태에서 주민설명회를 열었기 때문에, 주민의 강경한 대응반응은 오히려 불 보듯 뻔한 상황이었고, 따라서 이 설명회가 오히려 형식적이었다는 것이다.

허가를 내준 인천시에서는 동춘동에 화물터미널이 건립됐을 경우에, 이 지역 주민이 입을 피해액과 차후 환경적인 피해 범위 등은 고려하지 않은 것 같다. 이 터미널이 설립되도록 허가를 받은 동춘동은 송도경제자유구역 진·출입로에 위치하고 있고, 근처에 이미 남동산업단지를 고려한 완충 녹지대 벨트가 입지해 있기 때문에 더 이상의 환경오염을 위한 완충지대의 역할은 기대할 수 없다(건설교통전문위원, 2007). 이 사실들로 비추어 봤을 때, 정부가 정책을 결정하는 과정에서 그 정책이 미치는 범위 안의 당사자들에 대한 정보가 부족했다는 것을 알 수 있다.

그리고 정부는 정책시행에 대한 결정을 내리고도 주민들이 청원을 내는 등 반발이 심각하자, 그때서야 주민청원서에 대한 시의회를 열고 검토 보고서를 통해 주변 입지요인을 고려해 보는 등, 늦장 대응을 하였다는 사실이 명백히 드러난다(건설교통전문위원, 2007).

게다가 정부는 가장 최근까지도 민감한 사항인 만큼 서두르지 않고 합리적인 대안을 찾고 있다며 모호한 태도를 유지하고 있다 (경기일보, 2008. 09. 04). 이러한 태도는 관련된 당사자들에게 정책을 효과적으로 홍보하거나 그 정책을 이해시키기 위한 교육 등은 고사하고, 오히려 당사자들을 정보의 사각지대로 내몰며 제삼자로 객체화시키고 있다고 해도 과언이 아니다.

3) 정보공개

인천시는 동춘동 화물터미널사업에 대한 정보를 일부만 공개하다가 뒤늦게 공개하였다.

인천시는 주민에게 정보를 제공하고 해결의 실마리를 제공하는 등의 능동적인 역할을 맡고 있지 못했다. 정책 과정의 결론을 매듭져야 할 인천시 쪽에서 오히려 주민들의 반응에 수동적인 대응을 하고 있었다. 매번 신문기사 때마다, 인천시의 입장은 아직 정해진 것은 아무것도 없다며 긍정도 부정도 아닌 답변을 하고 있었으며, 그 과정 중에서 주민들에겐 알려지지 않았던 '국토의계획및이용에관한법률'과 도시계획시설의 결정구조및설치기준에관한규칙 등에 대해 관계법령을 위배하는 일이 발생했다(인천신문, 2008. 08. 10; 연수신문, 2008. 09. 03).

하지만 법 제도상 '주민청원서'라는 제도를 통해 정부와 주민 간의 정책적인 피드백 창구를 마련해 놓고 있는 상태이고, 그동안 정부의 입장이 불분명했다고 하더라도 시에서 대책회의를 여러 번

마련하는 등의 노력을 보여왔던 것은 사실이므로, 정부 측에서 내용을 완전히 은폐했다고는 볼 수 없다. 또한 정부는 감사원의 감사 결과와 끝없는 주민들의 반대에 결국에는 인천시 스스로가 20여 년 전에 계획했던 도시물류계획이 잘못되었다고 시인하게 됨으로써, 뒤늦게나마 정책에 대한 정보를 주민들에게 공개했다는 사실을 알 수 있다(경기일보, 2008. 09. 03).

4) 여론

동춘동 화물터미널 사업에 관한 여론관리 및 언론활용이 표면상으로는 적극적으로 보이지 않는다. 하지만 여러 자료를 살펴본 결과 이 사업의 갈등해결과정에 있어서 여론의 역할은 강력했고, 지역 주민들이 언론을 적극 활용하고 있다고 결론을 내릴 수 있다. 지역 주민들은 언론에 자신의 주장과 이야기를 적극적으로 홍보함으로써 주민들의 요구사항과 입장이 언론에 적나라하게 드러나고 있다고 볼 수 있다.

여기에서 '여론관리 및 언론활용'이란 분명히 이해당사자들이 주체가 되어 나타났을 것이고, 그 이해당사자들의 끊임없는 여론화로 인해, 지금 우리가 이 사건에 대해 정확한 정보를 얻고 있다고 볼 수 있기 때문이다. 중요한 것은 바로 이 동춘동 화물터미널 건립에 대한 사건이 계속해서 기사화되어 왔다는 점이다.[48] 이 사건에 대

---

48) 조사한 총 48개의 신문기사 중, 「인천신문」, 2008년 8월 10일자. 감사원 "동춘동 화물터미널 위법", 「연수신문」, 2008년 9월 3일자. "동춘동 화물터미널 건립 백지화 수순", 「경기일보」, 2008년 9월 3일자. "엉터리 물류 예측…… '뒤늦은 처방'", 「경기일보」, 2008년 9월 4일자. "부지 활용방안 신중하게 결정돼야"의 신문기사를 보면, 2008년 8월 10일부터 2008년 9월 4일까지 각기 다른 신문사에서 이 사업에 대해 꾸준히 기사화하고 있음을 발견

해 끊임없이 기사화되고 공론화가 된다는 그 사실 자체만으로도, 인천시나 시행사 측에서 입장을 결정하는 데 상당 부분 영향이 미쳤을 것이다. 이런 공론화된 기사로 하여금 그간 인천시의 태도 변화나 시행사의 태도는 조금씩 변화하여, 결국에는 주민의 목소리를 조금씩 들어주는 쪽으로 바뀌어 갔다는 사실이 바로 그 증거다.[49]

물론 관련 기사 중 대부분은 주민들의 입장을 대변하는 듯 쓴 것들이었다. 그 내용을 살펴보면, 공사가 더 진행되기 전에 대안을 모색해야 한다는 목소리가 높다. 그리고 일각에선 회사 측도 도시계획 결정이 변경되기를 은근히 바라고 있다는 얘기도 나오고 있다는 내용이 나와 있다.(경인일보, 2005. 06. 21).

또한 2008년 9월 3일자 연수신문의 기사에서 '향후 해당 부지용도 변경 시 이마트까지 특혜논란 불 보듯, 관련 업체들과 인천시모두에 양날의 칼'이라는 제목을 통해 주민들의 요구를 어느 정도반영하여 기사를 썼다는 사실을 알 수 있다.

한편으로는 2008년 9월 4일자 경기일보 기사가 (주)서부트럭터미널의 입장을 반영하였다. 이 기사에서는 삼성증권의 보고서를 통해서 그동안 건립 시행을 하지 못해서 손해를 얼마만큼 보았다는 내

할 수 있다.

49) 「경인일보」, 2005년 06월 21일자, "동춘동 화물터미널 착공 논란" 기사에서는 구청은 뚜렷한 대안이 없어 난감해하고 있다는 내용이 나온다. 그 뒤에 「인천, 뉴시스」, 2006년 7월 6일자, "인천 동춘동 화물터미널, 5년 표류 끝 사업 착공 전망" 기사에서는 인천시가 직접 나서서 화물터미널 관련 현안회의를 열었다는 사실을 알 수 있으며, 「인천, 연합뉴스」, 2008년 3월 18일자, 인천시 "동춘동 화물터미널 착공 상반기 결정" 기사에서 결국 시의회가 주민들이 지난해 제출한 '동춘동 화물터미널 설치 반대 청원'이 타당한 것으로 인정하고 채택했다는 내용이 나온다. 이를 통해 정부의 태도가 점차 변화했음을 알 수 있다. 또한 「경인일보」, 2005년 06월 21일자, "동춘동 화물터미널 착공 논란" 기사에서 공사를 강행하겠다던 서부트럭터미널이, 「연수신문」, 2008년 9월 3일자, "동춘동 화물터미널 건립 백지화 수순" 기사에서 사업을 백지화하는 방안까지 고려하겠다고 태도가 바뀌었음을 알 수 있다.

용과 함께 앞으로도 사건이 빨리 해결되지 않는다면 법적 싸움도 불사하겠다는 등, 시행사의 입장을 대변하는 기사를 내보냈다. 그러나 이 모든 신문기사들의 공통점이 있었는데, 그것은 바로 정책결정과정에서 지나치게 소극적인 인천시의 입장을 힐난하는 기사 내용이 들어가 있었다는 점이다. 특히 2008년도 8월 10일자 인천 신문, '감사원, 동춘동 화물터미널 위법'이란 기사와, 2008년도 9월 3일자 경기일보의 '엉터리 물류 예측, 뒤늦은 처방'이라는 기사는 그동안 시의 정책집행과정이 잘못되었음을 여실히 보여 주고 있다.[50)]

각 이해당사자들 중에서 어느 주체가 어떤 언론의 목소리를 빌렸든지 간에, 중요한 것은 모두 정책적인 과정에서 열쇠를 쥐고 있는 인천시에 압박을 가했다는 점이다. 그리고 그렇게 압박을 가한 결과 감사원이 인천시의 정책과정을 검토하고 인천시 스스로 그간의 정책과정이 잘못되었다는 것을 시인하게 되기까지 이끌어 내었다. 이 사실들로 미루어 볼 때 지역 주민의 언론활용도는 높았다고 볼 수 있다.

이상의 연구결과를 토대로 작성한 갈등해결과정의 투명성을 살펴보면 <표 3 - 36>과 같다.

---

50) 「인천신문」, 2008. 8. 10. 감사원 "동춘동 화물터미널 위법" 내부 협의 과정에서 타 부서로부터 도시계획시설기준에 맞지 않아 재검토가 필요하다는 4차례 부동의 의견을 받고도 이를 무시한 공무원을 징계해야 한다.
「경기일보」, 2008. 9. 3. "엉터리 물류 예측, '뒤늦은 처방'" 이와 같은 시의 주장은 20년 전 계획단계로부터 빗나간 도시물류계획을 무마시키려는 미봉책에 불과했다는 것이 최근 드러났다.

<表 3-36> 갈등해결과정의 투명성

독립변수	하위변수	평가기준	내용
갈등해결과정의 투명성	참여도	지역 주민 참여 정도	주민들은 화물터미널의 부지 이전을 강력히 주장하며 적극적 참여
		시민단체	참여 미미
	홍보와 교육	공청회 등을 통한 홍보 및 교육	미비함
	정보 공개	투명한 진행과정의 공개	정보공개 미흡하여 갈등 증폭됨
	여론	여론관리 및 언론활용	긍정적 여론 확산 못 함 언론 중 대다수는 주민의 목소리를 반영하여 보도

6. 소결론

사회적 인식 형성의 미비로 적절한 대안과 해결책을 찾기는 상당히 어려운 사례로 보인다. 사전협의 부문에서 아파트 입주민들 입주 전의 일이므로 어려운 상황이었다고 볼 수 있다. 리더십 항목에서도 공무원들의 능동적이지 못한 대처 태도를 지적하지 않을 수 없다.[51]

이 사업에 관한 긍정적인 여론 확산은 어려운 것으로 보인다. 오래도록 지속된 갈등사례임에도 불구하고 모르는 시민이 태반이며 이 사업에 대한 당위 여부도 해당주민들이 아니면 관심조차 가지지 않는 것이 현 상황이다. 연수구청 담당직원은 자신들이 직접적인 권한행사를 할 수 없는 상태이므로 지켜보는 상황이라고 말하고 시 관계자들은 주민과의 마찰을 되도록 피하기 위해 언급을 회

---

51) 인천시청과 연수구청 직원들과의 인터뷰를 통해 그들의 어려움을 짐작할 수 있었다. 계속적인 난항을 거듭하는 갈등사례에 대해 시 관계자는 어려움을 토로하며 이것이 인천시의 뜨거운 감자임을 시인하며 적절한 대안 모색을 위해 노력하고 있지만 계속해서 답보 상태인 것이 너무나 안타깝다고 말했다.

피하는 실정이다.

연수구 동춘동 화물터미널은 대안을 제시하기 어려운 사안이지만 합리적인 대안을 서로 협의해서 찾아내야 하는 어려운 난제이다. 동춘동 화물터미널은 인천이 팽창하면서 발생하는 전형적인 공공갈등이라 볼 수 있다. 인천이 팽창하기 이전의 남동공단을 위한 유통업무시설과 새롭게 팽창하면서 설립된 주거공간 사이에서 발생한 공공갈등이라 할 수 있다. 거시적인 입장에서 도시시설에 대한 장기적인 검토가 필요했다는 것이다.

동춘동 화물터미널 건립에 대해서 지역 주민들은 자신의 집값 하락과 주거환경의 악화를 들어서 반대하고, 회사는 행정소송에서도 승리했고 화물터미널이 건립을 희망하고 있다. 인천시의 경우는 지역 주민의 반대로 인해서 화물터미널 건립이 어렵지만 화물터미널 건립이 관계법령상 적법하기에 설치를 종용했었다.

동춘동 화물터미널 건립으로 인해 지역 주민의 경우는 화물터미널 건립에 대한 반대활동을 함으로써 시간과 물질의 손해를 보고 있으며, 회사의 경우도 화물터미널을 건립하지 못하고 공터로 해당 부지를 사용하지 못하면서도 토지세 등을 내는 등 손해를 입고 있다. 또한 인천시의 경우도 2001년부터 현재까지 많은 불필요한 행정력이 낭비되고 있다. 동춘동 화물터미널 사례가 조속히 해결되지 못하면 위와 같은 사회적 비용은 계속 낭비될 것이다.

이상의 연구결과를 토대로 작성한 인천 동춘동 화물터미널 사례의 평가결과는 <표 3-37>과 같다.

<표 3-37> 인천 동춘동 화물터미널 사례 평가결과표

독립변수	하위변수	평가기준	평가척도	평가	평가결과
사업의 성격	사회적 인식	사회적 인식의 정도 (필요성)	해당 사업의 필요성이 확산되어 있다.	강	
			해당 사업의 필요성이 저변확대 중이다.	보통	O
			해당 사업의 필요성이 확산되어 있지 않다.	약	
	사전협의	주민의사의 확인과 사회적 합의를 위한 사전노력	주민의사의 확인과 사회적 합의를 위해 노력했다.	강	
			갈등이 빚어지고 나서 사후에 합의를 했다.	약	O
	경제적 효과	경제적 효과의 정도	경제적 효과 높다.	강	O
			경제적 효과 낮다.	약	
이해관계자의 가치관과 태도	정부에 대한 신뢰성	인지적 요소, 정서적 요소, 정부신뢰성 확보	정부에 대한 신뢰성이 높다.	강	
			신뢰성이 보통이다.	보통	
			신뢰성이 미흡하다.	약	O
	보상 여부	경제적 유인 효과	경제적 유인효과 높다.	강	
			낮다.	약	O
	이익갈등과 가치갈등	이익갈등의 정도	이익갈등 높다(극심).	강	O
			이익갈등 낮다(소극적).	보통	
			이익갈등 없다.	약	
		가치갈등의 정도	가치갈등 높다(극심).	강	
			가치갈등 낮다(소극적).	보통	O
			가치갈등 없다.	약	
관리 조정 기구의 책임성	리더십	리더십 발휘, 외부로부터의 자율성	추진력이 강하다.	강	
			추진력이 보였으나 미흡	보통	O
			추진력이 낮다.	약	
	전문성	합리적인 대안 제시 능력의 정도	대안 제시 능력 높다.	강	
			대안 제시 능력 있었으나 영향력 미미	보통	O
			대안 제시 능력 낮다.	약	
		효율적인 중재능력의 정도	효율적인 중재능력이 높다.	강	
			보통이다(중재능력 미흡).	보통	
			낮다(관망).	약	O
	정책의지	정책의지(일관·유동)	정책의지(일관) 높다.	강	
			정책의지 일관되나 방향은 유동적	보통	O
			일관되지 못하고 유동적	약	
	관리체제 운영	관리체제 운영으로 상황에 따른 신속한 대응 여부의 정도	관리체제 운영으로 상황에 따른 신속한 대응 여부 높다.	강	
			보통이다(타이밍의 실기로 갈등조정 미흡).	보통	O
			낮다(관리체제 운영해도 제구실을 못 함).	약	

독립변수	하위변수	평가기준	평가척도	평가	평가결과
갈등 해결 과정의 투명성	참여도	지역 주민 참여 정도	참여 높다.	강	O
			참여 보통이다.	보통	
			참여 낮다.	약	
		시민단체 참여 정도	영향력이 강하다.	강	
			보통이다.	보통	O
			영향력 낮다.	약	
	홍보와 교육	공청회, 홍보 및 교육	공청회, 홍보 및 교육 있다.	강	
			있었으나 미미	보통	
			없거나 형식적이었다.	약	O
	정보 공개	투명한 진행과정의 공개 정도	투명한 진행과정의 완전공개	강	
			일부 공개하다가 뒤늦게 공개	보통	O
			내용 극히 일부 공개 및 완전 은폐	약	
	여론	여론관리 및 언론활용 정도	여론관리 및 언론활용 높다.	강	
			보통이다(영향력 미흡).	보통	
			낮다(여론관리 및 언론활용 소극적).	약	O

제4부

새로운 갈등관리디자인, 사례분석의 비교 및 평가

제3부에서 논의되었던 공공갈등사례의 개요에 따라 사업의 성격에서부터 이해관계자의 가치관과 태도, 관리조정기구의 책임성, 갈등해결과정의 투명성, 나아가 갈등조정의 성공·실패요인을 분석한 결과를 비교 평가하고 참여적 지역거버넌스 구성요인과 시사점을 논의하고자 한다.

제9장 사업의 성격

1. 사회적 인식

과천 기무사 이전의 경우, 협소한 부지와 시설의 노후화 등으로 사회적으로는 이전해야 한다는 데에 동의했으나 이전부지 위치와 규모로 갈등이 일다가 결국 서로 양보해서 합의점을 찾은 사례이다.

영월 동강댐의 경우는 초기에 환경보전에 대한 인식이 미미하였으나 언론보도 후 환경보호에 대한 사회적 인지도가 높아지기 시작하면서 영월 동강댐 건설에 대한 반대여론이 상대적으로 강해지기 시작했다. 결국 영월 동강댐 건설은 환경 NGO들에 대한 인지도 강화 및 환경에 대한 긍정적인 인식을 사회적으로 확산시켰으며 정부정책에 시민의 강한 의사가 반영되어 댐 건설을 재고하게 끔 하였다. 이후 정부 공공사업, 국책사업에서 주민들은 자신들의 필요에 의해 환경이라는 가치를 표면화하고 이익갈등이라는 비선호시설 입지에 자신들의 반대 목소리를 높이기 시작했다. 정부는 이 사례를 통하여 정부신뢰에 깊은 상처를 입게 되었다.

위천공단의 경우에는 공단의 필요성에 대한 지방정부의 이기주의에 대하여 각 시민단체와 언론은 강하게 비판하였다. 해당 사업의 필요성은 인정되나 낙동강 수질악화 우려로 경상남도와 부산시 지역 주민들에게는 자신들의 환경권을 침해하는 불필요한 사업으로 인식되어 강한 반발을 이끌어내어 실패한 사례로 남게 되었다.

인천 동춘동 화물터미널의 경우에는 건교부 산하에서 적법하게 진행되었으나 사회적인 인식 형성이 미미하여 지역 주민들은 전형적인 이익갈등을 환경갈등으로 전환하여 자신들의 목소리를 높인 사례이다.

2. 사전협의

영월 동강댐, 위천공단, 인천 동춘동 화물터미널 사업은 사회적 지지는 모두 얻었으나 사전협의의 평가기준에서는 모두 배제되었다. 사전협의는 공공갈등문제에 있어서 사업의 시행자인 정부가 풀어야 하는 과제이다. 정책 아젠다 형성에 있어 사전협의도출은 시간이 걸리고 비용이 들더라도 반드시 이루어야만 하는 갈등해결 요소로 갈등전문가들은 이야기하고 있다.

우리나라의 공공사업 갈등과 관련한 현행 법제도는 갈등사안별 적용이 아직까지 지극히 제한적이다. 다시 말해 중앙정부 차원의 포괄적인 갈등해결 법·제도·기구가 부재한 상태에서 이미 갈등이 발생한 후에 적용할 수 있는 사후적 처방도 별로 없다는 한계를 안고 있다. 그러므로 향후의 갈등 관련 법제화 모색에 있어서는 무엇보다 갈등이 사전에 예방 가능하다는 확신을 가지고 지속적이고 장기적인 안목에서 그 대안이 제시되어야 하는바, 외국처럼 법제도적 측면에서 접근할 필요성이 있다.

3. 경제적 효과

영월 동강댐의 갈등사례를 제외하고는 모두 경제적 효과가 있는
것으로 분석되었다. 과천 기무사 이전의 경우, 이해당사자 간의 협
상이 진행되기 전까지는 경제적 효과를 기대하기 어려웠으나 최종
적으로 기무사는 청와대와 중앙정부의 근거리에 이전할 수 있게
되어 국정원과의 업무협조 등 국방정보업무의 효율적 수행의 효과
를 얻게 되었고, 과천시도 협의가 진행되면서 각 이해관계의 실익
추구가 가능해짐(문채 · 김광구 · 박형서, 2006: 47)에 따라 ① 22만
7천 평에서 5만 5천 평으로 활용면적 축소 ② 각종 규제 완화 ③
나머지 17만 2천 평에 대한 매수권 확보 및 매입부지의 활용 ④
국방부와 건교부와 경기도의 지원 약속 등 다양한 경제적 효과를
추구할 수 있게 되었다(한국행정연구원, 2007). 위천공단 조성의 경
우에도 1조 2천 4백 19억 원의 예산을 투자해 전자, 정보통신, 자
동차, 생명유전공학 등 기술 및 지식집약형산업 유치 등으로 지역
경제 파급효과를 추정한 결과는 생산유발효과가 1,891,480백만 원
이고, 고용유발효과는 38,036명, 소득유발효과는 418,209백만 원으
로 나타났다.(이춘근, 1996) 인천 동춘동 화물터미널의 경우에는 3
만여 평의 규모로 300대에 가까운 화물차를 세워 놓을 수 있는 주
차장과 집배송센터가 들어서 인천을 비롯한 주변지역 물류의 거점
역할을 하게 될 것이다. 그러나 영월 동강댐의 경우, 건교부가

1997년 실시한 동 사업의 경제적 타당성에 대한 분석결과 편익 —
비용비(B/C)는 1.02로 분석되어 연간 6억 3천 4백만 원의 순 편익
을 가져다주는 것으로 계산되었지만, 환경비용을 고려한 타당성 평
가에서는 오히려 연간 111,241만 원의 순 편익을 감소시키는 것으
로 분석되었다(곽승준 · 유승훈, 2001).

사업의 성격(사회적 인식, 사전협의, 경제적 효과)이라는 독립변
수를 토대로 얻은 결론을 내리면 다음과 같다.

시설설치 등과 관련된 제도는 다양한 이해당사자의 의견을 수렴
하고 조정하며 그들의 참여를 독려하는 데 실효성이 낮고 한계점도
노정하고 있는 실정이다. 이는 관련 사업의 설명회 개최, 주민의견
의 수렴과 조정, 지역 주민의 참여 등을 하나의 절차적 과정으로 규
정한 제도의 산물일 뿐만 아니라 이를 형식적으로 다루는 계획주체
의 제도 운영실태를 반영한 결과이기도 하다. 또한 비선호시설에 대
한 해당 시설을 수용해야만 하는 지역 주민의 입장까지 고려할 수
있는 사전계획의 실질적인 합리성은 부족했던 것이 사실이다.

이해당사자들은 시설 자체에 대해 부정적이지 않은 가치관을 갖
고 있는 것으로 나타났다. 이런 점에서 시설과 관련된 갈등문제는
사회적으로 완전히 해결할 수 없는 불능의 문제가 아니다.

그러나 시설설치 등을 둘러싼 이해당사자 간 태도는 시설의 위
치와 규모, 관련 의견수렴, 상호 신뢰의 관점 등에서 상반된 모습
을 보였다. 우선 이해당사자들은 시설의 위치와 규모에 대해 상반
된 견해를 갖고 있었다. 또한 시설설치 등을 둘러싼 의견수렴 과정
에 대해 계획주체인 지방정부는 대체적으로 만족한 반면 계획대상
자인 지역 주민들은 불만족한 것으로 나타났다. 그리고 이해당사자

들은 시설설치 등과 관련하여 서로에 대한 신뢰에 부정적인 견해를 보였는데 이는 관련 계획의 추진과정, 주민의견의 수렴 과정과 수렴 정도 등에 복합적으로 영향받는 결과이다.

갈등해결의 대다수 사례는 갈등이 발생한 후 사후관리에 초점을 두고 있어 갈등이 발생한 후 조정보다는 갈등의 근원을 사전에 참여적 시각에서 해결하려는 사전 예방장치가 필요하다. 행정협의회나 분쟁조정위원회 등의 기관을 통하여 상호 의존적 대화의 장을 유도할 수 있는 사전협의 제도화가 필요하다. 갈등당사자, 지방의원, 시민사회대표 등이 참여하는 정책공동체가 마련되어 갈등이 조정될 수 있어야 한다. 갈등사례에서 보면 행정협의회가 있음에도 불구하고 이를 이용하려는 의지가 없을뿐더러 이 제도 자체를 불신하는 경향이 있었다.

〈표 4-1〉 갈등사례별 사업의 성격

독립변수	하위변수	평가기준	과천 기무사	영월 동강댐	위천공단	인천 동춘동 화물터미널
사업의 성격	사회적 인식	사회적 인식 정도 (필요성)	갈등 초기 대응은 미미했으나 갈등을 진화하기 위해 적극적인 사회적 지지를 얻기 위해 노력함. 해당 사업의 사회적 인식 확산을 위해 노력한 결과 긍정적인 여론 유도는 물론이거니와 해당 사업의 당위성에 대한 주민여론 확산에 큰 영향을 미치는 요소로 작용했다.	영월 동강댐의 환경보전에 대한 사회적 인식이 미미했으나 언론보도 후 환경보호에 대한 인지도가 높아지기 시작함. 반대여론이 강해져 필요성은 상대적으로 약해짐.	이해관계자의 입장 차이를 줄이지 못함. 위천공단에 대한 필요성에 대해서는 전반적으로 인지하는 분위기였으나 부산시민들의 환경에 대한 우려가 워낙 강했으며 환경단체들의 환경보전주장 또한 컸다. 지역 주민들의 이해관계가 첨예하게 부딪쳐서 간극을 줄이지 못하고 백지화됨.	건교부 산하에서 추진·진행되어 왔으나 사회적 인식 형성이 미미했고 지역 주민들은 자신들이 입주하고 있는 아파트 근처에는 이런 시설은 불필요하다는 주장. 필요성에 대한 지지기반 확충 못 함
	사전협의	주민 의사의 확인과 사회적 합의를 위한 사전노력	주민의사의 확인과 사회적 합의를 위한 사전노력은 4가지 사례 모두에서 배제되었다. 사전협의는 물론이거니와 사전협의조차 제대로 되지 않다가 여론에 해당 사업이 공개될 때마다 은폐의혹을 받는 부분이기도 하다. 비선호시설의 경우, 지역 주민들이 입지반대의 의견을 피력할 것을 예상해서 비공개로 하고 사업을 추진하고 정책집행 과정에서 공개했다. 위의 4가지 사례 모두 이 부분에 해당한다. 사전협의가 미흡했던 부분은 위 4가지 사례가 주는 시사점이며 과제이다.			
	경제적 효과	경제적 효과 정도	청와대와 중앙정부의 근거리에 이전할 수 있게 되어 국정원과의 업무협조 등 국방정보업무의 효율적 수행의 효과를 얻어 경제적 효과가 있는 것으로 조사됨.	편익-비용비 (B/C)는 1.02 연간 6억 3천 4백만 원의 순 편익을 가져다주는 것으로 계산되었지만, 환경비용을 고려한 타당성 평가에서는 오히려 연간 111,241만 원의 순 편익을 감소시켜 경제적 효과가 없는 것으로 연구.	지역경제 파급효과를 추정한 결과는 생산유발 효과가 1,891,480 백만 원이고, 고용유발 효과는 38,036명, 소득유발 효과는 418,209 백만 원으로 경제적 효과는 높은 것으로 나타남.	복합유통단지로서의 기능성 제고 및 도시철도 역세권 활성화를 도모하고 전시장 입지로 지역경제의 구심점 확보와 주민 이용의 편리성을 제고 기대 등 경제적 효과는 있는 것으로 나타남.

제10장 이해관계자의 가치관과 태도

1. 정부에 대한 신뢰성

영월 동강댐, 위천공단, 인천 동춘동 화물터미널 사례는 정부에 대한 신뢰성 확보에 실패함에 따라 중재안이 적용되기 어려웠다.

그러나 기무사이전부지 사례는 정부에 대한 신뢰성의 평가기준을 만족시켰다. 기무사이전사업은 갈등 초기에는 정부에 대한 신뢰성을 줄 수 있는 갈등관리기구체제의 일원화를 이루지 못하여 인지적인 신뢰성을 갖추지 못하였으나 갈등이 표면화된 후 정부의 관리기구 일원화로 주민들과 커뮤니케이션의 원활한 소통으로 이어져 정부에 대한 신뢰를 이끌어내었고 협상을 통한 정부국책사업의 성공모델로 자리매김하게 되었다.

사업주체에 대한 신뢰성 문제는 시설 입지에서부터 집행 및 관리에 이르기까지 지속적으로 영향을 미치는 요인이 된다. 특히 시설 입지에 대해 적극적이지 않고 관망하는 수준에서는 사업주체에 대한 신뢰문제가 주민반응의 흐름을 좌우하는 결정적인 계기로 작용한다. 즉 사업주체가 시설 입지 등 정책방향을 자주 번복하거나 사전에 언급하지 않았던 부정적 효과가 사업추진 후에 발생하거나 약속했던 보상 문제가 지연되는 등의 일이 발생할 경우, 이는 주민들로 하여금 강한 불신을 갖게 해 다른 사업의 추진마저 어렵게 만든다(연세대학교 도시문제연구소, 2003: 46 - 47).

2. 보상 여부

기무사를 제외한 세 가지 사례는 경제적 유인효과인 보상의 평가기준에서도 주민들은 만족하지 못했다. 그러나 과천 기무사의 경우 정부의 중재안을 수용하여 이전 터를 축소하고, 정부도 주민들의 중재안을 수용하여 기무사가 주민편의를 위한 친환경개발이라는 카드를 내놓으므로 인해 갈등해결에 성공하였다.

3. 이익갈등과 가치갈등

위천공단 조성사례로 볼 때, 비선호갈등이냐 아니면 유치(이해)갈등이냐에 따라 지방정부 간 갈등양상 및 성격, 참여자, 갈등정도는 다르게 표출되고 있다.

이익갈등은 네 가지 사례 모두 높았고 가치갈등의 경우에는 기무사 이전부지 사례와 인천 동춘동 화물터미널 사례는 심하지 않았으나 영월 동강댐, 위천공단 조성사례는 NGO들의 가치(환경)갈등 시위가 극심하였다.

위의 사례를 보면 NGO들의 영향력이 강하면 환경갈등 조정에 실패할 확률이 높다고 볼 수 있다. NGO들의 반대운동으로 영월 동강댐 건설은 백지화가 되었고 정부는 깊은 상처를 입게 되었다. 미흡한 준비로 인해 주민들에게 피해를 주었다는 오명을 입게 되었다.

이런 갈등조정의 실패는 자칫 정부에 대한 무능으로 이어지고 국민들은 정부에 대하여 신뢰감을 상실할 수 있다는 사실을 잊지 말아야 할 것이며 NGO들은 자신들의 단체나 자신들의 입지 강화를 위해 반대를 해서는 안 될 것이다.

이해관계자의 가치관과 태도라는 독립변수를 연구하며 얻은 결론은 다음과 같다.

첫째, 정부가 권위적 시각에서 소위 '밀어붙이기식'으로 문제를 해결하는 사례가 있으나 이는 지양해야 한다. 이런 방식은 일시적으로 효과가 있었지만, 얼마 가지 않아 갈등이 재차 발생하였다. 정부에 대한 신뢰성 강화를 위해서는 주민참여의 기회가 보장되어야 한다. 민주주의의 발전으로 시민의식이 높아짐에따라 참여의 욕구가 높아지면서 시민들의 정책전반에 대한 관심과 전문적 지식도 상당한 수준에 이르렀다. 이에 주민참여는 대부분 비선호시설인 공공사업에 대한 주민들의 불신을 불식시키고 수용가능성을 증진시켜 공공사업에 있어 성공과 실패를 결정짓는 가장 큰 요인으로 작용한다고 해도 과언이 아니다. 앞서 살펴본 몇 가지 사례를 통해서 볼 수 있듯이 사업과정에서 주민참여가 배제된 경우, 주민의 반발이 가장 컸으며 갈등의 해결요인으로 가장 크게 작용한 것 또한 주민참여 기회의 보장이었다.

둘째, 구체적이고 실질적인 보상안을 마련하고 적절한 유인을 제공해야 한다. 보상은 사업으로 인해 손해를 입는 당사자들에게 그들의 손실을 경감시키거나 제거함으로써 사업에 대한 반대요인을 감소시키고 궁극적으로 사업추진의 능률을 증대시키는 중요한 수단이 된다. 즉 사업으로 인한 비용과 편익의 불균형을 해소시키는 직접적인 정책수단인 것이다. 지역 주민들은 보상이 어떠한 과정을 거쳐 이루어졌는가에 관심을 두기보다는 실제로 보상이 자신들의 물질적·정신적 피해를 얼마나 보상해 주는가에 관심을 둔다. 앞서 살펴본 사례에서도 알 수 있듯이 사업 주체가 지역 주민들의 요구와 기대를 어느 정도 만족시킬 수 있는가에 따라 사업의 성패가 좌우된다고 할 수 있다.

반면 사업시행주체의 경우, 보상에 대한 과학적이고 객관적인 기준을 제시하는 것이 쉽지 않고 그러한 기준을 마련한다고 하더라도 많은 비용이 드는 경우 사업을 집행하는 데 재정적인 어려움을 가져올 수 있기 때문에 사업주체 측에서는 처음부터 구체적인 보상안에 대해 검토하고 적절한 수준에서 어떻게 주민의 합의를 이끌어 낼 수 있느냐가 관건이라 할 수 있다.

또 다른 방법으로 적절한 유인을 제공한 시장논리의 도입도 고려해 볼 만한 해결요인이다. 미국의 경우 가령 핵폐기물 저장장소를 선정하는 과정에서 입지를 제공하는 지역에 경제적인 지원 등 정부 차원의 특별혜택을 준다는 광고를 하고, 지방단체장 및 그 주민들과 오랜 기간 협상[52]을 통해 저장장소의 허가를 얻어 낸 사례

---

52) 어떤 종류의 협상이든 협상가들은 다양한 형태의 전략을 구사한다. 상대가 누구며 무엇을 원하며 어떤 약점을 갖고 있으며 협상이 내게 어떤 의미와 이익이 있는가에 따라 차별화된 전략을 적용한다.
그러나 협상가들이, 특히 능력 있는 협상가들이, 공통적으로 사용하는 방식이 있다. 바로 'TIP'이다. TIP은 두 가지의 의미를 가진다. 하나는 Time(시간), Information(정보), Program (계획 또는 시나리오)이다. 다른 하나는 앞선 TIP의 효과성을 극대화하기 위해 활용되는 것으

가 있는데, 이 같은 방법은 정부나 주민 모두에게 이익을 가져다줄 수 있는 전략이 될 수도 있다.

비선호시설 입지와 같은 공공사업의 경우 주민대응유형은 소송이라고 하는 법적 환경에 의해 매우 큰 영향을 받기도 한다. 실제로 많은 사례에서 지역 주민들이 소송이나 가처분신청 등에서 패하게 되면 무조건적인 반대 입장에서 조건적 수용 입장으로 변하기도 하는데, 이러한 법적인 결과가 주민들의 주장과는 반대로 불리하게 전개될 경우, 최소한의 보상도 받을 수 없게 될지도 모른다는 심리적 위축감에 기인한다고 볼 수 있다. 또한 일반대중의 여론 역시 법적 결과에 따라 해당 지역 주민의 입지반대를 지역이기주의나 정당한 거부 둘 중 하나로 판단하여 지지를 보내거나 보내지 않게 된다(연세대학교 도시문제연구소, 2003: 50).

경제적 유인책에 대해서 제공받은 당사자가 해당 유인책이 적정하고 만족하는지를 합리적으로 추정하는 것은 매우 어렵다(유해운 외,

---

로 Timing(시의성), Intuition(직관력), Power(추진력)다(이선우, 2006).
여기서 중요한 것은 시간이 충분해도 정보가 없거나 시간과 정보를 전략적으로 운용할 프로그램이 없다면 협상에서 성공할 수 없다는 점이다. 시간과 정보와 프로그램이 있다고 하더라도 언제 적절한 정보를 활용해 상대를 설득할 것인지에 대한 추진력이 없다면 협상에서 우위를 차지하기란 쉽지 않다.
북한 핵실험에 대한 우려가 있음에도 불구하고 북한에 대한 설득과 압박 프로그램을 만들 수 없었던 것은 바로 TIP 중 'I' 인 정확한 정보와 직관력의 부족 때문이었다. 한 · 미 FTA에서는 충분한 시간을 가지고 국민들에게 필요한 정보를 제공하기 위한 프로그램이 없었고, 시의적절하게 정보를 제공하는 직관력도 부족했다.
반면 청계천 복원사업 관련 협상은 두 가지 의미의 TIP을 충족시켰다. 직도사격장 협상의 경우에는 협상의 마감시한이 정해져 있었다는 측면에서 시간을 적극적으로 활용했고, 시의적절한 제안으로 주민 설득을 추진했다.
협상에 있어 TIP만큼 필요한 것이 협상가의 '바보스러운' 자세다. 협상이란 과정보다 결과이며, 실제로 자신이 원하는 것을 얻기 위한 과정이기도 하다. 협상에서 상대하기 어려운 상대가 미친 사람, 비합리적인 사람 그리고 바보다. 하지만 협상의 상대가 미쳤다거나 비합리적일 수는 없기 때문에 최소한 바보스러울 필요가 있다.
결론적으로 협상가는 바보일 때 빛이 나고 TIP을 얻을 때 더욱 힘을 발하게 된다. 만약 TIP을 못 얻었을 경우에는 더욱 바보스러울 필요가 있음을 명심했으면 한다(이선우, 2006).

1997: 201, Bingham, 1986: 108 - 109). 또 다른 해석은 경제적 유인
책의 지급만으로 성공적 갈등해결을 보장하지 못할 수 있다는 점이
다. 특히 주민 간 갈등에서는 대다수의 사례에서 직·간접적 보상,
지역수혜사업 등 경제적 유인책을 사용해 왔다. 그러나 보상이나 물
질적인 제공만으로는 갈등해결을 보장할 수 없는데, 이는 근본적인
갈등문제를 해결하는 데 경제적 유인책만을 사용하는 데는 한계가
존재할 수 있기 때문이다(유해운 외, 1997: 201). 결국 경제적 유인
책이 갈등해결 가능성을 높일 수는 있지만 이 변수만으로 해결수준
을 높이는 데는 제한적일 수밖에 없다. 따라서 경제적 유인책과 더
불어 이해관계자들의 참여 등을 통해서 상호 시너지 효과를 창출(하
혜영, 2006)할 수 있는 해결방안 모색이 요구된다 하겠다.

〈표 4-2〉 사례별 이해관계자의 가치관과 태도

독립 변수	하위변수	평가기준	과천 기무사	영월 동강댐	위천공단	인천 동춘동 화물터미널
이해 관계 자의 가치 관과 태도	정부에 대한 신뢰성	인지적 요소, 정서적 요소(정부 신뢰성 확보)	군사시설에 대한 정서적, 인지적인 신뢰성을 갖추지 못함. 다자간협의체 구성에 주도적으로 관여하면서 신뢰성 회복	정부와 수공은 소극적 대응으로 일관하는 등 사실상 방치하므로 NGO와 주민들은 신뢰성 갖지 못함.	낙동강 변에 공단 조성하려는 대구시와 상수원 보호를 위한 부산시 갈등, 정부 간 갈등으로 정서적, 인지적인 신뢰성 낮음.	이전을 위해서는 시의 물류 기본계획을 변경해야 하는 까다로운 장벽이 있다고 인천시가 맞서게 되면서 정서적, 인지적인 신뢰성 낮음.

독립변수	하위변수	평가기준	과천 기무사	영월 동강댐	위천공단	인천 동춘동 화물터미널
이해관계자의 가치관과 태도	보상 여부	경제적 유인 효과	군사시설이라 별다른 보상 없음. 기무사 규모 축소, 주민 편의를 중시한 친환경개발. 공공사업 시행 때 기무사 매입토지에 대한 군사시설보호구역 해제 약속	댐 건설 문제가 장기화되면서 수몰 예정지역 주민에 대한 각종 지원혜택이 중단. 환경보전으로 관광객을 유치하는 것이 지역 주민들에게는 경제적으로 이득이라고 판단함	낙동강 수질개선 비용으로 약 3조원의 경제적 보상책이 제시되었으나 생명원인 수자원의 가치와 등가하기에는 무리. 부산시민들의 강력한 반발에 부딪혀 정부정책에 대한 불신감 고조시킴	환경(먼지, 소음, 집값 하락) 등 자신들에게 돌아오는 피해를 주장하는 지역 주민들에게 지하화 외의 보상 기제를 제시하지 못한 추진사업이었으므로 추진해야 한다는 원론적인 답변 되풀이함
	이익갈등과 가치갈등	이익갈등 정도	이익갈등 극심. 지가하락 등의 재산상의 손실과 재산권 행사 제약 등의 우려로 거세게 반발	이익갈등 극심. 하류 지역의 홍수 피해방지와 용수공급을 위한 상류 지역의 희생을 감수하도록 하는 데 대한 상대적 박탈감과 비현실적 보상	이익갈등 극심. 대구의 경제위기 극복과 부산의 식수원 확보의 생존권 문제 갈등 극심	이익갈등 극심. 집값의 하락을 초래하여 재산상의 피해 우려로 반발
		가치갈등 정도	가치갈등 있음. 환경보전에 관한 논의 있었으나 창구의 일원화로 인하여 지엽적인 의견으로 묻힘	가치갈등 극심. 동굴 훼손 등의 자연훼손 및 안전성 등을 들어 NGO 반대 극심	가치갈등 극심. 낙동강 수질오염 문제 때문에 첨예한 갈등양상 보임	가치갈등 있음. 이익갈등을 가치갈등(소음, 매연, 교통체증으로 주거환경 악화)으로 표면화시킴

제11장 관리조정기구의 책임성

1. 리더십

리더십의 부재는 갈등해결의 평가기준에서 치명적인 악재로 작용한다. 4가지 사례 모두 리더십의 기제는 원활히 작동되지 못하였다. 기무사의 경우에는 관리체제를 일원화하고 나서야 리더십이 발현될 수 있는 장이 개설되고, 리더의 일관된 정책의지가 표출되고 리더십이 발현되었다.

2. 전문성

합리적인 대안을 체계적이고 조직적으로 제시함에 따라 갈등해결에 성공한 사례는 과천 기무사이다. 나머지 사례는 합리적인 대안 제시능력 면과 효율적인 중재능력에서 미숙한 면을 보였다. 영월 동강댐의 경우, 건교부는 대안 제시 능력이 부족했고 합동평가단은 중립적 조정기구의 역할을 하지 못해 이해당사자를 광범위하게 참여시키는 데는 실패하였다. 위천공단의 경우에도 대구시, 부산시 여론의 영향으로 인해 정부가 갖추어야 할 합리적인 대안 제시 능력, 효율적인 중재능력을 보이지 못했고 인천 동춘동 화물터미널의 경우에는 1차적으로 서부터미널의 지하화를 대안으로 내세웠으나 주민반대로 무산되었고, 2차 대안으로 새로운 대체부지로의 이전을 내세웠으나 특혜논란 시비로 인해 이전합의 마련에 어려움을 겪는 등 대안 제시 능력에서도 미미한 영향력을 보여 원활한 합의를 이끌어 내지 못했다.

3. 정책의지

기무사 이전의 경우에는 일관된 정책의지로 언론에 정부의 입장을 꾸준히 알렸고 주민들의 반대에도 불구하고 합리적인 대안제시를 통해 협상을 이루어 냈다. 그러나 영월 동강댐의 경우, 초기 정책의지는 강하였으나 주무부처의 유동적이고 비합리적인 정책의지가 표면화됨에 따라 갈등조정에 실패하였다. 위천공단 조성의 경우에도 정부가 주관을 가지고 있지 못하고 정치세력에 영향을 받아 상황에 따른 유동적인 자세를 보이고 있다. 인천 동춘동 화물터미널의 경우는 인천시의 화물터미널에 대한 일관된 주장에도 불구하고 강력한 주민반발에 맞서 합리적인 대안 제시를 하지 못한 사례이다.

위 사례들을 토대로 보면 정부는 강력한 의지와 일관적인 정책 추진으로 신뢰성을 확보해야 한다. 사업정책에 대한 신뢰성은 갈등조정을 성공으로 이끌기 때문이다.

4. 관리체제 운영

　기무사 이전의 경우, 갈등이 불거진 시점에서 뒤늦게 갈등조정을 위한 상시기구가 신설되어 갈등조정을 성공적으로 이끌었다. 그러나 영월 동강댐의 경우, 영월댐 합동평가단이 있었으나 일원화된 창구가 아니었다. 위천공단의 경우에도 지방정부 간 의견대립으로 상시관리기구가 형성되지 못했다. 동춘동 화물터미널의 경우에는 뒤늦게 2008년 물류터미널사업이 항만공항물류과로 일원화되어(인천연합뉴스, 2008. 03. 18.) 관리체제가 운영되기 시작했으나 그 역할을 제대로 감당하지 못했다.

　따라서 갈등해결 상시지원체계 및 중재시스템을 구축해야 한다. 비선호시설 입지 관련 갈등은 그 특성상 비합리적으로 반대하는 경우가 대부분이고 가능한 모든 법적·행정적 수단을 동원하는 경우가 많기 때문에 양측은 소득 없이 시간적으로나 금전적으로나 엄청난 소모전만 펼치게 된다. 따라서 갈등발생의 경우 제삼자의 입장에서 공정하고 체계적으로 중재할 수 있는 지원시스템을 구축하는 것은 시간과 비용을 줄이는 데 도움이 될 수 있으며, 이로 인해 갈등이 조기에 해결될 수 있는 것이다.

　관리조정기구의 책임성이라는 독립변수를 연구하며 얻은 결론은 다음과 같다.

　제삼자 조정의 효율적 운용을 통해 협력 체제를 구축해야 한다. 갈등이 협력으로 이어지는 사례 중에서 제삼자 조정, 특히 전문연구기관의 효율적 대안 제시가 협력으로 이어지는 사례가 많다. 전문지식을 공유하는 제3의 기관의 중재가 당사자들 간 합의에 이르는 데 중요한 역할을 수행하였다.

아울러 이해당사자들은 비선호시설과 관련하여 서로 의사소통할 수 있는 공식적 요인을 마련하고 이를 통해 서로 간에 의견을 교환하고 이견을 조정해야 한다. 상기 사례들 중 기무사 이전사업을 제외한 나머지 사례는 의사소통 요인의 작동성과는 다소 미미한 수준에 머물렀던 것으로 여겨진다. 즉 이해당사자들은 시설의 설치 등과 관련된 사업추진의 의미 또는 정보 등에 대해 동등하게 공유하지 못했고 의사소통 요인의 공정성에 대해서도 의구심을 제기하였다. 이로 인해 이해당사자들은 관련 지식의 증가를 경험하지 못하거나 경험하더라도 그 정도가 미미한 것으로 인식했고 이는 이해관계자의 가치관이나 태도, 행동에 변화를 야기하지 못하는 결과로 이어졌다.

〈표 4-3〉 갈등사례별 관리조정기구의 책임성

독립 변수	하위변수	평가기준	과천 기무사	영월 동강댐	위천공단	인천 동춘동 화물터미널
관리 조정 기구의 책임성	리더십	외부로부터의 자율성	초기에는 리더와 대화채널의 부재로 갈등 증폭 이후 관리체제의 일원화로 리더십 발현	이해가 상충되는 기관의 협조 없이, 무리하게 정책을 추진. 지역 주민의 반대의사와 관계기관들의 부정적인 입장에 대해 관망의 자세로 일관. 리더가 단일화되지 않은 상태에서 대통령의 결단으로 백지화	대구시와 부산시 지자체장들의 강한 리더십 발휘. 갈등 해결에는 걸림돌이 됨	사태 관망하며 창구의 일원화가 되지 못해 리더십 발현기회 없었음

독립변수	하위변수	평가기준	과천 기무사	영월 동강댐	위천공단	인천 동춘동 화물터미널
관리조정기구의 책임성	전문성	합리적인 대안 제시 능력	대안 부적합했으나 지속적인 대화로 절충안을 가지고 합의도출(요구와 충족여건의 차이 큼)	환경단체와 정부, 주민들 간에 의견 조율 일어나지 않아 끝내 백지화	대구시, 부산시, 여론의 영향으로 인해 정부가 갖추어야 할 전문성을 가지지 못함. 대안 도출 못하고 백지화	'07년 10월 20일 시 임시회에서는 집행부 쪽이 사업시행자의 포기 및 대체지 확보가 가능하다는 전제조건 하에 주민제안 수용 등의 형태로 도시계획상 용도 변경이 가능할 수도 있다는 전향적인 입장
		효율적인 중재능력	갈등조정의 타이밍 실기(정보인지의 문제)했으나 후기는 적절히 대응함	중재자 부재 건교부와 환경부 정부부처 간의 통일되지 못한 목소리로 국민에게 혼란 야기. 결국 대통령이 백지화로 중재 아닌 중재함	중재자 효과 미비. 상설기구가 생성되지 못한 상태에서 전문가들을 모시고 계속된 중재 자리들은 모두 결렬되고 갈등조정에는 걸림돌로 작용함.	중재자 부재. 주무부서 이동으로 책임분산
	정책의지	정책의지(일관·유동)	정책의지 일관됨.	정책의지 유동적(정부와 수공의 소극적 대응)	정부가 주관을 가지고 있지 못하고 정치세력에 영향을 받아 상황에 따른 유동적인 자세를 나타냄.	정책의지 일관됨. 도시 계획상 용도 변경은 가능하다는 입장을 보였으나 정책집행의지 강함.
	관리체제 운영	관리체제 운영으로 상황에 따른 신속한 대응 여부	기존입장에 집착(협상역량 부족) 갈등이 불거진 시점에서 뒤늦게 다자간협의체 구성	영월댐합동평가단은 제구실 못함. 일원화된 창구는 아니었음. 공동조사단의 공동조사결과 보고로 백지화	지방정부 간 의견대립으로 주무 부처 형성되지 못함	대화 창구 있으나 서로의 입장 차이 큼

제12장 갈등해결과정의 투명성

1. 참여도

주민참여의 수준도 갈등해결 수준에 영향을 미치는 것으로 나타났다. 주민참여의 수준이 소극적에서 적극적인 참여로 갈수록 해결수준도 높게 나타났다. 그러나 주민참여제도[53]와 현황을 분석해 보면, 참여자들의 참여시기와 기회 등에 문제가 있었다. 예를 들어 참여 수준이 높게 평가되는 사례들도 대부분이 갈등이 악화되자 주민참여의 제도를 도입하여 해결수단으로 사용하였다. 따라서 본연의 주민참여의 의미를 찾기 위해서는 갈등이 악화된 이후의 참여가 아니라, 갈등이 발생되기 이전에 또는 정부 사업을 구체적으로 추진하기 이전에 주민 참여제도를 모색(하혜영, 2006)할 필요가 있다.

4가지 사례에서 지역 주민의 참여는 모두 적극적으로 나타나고 있다. 사업의 수용주체인 주민이 사업의 결정과정에 참여하게 되면 자신들에게 실제적으로 필요한 요구사항이 사업에 반영되기 때문

---

53) 갈등관리의 민주적 방식으로 주민참여 수단이다. 일반적으로 주민참여는 지방정부에 영향을 미치기 위한 지역 주민의 행위라고 정의할 수 있으며(이승종, 2003: 153), 주민참여의 활성화를 위해서는 참여의 제도화가 필수적이다. 주민참여의 방법은 제도화된 방법뿐만 아니라 비제도화된 시간, 노력, 재원 등 비용측면에 있어 제도적 방법을 통한 참여가 비제도적 방법을 통한 참여에 비해서 더욱 유리하다(이승종, 2003: 145-146, 하혜영, 2007: 102).

에 그만큼 수용가능성이 높아질 수 있다. 그리고 주민참여는 사업의 주체기관이 갖는 산출 지향적, 경제성 중심의 평가기준과 사업수용주체의 평가기준을 타협하고 절충할 수 있는 기회를 제공함으로써 사업수용거부의 소지를 미리 제거하거나 감소(이종엽, 1997)시킬 수 있게 한다. 따라서 사업시행주체의 입장에서 볼 때 사업의 결정이나 집행과정에서 이해관계자인 주민들의 참여를 제도적으로 보장하는 것은 사업을 추진하는 과정에서 갈등을 원천적으로 줄일 수 있는 효과적인 방안이 된다(연세대학교 도시문제연구소, 2003: 47).

또한 영월 동강댐, 위천공단 조성 입지선정 사례에서도 볼 수 있듯이 공공사업에서 갈등이 표면화되어 지역 주민이 조직화하기 시작하면 그 사업은 실패로 끝날 조건을 충분히 갖췄다고 보면 된다.

시민단체의 참여는 영월 동강댐의 경우, 시민단체와 환경단체 등의 영향력이 정책결정 과정에 있어 강력하게 영향을 주었다고 볼 수 있으며 위천공단 조성의 경우 시민단체의 높은 영향력은 위천공단 조성의 문제를 대구·경북 지방정부와 부산·경남 지방정부를 지지하는 큰 세력으로 뒷받침한다.

2. 홍보와 교육

공공사업이 선거에서 '표'를 가진 집단인 지역 주민과 정면 대응할 경우 이길 수 있는 확률은 극히 낮다. 정부의 행정집행은 기업조직 등 집행의 범위 내에 있는 공식적인 조직에는 강하나, 지역 주민 등 집행의 범위 밖에 있는 분산된 조직에는 약한 특성을 가지기 때문이다. 그러므로 초기사업 단계에서 지역 주민의 여론을 지지층으로 확보할 수 있느냐의 문제가 곧 그 사업의 성패를 가른다고 할 수 있다.

특히 지역 주민들이 미처 조직을 결성하지 못한 갈등의 초기 단계에서 사업주체의 적극적인 홍보와 교육은 잠재적 갈등이 표면화될 가능성을 사전에 차단해 사업을 원활히 수행하게 해 준다.

과천 기무사 이전사례의 경우, 10회에 걸친 공청회는 다양한 이해관계자들의 의견을 듣는 매체로 활용, 갈등해결에 투명성을 높이는 데 큰 진전이 있었으나 위천공단의 경우처럼 대안 마련이 아닌 자신들의 의사를 결집시켜 관철시키기 위한 자리에 더 가까울 경우, 이해당사자 간에 합리적인 대안을 마련하지 못하고 오히려 극으로 대립하는 양상을 보일 수 있다.

3. 정보공개

비선호시설 입지와 관련한 대상 지역 주민들은 자신의 거주 지역에 입지하게 될 시설물에 대한 정확한 정보를 획득하기 위해 입지선정 과정부터 집행 과정에 이르기까지 전 과정 속에서 필요한 모든 자료에 접근 가능해야 한다. 정책이나 사업의 내용에 대한 공개는 결국 입지수용성, 즉 사업에 대한 불안감을 해소하고 긍정적인 시각을 갖게 할 가능성을 높인다. 결국 입지과정상의 정보공개는 주민들이 정당한 권한행사를 통한 건전한 비판을 수용하게 하는 제도적 장치로 작용할 수 있을 뿐만 아니라 지역 주민들의 참여를 자연스럽게 유도해 궁극적으로 사업집행을 원활하게 하는 요인

(연세대학교 도시문제연구소, 2003: 47)으로 작용한다.

그러나 위천공단의 경우처럼 정보공개가 투명하기는 했지만, 그 과정에 있어서 관리조정기구(중앙정부와 집권당)의 입장의 변화는 이해당사자들에게 혼선과 혼란, 갈등을 일으킨다. 이는 갈등의 조정자로서 역할을 충실히 하지 못하고 오히려 갈등을 더욱더 깊게 만드는 문제를 야기했다.

4. 여론

위천공단의 경우 너무나 적극적이고 과도한 언론 관리를 펼쳤으나 나머지 대부분의 독립변수가 약하게 나타남에 따라 갈등조정에 실패한 것으로 보인다.

지속적인 모니터링으로 비선호시설 입지갈등에 대한 여론을 관리해야 한다. 언론매체를 비롯한 여러 가지 대중매체는 사업에 대한 여론을 형성하고 조직화하는 가장 영향력 있는 수단이다. 그 대상은 이해당사자뿐만 아니라 사회 전체를 구성하고 있는 불특정다수의 일반시민들이 주된 대상이 된다. 특정사업과 관련하여 일반대중이 갖는 관심의 내용과 수준, 방향 등은 지역 주민의 사업수용 또는 거부에 심리적 압박으로 작용한다. 즉 영광 원전건설 사례에서 보듯이 일반대중이 지역 주민의 입지반발에 동의하는 여론을 형성하는 경우 지역 주민의 사업에 대한 수용거부가 사회 전체적으로 정당성을 확보하는 효과를 갖게 되는 반면 청계천복원사업의 사례처럼 일반대중이 지역 주민의 반발을 지역이기주의로 비판하는 경우 지역 주민들의 조직력은 쉽게 와해되고 일정 수준에서 타협가능성이 높아지게 된다.

갈등해결과정의 투명성이라는 독립변수의 평가기준을 살펴보면 과천 기무사 이전과 위천공단 조성의 사례는 대부분의 평가기준에서 강하게 나타나고 나머지 두 가지의 사례는 홍보와 교육, 정보공개, 여론관리 및 활용이 약하게 나타난다.

〈표 4-4〉 갈등사례별 갈등해결과정의 투명성

독립변수	하위변수	평가기준	과천 기무사	영월 동강댐	위천공단	인천 동춘동 화물터미널
갈등해결 과정의 투명성	참여도	지역 주민 참여 정도	과도한 이전부지 면적이라고 축소할 것을 주장(당사자 간 요구 불일치)하며 참여 활발	지역 주민들 적극적 참여	각 지역 주민들 적극적 참여	지역 주민들이 화물터미널 부지 이전을 주장하며 적극적 참여
		시민단체 참여 정도	조율된 입장 제시 미흡했으나 106개의 시민단체로 구성된 공대위 결성 이후 적극적인 반대의사 표명	환경단체들의 조직적인 반대 운동전개. 전 국민적인 환경보전운동으로 확산되어 사업 중단에 영향 미침	각 지방정부를 지지하는 큰 세력으로 뒷받침	참여 미미
	홍보와 교육	공청회 등을 통한 홍보 및 교육	사전 의견수렴의 미흡 후기에는 집중적인 홍보와 교육 위해 노력함	주민들에 대한 홍보 부족	홍보는 적극적 그러나 오히려 갈등 증폭	미미함
	정보공개	투명한 진행과정의 공개	투명하지 못해 갈등을 야기했으나 창구의 일원화를 통해, 진행과정을 계속해서 공개하고 협의해 나간 것이 갈등해결의 요인으로 작용함	진행과정의 불투명으로 유언비어 유포됨. 정부정책에 대한 적절한 정보공개의 타이밍을 실기함에 따라 여론의 집중공격 받음	전면 공개함. 선거를 겨냥한 선심성 공약을 위해 정부정책을 전면 공개하여 해당(부산 등) 지역 주민들의 극심한 반대에 부딪히게 됨	투명한 정보공개의 미흡으로 지역 주민들에게 반대 빌미를 제공함

독립변수	하위변수	평가기준	과천 기무사	영월 동강댐	위천공단	인천 동춘동 화물터미널
	여론	여론관리 및 언론활용	초기 대응에서 언론을 충분히 활용 못 함. 갈등이 불거진 시점에서 정부에서 적절한 언론 플레이함	홍보 부족으로 허위, 과장보도기 빈번하고 부정적 여론을 부채질해서 정부 국책사업에 깊은 불신감을 안겨 줌	상수원 보호를 위한 부산시에 대해 긍정적 여론이 확산되었음. 이것이 사업추진에는 악영향 미침	긍정적 여론 확산 못 함. 인천시민들의 관심 받지 못하고 해당 지역 주민들만이 사업에 대해 전전긍긍함

제13장 갈등조정의 성공·실패요인

비선호시설 입지갈등 조정의 성공·실패요인을 분석하기 위해 비선호시설 입지갈등 생성 및 증폭요인을 요약해 보면 다음과 같다.

〈표 4-5〉 비선호시설 입지갈등 생성 및 증폭요인 요약

사례	갈등생성요인	갈등증폭요인
과천 기무사 이전	• 사전 의견수렴의 미흡 • 과도한 이전부지 면적 　(당사자 간 요구 불일치) • 갈등조정의 타이밍 실기 　(정보인지의 문제) • 조율된 입장 제시 미흡	• 대화채널의 부재 • 대안 부적합 　(요구와 충족여건의 차이) • 입장에의 집착(협상역량 부족) • 다양한 옵션개발 부재 　(협상역량 부족)
영월 동강댐 건설	• 정책결정의 독단성 • 초기 정책정보접근의 폐쇄성 • 시설에 대한 입장차이 • 비용과 편익의 불일치	• 밀어붙이기식 행정의 강행 • 현금보상 기대욕구와 불가여건 • 사의 적절한 조치 미흡 • 부정적 갈등에너지 축적(불신)
위천공단 조성	• 정책수립과정에서 의견수렴 미흡 • 공단시설에 대한 인식차이 • 비용과 편익의 불일치 • 행정절차 준수 부족	• 밀어붙이기식 행정의 강행 • 의무이행소홀에 따른 부정적 갈등에너지 축적
인천 동춘동 화물터미널 건립	• 공동대표가 계속 바뀌고 있음 • 대화 창구 있으나 서로의 입장차이 큼 • 건교부 산하에서 추진을 해서 진행되어 왔으나 사회적 인식 형성 미미	• 일원화된 창구 부재 • 상시 갈등해결기구가 마련되어 있지 않음

독립변수	하위변수	평가기준	과천시 기무사 전기	과천시 기무사 후기	영월 동강댐	위천공단 조성갈등	인천 동춘동 화물 터미널
사업의 성격	사회적 인식	사회적 인식 정도(필요성)	×	○	×	○	△
	사전협의	주민의사의 확인과 사회적 합의를 위한 사전노력	×	×	×	×	×
	경제적 효과	경제적 효과 정도	×	○	×	○	○
이해관계자의 가치관과 태도	정부에 대한 신뢰성	인지적 요소 정서적 요소 (정부 신뢰성 확보)	×	○	×	×	×
	보상 여부	경제적 유인효과	×	○	×	×	×
	이익갈등과 가치갈등	이해 갈등(득실)	○	○	○	○	○
		가치 갈등(환경)	○	△	○	○	△
관리조정기구의 책임성	리더십	외부로부터의 자율성	×	○	×	×	△
	전문성	합리적인 대안 제시 능력	×	○	×	×	△
		효율적인 중재능력	×	○	×	×	×
	정책의지	정책의지(일관·유동)	○	○	○	×	△
	관리체제 운영	관리체제 운영으로 상황에 따른 신속한 대응 여부	×	○	×	×	△
갈등해결과정의 투명성	참여도	지역 주민 참여 정도	○	○	○	○	○
		시민단체 참여 정도	○	△	○	○	△
	홍보와 교육	공청회 등을 통한 홍보 및 교육	×	○	△	○	×
	정보공개	투명한 진행과정의 공개	×	○	△	○	△
	여론	여론관리 및 언론활용	△	○	×	○	×
결과			갈등 초기 (미합의)	갈등 증폭 후 해결 (합의)	백지화	백지화 (대구시 방향성 바꿈)	미해결 (합의점 찾지 못해 갈등 중)

※ 독립변수의 평가기준에 대한 평가결과 강은 ○, 보통은 △, 약은 ×로 표기한다.

<표 4-6>의 결과가 시사하는 바는 정부나 사업주체가 갈등해결에 나섰을 때 사업성격의 특성, 관리조정기구의 책임성, 이해관

계자의 가치관과 태도, 갈등해결과정의 투명성이 높게 나타나면 갈
등이 해결될 확률이 높다는 결론이 나온다. 만약 그렇지 못할 경우
에는 다양한 갈등해결요인을 제시함으로써 갈등당사자들의 불만이
나 욕구를 해소해 주려는 시도를 해야 한다는 점이다.

〈표 4-7〉 공공갈등사례별 성공·실패(해결)요인 도출

구분	대상사업		사업의 성격			이해관계자의 가치관과 태도				관리조정기구의 책임성					갈등해결과정의 투명성					결과	※총계
			사회적인식	사전협의	경제적효과	정부에 대한 신뢰성	보상여부	이익갈등	가치갈등	리더십	대안제시	중재	정책의지	관리체계운영	지역주민단체참여정도	시민참여정도	홍보와 교육	정보공개	여론		
비선호시설	과천시 기무사 이전부지	갈등 초기						○	○				○		○	○			△	미해결	5.5
		갈등 후기	○		○	○	○	△	○	○	○	○	○	○	○	△	○	○	○	해결	15.0
	영월 동강댐							○	○				○		○	○	△	△		실패	6.0
	위천공단 조성		○		○			○	○						○	○	○	○	○	실패	9.0
	인천 동춘동 화물터미널		△		○			○	△	△	△		△	△	○	△		△		미해결	7.0

※ 강(○)으로 나타난 평가결과를 1로 계산하고 보통(△)으로 나타난 평가결과를 0.5로 해 합산한 결과이다.

갈등사례들의 갈등조정에 따른 해결요인을 정리하면 위의 <표 4
-7>과 같다. 평가기준을 많이 만족시킬수록 갈등해결의 가능성이
높다는 것을 알 수 있다. 과천 기무사 이전부지 갈등사례는 하위변

수의 17개 평가기준 중에서 16개가 보통 이상(강 14개, 보통 2개)으로 나타났다. 반면 영월 동강댐 건설사례와 위천공단 조성사례, 인천 동춘동 화물터미널 건립사례는 과천 기무사 이전사례보다 보통 이상으로 나타나는 평가기준이 적은 것으로 나타난다. 이로써 독립변수의 평가기준을 많이 만족시킬수록 갈등은 해결될 가능성이 많아진다고 볼 수 있다. 특히 공공갈등에 있어 관리조정기구의 책임성이 향상될 때 갈등조정에 성공할 수 있다는 것을 알 수 있다. 또한 사전협의가 사회적 비용을 최소화할 수 있는 기제임에도 불구하고 위의 사례에서 사전협의는 전혀 이루어지지 않았다.

위의 사례에 대한 제4부의 사례분석과 갈등증폭 요인을 토대로 사례별 성공·실패요인을 분석해 보면 <표 4-8>과 같다.

〈표 4-8〉 사례별 성공·실패요인 분석

사례명	결과	성공·실패요인 분석
과천 기무사 이전	해결 (합의)	• 성공요인 갈등 초기에는 주민의사의 확인과 사회적 합의를 위한 사전노력 배제되었으나 기무사와 지역 주민 대표, 시민단체, 기무사와 이전 터 규모 축소, 주민 편의를 중시한 친환경개발, 공공사업 시행 때 기무사 매입토지에 대한 군사시설보호구역 해제 등의 조건에 양쪽이 합의
영월 동강댐 건설	백지화 (관련자 협의 후)	• 실패요인 사회적 합의를 위한 사전노력 배제됨 영월군민들에게 충분한 보상 중단 및 댐 안전성 확보요구에 대한 충분히 납득할 만한 과학적 근거 제시 미흡 합리적이고 민주적 절차에 따른 댐 건설 추진보다는 공권력과 현행법에 의존한 협상을 진행 정부가 합동평가단을 구성·운영하였으나 '99년 7월 해체(협의 잘 안 됨) 공동조사단을 구성하여 결과보고서 제출, 이를 토대로 국무총리실 수질개선기획단은 관련자 협의 후 백지화

사례명	결과	성공 · 실패요인 분석
위천공단 조성	백지화 (대구시 방향성 바꿈)	• 실패요인 관련 지역 주민의사의 확인과 사회적 합의를 위한 사전노력 배제됨 정서적 · 인지적인 신뢰성 낮아 이해당사자 간 입장의 격차가 좁혀지지 않음 낙동강 변에 공단 조성하려는 대구시와 상수원 보호를 위한 부산시 갈등이 각 지방선거에서 정책적으로 정략 활용됨에 따라 갈등을 오히려 증폭 환경(식수원 오염)과 경제성장이라는 양립이 어려운 상황에서 각 지역의 입장 고수로 양측이 만족할 만한 갈등조정에 실패 중앙정부의 모호한 태도 및 정책의 불명확성 대구시가 정책을 전면 보완하는 방향으로 전환하며 백지화(2002)
인천 동춘동 화물터미널 건립	백지화 수순 (합의점 찾지 못해 갈등 중)	• 실패요인 인천시의 정책에 대한 모호한 태도 및 중재능력 미흡 (지역 주민의 만족할 만한 대안 제시 미흡) 지역 주민의 적극적인 언론활용, 공청회와 정보공개 미미

　　과천 기무사 이전사례의 성공요인은 갈등 초기에는 주민의사의 확인과 사회적 합의를 위한 사전노력 배제되었으나 기무사와 지역 주민 대표, 시민단체가 기무사와 이전 터 규모 축소, 주민 편의를 중시한 친환경개발, 공공사업 시행 때 기무사 매입토지에 대한 군사시설보호구역 해제 등의 조건에 양쪽이 합의하므로 갈등조정에 성공하였다.

　　영월 동강댐 건설 사례는 주민의사의 확인과 사회적 합의를 위한 사전노력이 배제되었다. 적절한 대안 제시 미흡, 보상에 대한 적절한 대처 미흡과 댐 안전성 확보 요구에 대한 충분히 납득할 만한 과학적 근거 제시 미흡으로 인하여 정부는 신뢰를 상실했으며 환경 · 종교단체와 정부, 지역 주민의 이해 차이, 정부와 지역 주민, 환경단체 이해 조정 및 제3의 대안 도출 실패와 아울러 갈등조기해결

실패 및 장기화로 인한 반대자의 증가는 중요한 실패요인이었다.

위천공단은 낙동강 변에 공단을 조성하려는 대구시와 상수원 보호를 위한 부산시의 갈등으로 각 지방정부 간 이견차이를 줄이지 못했다. 지방정부 간 중재자 부재 및 대안 도출에 실패, 정부의 안이한 대처가 실패요인으로 분석된다.

또한 사업주체의 주민교육, 홍보, 정보공개 미흡, 주민의견수렴절차 배제, 중앙정부의 모호한 태도 및 정책의 불명확성으로 인한 정부에 대한 주민들의 신뢰상실 등을 들 수 있다.

인천 동춘동 화물터미널 사례는 일원화된 갈등해결기구가 마련되어 있지 않았으며 적절한 대안 제시가 미흡하고 지역 주민에게 해당 사업에 대한 필요성을 납득시키지 못했다. 또한 투명하지 못한 정보공개 등을 실패요인으로 볼 수 있다.

앞선 사례들의 분석결과를 통해 갈등이 그저 우연히 성공하거나 실패하는 것이 아니라, 각 해결요인별로 그 요건을 갖추고 또 다양한 갈등조정요인이 제시될 경우 충분히 관리될 수 있다는 점을 알 수 있다. 아울러 이같은 요건들을 법·제도적 장치로 규정하고 갈등관리시스템의 범주 내에서 관리한다면 효과는 더욱 커질 것이라고 사료된다.

이 책에서는 참여적 지역거버넌스 모형에 주민 비선호시설 갈등사례를 적용하여 모형의 설명력을 살펴보았다. 그리고 모형을 통한 사례분석의 결과를 다음과 같이 비교·종합·가한다.

기무사 이전부지의 경우, 부지결정 이후 표면화되었던 이해관계자 간 갈등해결은 관련된 조직이나 기관의 우호적 관계 속에서 과천시의 책임성이 제고되고 지역 주민의 참여 수준이 개선되면서 나타난 결과이다.

영월 동강댐의 경우, 반복적으로 나타나는 이해관계자 간 갈등은 관련 조직이나 기관의 비우호적인 관계 속에서 관리조정기구의 낮은 책임성, 입지과정의 투명성이 저하되면서 나타난 결과이다.

위천공단 조성의 경우, 부지결정과 함께 표면화된 이해관계자 간 갈등은 관련 기관이나 조직의 비우호적 관계 속에서 관리조정기구의 낮은 책임성, 상수원 보호에 의문을 제기하는 부산시를 설득하지 못하고 지방정부 간 이익갈등과 가치갈등이 심화되어 사업이 백지화되었다.

인천 동춘동 화물터미널의 경우, 20년 가까이 반복적으로 나타난 공공갈등으로 이해관계자의 갈등이 지역 주민에게 사회적으로 인지적, 정서적 지지를 얻지 못한 채 불투명한 정보공개, 관리조정기구의 낮은 책임성으로 인하여 갈등은 표류 중이다.

분석대상의 갈등 시점은 상이하지만, 주민 기피시설과 관련된 갈등은 참여적 지역거버넌스의 관점에서 볼 때 이해관계자 간의 가치관이나 태도, 사업의 성격, 관리조정기구의 책임성, 갈등해결과정의 투명성 등이 부정적이거나 만족스럽게 이루어지지 못할 때 발생했다. 반면 이해관계자 간 연계구조를 토대로 지역적 수준의 참여도나 관리조정기구의 책임성 그리고 갈등해결과정의 투명성이 개선되면 갈등은 해소되었다.

특히 이 연구에서 발견되는 특이한 점은 관리조정기구의 책임성이 제대로 작동된 과천 기무사의 경우 갈등조정에 성공할 수 있었다. 그러나 다른 실패사례들은 관리조정기구의 책임성이 상당히 낮은 것으로 드러났다.

이는 주민 비선호시설과 관련된 갈등사례에 일률적으로 적용될 수 있는 갈등조정 방안은 아니지만 참여적 지역거버넌스 측면에서 갈등조정이나 해소의 가능성과 개연성을 제시했다는 점에서 그 의미를 찾을 수 있다. 특히 지역적 수준의 과정적 특징을 중시하는 참여적 지역거버넌스의 관점에서 볼 때, 지역주민의 참여나 관리조정기구의 책임성 등을 배태할 수 있는 제도적 기반의 마련은 갈등의 해소나 조정에 유의미한 영향을 미칠 수 있다.

제5부

새로운 갈등관리디자인,
새로운 방향 제시

제14장 요약

　최근 국가 및 지방이 겪고 있는 공공갈등정책에 대한 효율성을 제고하는 방안의 하나로 공공갈등 거버넌스 체제 구축에 관한 관심이 증대되어 왔다. 정부 혁신에 관한 논의와 노력들이 과거의 국가(정부), 시장(기업), 시민사회라는 3분법적 경계가 사라지고 상호협력을 통한 상생방안으로 거버넌스 체제 구축에 대한 논의가 활발히 진행되고 있다. 21세기에 세계적인 주목을 받고 있는 거버넌스의 바람은 지금까지 정부가 공공정책 과정에서 향유해왔던 독점적 권위의 성역에 심각한 도전이 될 수 있는 여러 변화들을 불러올 것이며, 여기에 갈등관리시스템도 예외가 될 수 없다. 즉 정부의 정책결정과정에서 이해관계자들의 갈등은 필연적이다. 따라서 현대사회에서 발생할 수 있는 갈등을 미리 예측 · 예방하고, 발생된 갈등을 합리적으로 조정 · 관리하느냐의 문제가 미래 정부의 핵심적 과제이며, 이러한 갈등을 예방하고 조정 · 관리하는 능력이 곧 거버넌스 체제의 역량을 결정짓는 중요한 요소라고 할 수 있다.

　비선호시설은 일반적으로 공공재로 간주되고 있지만 그것이 주는 부정적 외부효과로 인해 지역 주민들이 기피하고 있으나 시설의 사회적 필요성, 공익성 등으로 우리에게는 필수적인 시설이다.

이로 인해 비선호시설의 설치나 운영 등의 과정에서 끊임없이 갈등 상황에 직면한다. 이런 공공갈등이 적절히 조정·해결되지 못한다면 이는 우리세대뿐만 아니라 다음 세대에도 큰 부담으로 작용할 것이다. 이에 저자는 비선호시설과 관련된 갈등의 조정기제를 참여적 지역거버넌스 차원에서 구하는데 그 이유는 다음과 같다.

첫째, 비선호시설 입지 관련 갈등은 공간적으로 지역적 수준을 토대로 발생한다. 이는 자치단체가 시설의 각종 인·허가를 실질적으로 담당하기 때문이다.

둘째, 비선호시설 관련 갈등을 체계적으로 이해하기 위해서는 크게 지방정부와 시민사회(지역 주민, 시민단체) 영역을 중심으로 검토하는 작업이 필요하다. 왜냐하면 과거에는 비선호시설 설치 등과 관련하여 지방정부가 강력하고 시민사회가 상대적으로 취약했지만 사회변동에 따라 현재는 시민사회가 지방정부에 저항하면서 갈등이 발생하고 있기 때문이다. 결국 비선호시설 갈등은 시민사회의 기능과 역할이 확대되면서 지방정부와 시민사회(지역 주민, 시민단체) 모두가 관련된 양상으로 전개되고 있다.

본 연구에서 주민 비선호시설 입지선정 사례를 중심으로 거버넌스 구성요인이 갈등해결에 미치는 영향에 대하여 연구한 결과는 다음과 같다. 참여적 지역거버넌스는 지역적 수준에서 이해당사자의 이해나 복지 등에 영향을 미치는 결정에 대해 기본적으로 이해당사자의 실질적인 참여가 활성화되고 관리조정기구의 책임성(리더십, 전문성, 정책의지, 관리체제 운영)이 담보되며 모든 사람들이 적은 비용으로 관련 정보에 적절히 접근할 수 있는 갈등해결과정의 투명성(홍보와 교육, 정보공개, 여론)이 필요하다. 이런 점에서 참여적 지역거버넌스의 분석범주는 주체인 이해관계자의 가치관과 태도와 이해당사자 간의 상호 작용과정인 관리조정기구의 책임성, 갈등해결과정의 투명성 그리고 이를 둘러싼 환경인 사회구조의 사회적 인식, 사전협의, 경제적 효과로 설정된다. 따라서 비선호시설 입지갈등은 이해당사자 간의 상호 작용의 결과이며 이해당사자들이 자리매김하고 있는 사회적 구조 속에서 생산된 결과이다.

이런 견지에서 본 책에서는 참여적 지역거버넌스 모형에 비선호시설 갈등사례를 적용하여 모형의 설명력을 검증하였다. 그리고 모형을 통한 사례분석을 아래와 같이 4가지의 전형적인 갈등사례에 적용해 그 결과를 비교, 종합 평가했다.

첫째, 기무사 이전부지의 경우, 부지결정으로 표면화되었던 갈등이 증폭된 이후 이해관계자 간 갈등해결을 위한 부단한 노력이 있었다. 그리고 갈등해결은 관련된 조직이나 기관의 우호적 관계 속에서 과천시의 책임성이 제고되고 지역 주민의 참여 수준이 개선되면서 나타난 결과이다. 지역 주민의 높은 참여 수준, 갈등해결과정의 높은 투명성, 관리조정기구(정부)의 높은 책임성 등으로 갈등은 성공적으로 해결되었다.

둘째, 영월 동강댐의 경우, 반복적으로 나타나는 이해관계자 간 갈등은 낮은 관리조정기구의 책임성, 관련 조직이나 기관의 비우호적인 관계 속에서 입지과정의 투명성이 저하되면서 나타났으며 결과는 사업의 백지화이다.

셋째, 위천공단 조성의 경우, 부지결정과 함께 표면화된 이해관계자 간 갈등은 관련 기관이나 조직의 비우호적 관계 속에서 지역 주민의 높은 참여 수준, 사업 과정의 낮은 투명성, 대구시의 낮은 책임성 등으로 심화되어 사업이 백지화되었다.

넷째, 인천 동춘동 화물터미널의 경우, 반복적으로 나타나는 이해당사자 간의 갈등이다. 사업에 대한 사회적 인식 미미, 정책집행 시 갈등해결 과정의 투명성이 낮게 나오면서 나타난 결과이다. 2007년 10월 20일 시 임시회에서는 집행부 쪽이 사업시행자의 포기 및 대체지 확보가 가능하다는 전제조건 하에 주민제안 수용 등의 형태로 도시계획상 용도변경이 가능할 수도 있다는 전향적인 입장을 보인 끝에 결국 청원을 받아들였으나 기각되었고 다시 갈등은 원점으로 돌아가서 표류 중이다.

이처럼 주민 비선호시설을 둘러싼 갈등은 복잡, 다양하게 나타나며 갈등 당사자들 모두를 만족시키기는 힘들다. 하지만 모든 당사자들이 최대한의 이익을 얻을 수 있는 방안을 합리적으로 모색하여야 한다. 그러기 위해서는 정부와 지자체는 일단 갈등이 일어나기 전에 사전검토와 과학적인 근거자료(사업의 필요성), 지역민들의 의견 수렴, 보상과 혜택 등을 마련하여 갈등에 대비하고, 정책이 시행되는 도중에 갈등이 발생하면 그 시점에서 갈등해결을 시도해야 한다. 그래야만 불필요한 시간의 낭비를 방지할 수 있고 또한 정책이 시행되지도 못한 채 사회적 비용만 발생하는 상황을 막을 수 있다.

위의 분석대상에서 갈등시점은 상이하지만, 비선호시설과 관련된 갈등은 참여적 지역거버넌스의 관점에서 볼 때 이해관계자 간의 가치관이나 태도, 사업의 성격(필요성), 관리조정기구의 책임성, 갈등해결과정의 투명성 등이 부정적이거나 만족스럽게 이루어지지 못할 때 발생했다. 반면 이해관계자 간 연계구조를 토대로 지역적 수준의 참여나 관리조정기구의 책임성 그리고 갈등해결과정의 투명성이 개선되면 갈등은 해소되었다.

　이는 비선호시설과 관련된 갈등사례에 일률적으로 적용될 수 있는 갈등조정방안은 아니지만 참여적 지역거버넌스 측면에서 갈등조정이나 해소의 가능성과 개연성을 제시했다는 점에서 그 의미가 있다. 특히 지역적 수준의 과정적 특징을 중시하는 참여적 지역거버넌스의 관점에서 볼 때, 지역 주민의 참여나 관리조정기구의 책임성 등을 제고할 수 있는 제도적 기반의 마련은 갈등의 해소나 조정에 유의미한 영향을 미칠 수 있다. 이에 저자는 주민 비선호시설의 갈등을 해결하기 위한 대책으로 참여적 지역거버넌스 차원에서 다음과 같이 제시하고자 한다.

　첫째, 참여적 지역거버넌스의 사회적 구조가 사회적 인식, 사전협의, 경제적 효과와 관련된 법 · 제도의 개선을 이끌어야만 갈등의 조정이나 해소에 기여할 수 있다. 이런 점에서 사전협의를 원칙으로 하는 공공갈등제도 개선과 아울러 경제적 효과가 검증된 사례에 한해서 정부예산을 지출하며 공청회를 통하여 지역 주민과의 사회적 인식 확산에 주력할 것을 제도화할 필요가 있다.

　둘째, 참여적 지역거버넌스의 이해당사자 간의 상호 작용과정인 관리조정기구의 책임성, 갈등해결과정의 투명성이 확보될 때 갈등의 조정이나 해소에 기여할 수 있다. 이런 견지에서 비선호시설과 관련된 홍보와 교육, 설명회의 개최, 이해관계자 간 관리체제 운영, 정보공개 등을 위한 관련 규정의 마련이 필요하다.

　셋째, 참여적 지역거버넌스의 주체인 이해관계자의 가치관과 태도에 변화가 발생할 때 갈등의 조정이나 해소에 기여할 수 있다. 이런 점에서 계획주체는 지역 주민의 반대나 이견을 지역이기주의로 치부해서는 안 되며 다양한 경제적 유인책을 제시해야 한다. 지역 주민 또한 관련 정책이나 계획을 과거경험에 기초하여 폄하하는 우를 범해서도 안 된다. 오히려 지역 주민들에게는 시설의 사회적 가치나 공익적 가치 등을 종합적으로 고려할 수 있는 인식의 전환이 요구된다.

제15장 새로운 갈등관리디자인을 위한 제안

참여적 지역거버넌스 차원에서 어떤 지역사회든 원만한 갈등해결을 위한 정책적 함의는 다음과 같다. 첫째, 입지조건과 후보지 선정에 있어서 이성적인 판단이 필요하며 과학적인 조사에 의거하여 적합한 입지가 선정되어야 한다. 사회적·정책적 비용을 절약할 수 있도록 사전에 갈등진단을 통해서 적절히 대처할 필요가 있다는 점이다. 영월 동강댐공공사업 갈등조정 사례의 경우에서 볼 수 있듯이 공공갈등이 장기화된 이후의 해결시도는 상대적으로 더 많은 사회적·정책적 비용이 소요될 수 있다. 갈등생성요인에 대한 이해를 높일 필요가 있으며, 이를 토대로 공공정책갈등에 대한 보다 체계적인 접근을 할 필요가 있다. 이러한 점에서 갈등관리 노력을 비용으로 보기보다는 일종의 투자로 보는 시각의 전환이 필요한 것이다. 기존에 갈등관리가 주로 사후 해결방식으로 진행되었다면 이제는 사전 예방중심에서 갈등조정이 이루어질 필요가 있다. 정부사업에서 갈등이 표면화되어 지역 주민이 조직화하기 시작하면 그 사업은 실패로 끝나기 쉽다. 비선호시설 입지에 대한 보다 적극적인 사전 진단노력과 홍보와 교육, 설득을 통해 갈등요인을 사전에 차단하는 것이 필요하다.

둘째, 주민의견을 대표하는 조직이 구성되어 있어야 한다. 정부가 주민과 적절한 합의를 이루려면 지역 주민의 의견을 대변하는 대표집단이 있어야 한다. 사례에서와 같이 주민의견이 양분되어 있는 경우에 일부 찬성론자를 중심으로 협상을 하거나 건설을 추진하면 주민의 격렬한 반대에 부딪히지 않을 수 없게 되고 시설의 설치는 더욱 어려워지게 될 것이다. 주민의 대표는 자치적으로 구성되어야 한다. 주민참여의 기회보장이 필요하다. 사업과정에서 주민참여가 배제된 경우 반발이 가장 크며, 갈등의 해결기제로 가장 크게 작용한 요인 또한 주민참여의 기회보장이었다.

셋째, 피해에 대한 실질적이고 적절한 보상이 이루어져야 한다. 비선호시설 입지갈등이 합의점을 찾지 못하고 장기화 양상을 띠는 경우는 초기에 적절한 보상안을 제시하지 못한 경우가 대부분이다. 적절한 정보의 제공 및 주민대표의 구성이 이루어진 경우에도 지역 주민의 피해에 대한 적절한 보상책이 강구되어야 합의점을 찾기 쉬워진다. 보상문제가 지연되는 등의 일이 발생할 경우 이는 주민들로 하여금 강한 불신을 갖게 해 다른 정부사업의 추진을 어렵게 한다.

넷째, 관이 주관해서 협상을 진행하겠다는 사고를 버리고 민, 관이 함께 참여하는 갈등협상의 패러다임 전환이 요구된다. 관은 더이상 군림하는 존재가 아닌 거버넌스의 한 축으로 존재하는 이해당사자이다. 또한 동시에 민·관이 참여하는 거버넌스의 조정자로서의 역할을 담당해야 한다. 모든 최종책임은 관이 지고 있는 상황에서 정부는 더 이상 군림자의 위치가 아닌 이해당사자와 갈등조정자로서의 중심적인 역할을 담당해야 하는 것이다.

다섯째, 시민 협상 전문가들을 갈등관리, 위기관리 전문가로 육성하는 장을 열어야 할 것이다. 공무원에게는 기회가 많이 있으나 시민들에게는 그런 기회가 많지 않으므로 정부는 우리나라의 미래를 위해 전문가 육성에 예산을 분배해 두어야 할 것이다. 전문 협상가들을 위한 투자는 미래 공공사업뿐 아니라 지자체의 갈등 발생 시에 큰 위기관리가 되는 차원의 행위가 될 것이다. 협상진행과정에서 발군의 갈등협상 능력을 보여 준 시민·시민단체의 디렉터나 리더들의 탁월한 협상 능력을 인정해 갈등 전문가로 훈련하여 국가 국책사업에서 적절히 활용할 수 있도록 갈등해결 과정과 성과를 기록해 두면 국가 국책사업의 위기 봉착 시에 적절한 도움을 받을 수 있다고 본다.

여섯째, 공공사업 진행과정에서 갈등비용에 대한 대국민 홍보를 통해 불필요한 사회적 비용으로 인한 세금낭비를 사전에 막을 수 있음을 주지시켜야 할 것이다. 갈등을 기회로 삼는 창조적인 문화를 선도하는 성숙한 시민문화 발전과 행정을 주도적으로 이끌기 위해서는 다음과 같은 갈등 대처 방안을 제시한다.

공공갈등이 발생한 동안 치열한 위기를 배제하기 위해 홈페이지나 카페를 제작하여 갈등 당사자들 간의 교류를 이끌어 내는 것은 중요하다. 해결과정을 담아내고 다큐멘트화해서 그 방법들을 배우고, 다음 갈등협상에서 사용함으로써 사회적 비용을 줄일 수 있는 방안으로 쓸 수 있을 것이다. 또한 갈등협상이 끝난 후에 갈등의 협상력과 인적자원들을 인적자본으로 활용할 수 있는 방안을 적극 모색해 보아야 할 것이다. 장기적인 갈등협상에는 사회적 비용이 발생한다. 갈등이 원활히 진행되도록 하는 것도 중요하나 최소한의 갈등비용이 발생하도록 하는 것 또한 중요하다. 갈등발생 시 갈등담당자는 공공갈등이 사회 합의 형성시스템으로 발전될 수 있는 아이디어를 제공할 필요가 있다.

연구의 결과를 종합해 보면 첫째, 사업의 필요성에 대한 철저한 사전조사, 둘째, 투명한 정보 공개 및 홍보, 갈등에 대한 교육, 셋째, 합리적인 대안 제시, 효율적인 중재능력 함양(전문성 제고), 넷째, 사전협의를 통한 보상체계 및 갈등관리 체계 운영 등을 통한 신뢰 구축을 통해 공공갈등에 있어서 사회적 비용을 감소할 수 있다.

본 책은 사례연구이므로, 향후 이해당사자들의 역학관계에 초점을 맞춘 보다 심층적인 연구가 필요하다. 일반적인 비선호시설 입지의 도시계획 체계상의 참여적 지역거버넌스 체계에 대한 해법을 제시하기 위해서는 향후 일반적인 도시계획 수립과정에서 나타나는 갈등을 사례로 연구할 필요가 있다.

본 연구의 한계점으로는 갈등해결 수준의 만족도에 대한 연구는 차후에 연구하는 이들의 과제로 남겨 둔다. 이 책에서는 당사자 유형에 대해서는 자세히 분류하지 않았다. 공공사업의 규모가 큰 경우, 이해당사자가 복잡하게 얽혀 있기 때문에 그에 따른 상관관계에서 파생되는 해결요인으로까지 연구를 확대하지 못했다.

〈참고문헌〉

1. 국내문헌

강문구(1996), "한국사회의 민주화와 환경운동: 위천공단 조성문제를 중심으로", 『한국정치의 재성찰: 전근대성·근대성·탈근대성』, 서울: 한울, p.156.

강성철·김상구(2001), 도시비선호시설 입지갈등의 해소방안: 협상방법을 중심으로, 「지방정부연구」, 5(1): 93 – 108.

강성철 외(2004a), 「지방정부 간 갈등과 협력요인 연구 Workshop 자료(미간행)」, 2004. 2.

강성철 외(2004c), 갈등 및 협력의 동태성과 각 단계의 특징, 「지방정부 간 갈등과 협력요인 연구 Workshop 자료(미간행)」, 2004. 8.

강성철 외(2006), 「지방정부 간 갈등과 협력: 이론과 실제」, 한국행정 DB 센터.

강신겸·김현주·박용규(1999), 「대형 국책사업의 효율적 추진방안」, 서울: 삼성경제연구소.

강영진(2001), 「신동아」 5월호 특별부록, 지식인 70인의 그랜드디자인, 21세기 한국 대개조론.

강영진(2003), "외국의 환경분쟁해결제도와 우리의 대안", 인터넷 자료.

강인호·이계만·안병철(2005), NIMBY와 PIMFY입지의 지방정부 간 갈등관리: 공항건설과 외국어고입지갈등구조 비교연구, 「한국지방자치학회보」 17(2): 137 – 166.

건설교통전문위원(2007), 동춘동 화물터미널 관련 정책건의보고서.

건설교통전문위원(2007. 10. 17), 「"동춘동 화물터미널 설치 반대 청원" 검토보고서」, 제159회 인천광역시(임시회) 제4차 건설교통위원회, p.2.

고경훈(2003), 선호시설유치와 관련된 정부 간 정책갈등, 「한국정책학회보」, 12(3).

고종식(1992), 집단간 갈등관리에 관한 이론적 고찰, 「노사관계연구」, 2.

곽승준 · 유승훈(2001), 「동강 자연환경 보존의 경제적 편익추정 조건부 가치 측정법의 적용을 중심으로」, 經濟學硏究 제49집 제2호.

구종석(1999), 지방정부 간 정책갈등 사례報, Vol.11, No.2.

구종석(2004), 「지방정부 간 정책갈등사례의 딜레마적 분석 - 위천공단 갈등사례 연구 - 」, 고려대학교 석사학위논문, p.27.

권경득 · 임정빈 · 장우영(2004), 수자원이용을 둘러싼 지방정부 간 갈등 요인 및 관리전략 분석: 장곡취수장 설치사례를 중심으로, 「한국 사회와 행정연구」, 15:3.

권종수(2006), 댐 건설 정책의 수용 실패에 관한 연구: 동강댐 건설 추진 과정과 실패요인 분석, 서울시립대학교 도시과학대학원.

권해수 · 서순복(1996), 공공부문과 민간부문의 대체적 분쟁해결제도 비교연구, 「96동계학술대회」, 1(1), 한국행정학회.

김갑성 · 강신택 · 최진후(1996), 「혐오시설의 입지갈등과 합리적 해소방 안: 쓰레기 처리시설을 중심으로」, 서울: 삼성경제연구소.

김경배(2005), 한국 대체적 분쟁해결제도(ADR)의 제도화 및 발전방안에 관한 연구, 「산업경제연구」, 18:1.

김광구 · 문채 · 박형서(2006), 「중앙 · 지방정부 간 협력 간 계획체제 구축방안에 관한 연구」, 국토연구원.

김광구 · 문채 · 홍성우(2006), 「중앙정부의 국책사업 추진과정에서의 협력적 거버넌스 구축에 관한 연구」, 한국행정학회 학술대회 발표 논문.

김광구 · 박형서, 「국군기무사령부 과천이전사업을 사례로」, 국토연구원 연구.

김길수(1995), 혐오시설의 입지갈등에 관한 연구, 「전북대 사회과학연구」, 21.

김길수(2004), "정책집행과정에서 주민저항사례연구: 부안 방사성폐기물 처분장 부지선정을 중심으로", 「한국정책학회보」, 13(5) 159 - 184.

김도희(2000), 비선호시설 입지정책의 추진단계별 갈등유발요인에 관한 연구: 쓰레기처리시설 입지갈등사례를 중심으로, 「하계학술대회: 지방자치, 지방 거버넌스, 지역발전」, 한국행정학회.

김도희(2001), 지방정부와 주민간 입지갈등의 갈등유발요인에 관한 연구: 울산 원자력 발전소 입지갈등사례를 중심으로, 「한국정책학회보」, 10:1.

김두환(2000a), 「사회적 학습과정으로서 협력적 계획의 적용－합의회의를 사례로」, 서울대학교 석사학위논문.

김두환(2000b), "공공계획의 두 가지 이행경로: 시장 또는 협력적 통치", 「공간과 사회」 통권 제13호, pp.184－205.

김두환(2004), NIMBY와 PIMFY 시설입지정책의 갈등구조 비교분석: '북구 화장장 유치사업'과 '경부고속전철 울산역 유치사업' 사례를 중심으로, 「한국정책학회보」 13(1): 157－188.

김렬 · 고재경(1996), 환경정책 결정과정에서의 정치적 합리성: 주민 참여형태와 정부대응방식을 중심으로, 「한국행정학보」, 30(4).

김병섭(2000), 「조직의 이해와 관리」. 서울: 대영문화사.

김상구(2002), 협상의 영향요인에 관한 연구, 「한국행정학보」, 36(2).

김상구(2003), 협상의 수행수준과 갈등해결간의 관계에 관한 연구: 쓰레기소각장 입지갈등을 중심으로, 「한국행정논집」, 15:1.

김상돈(2004), 딜레마상황에서의 악순환적 행위에 관한 연구, 「한국지방자치학회보」, 16(1).

김상헌(1997), 님비문제해결을 위한 보상체계, 「한국행정학보」, 31(4).

김상헌(1999), "우리나라 환경분쟁조정제도의 현황과 발전방향", 「환경법연구」 제21권, 한국환경법학회, pp.81－99.

김선빈 외(2001), 한국 사회 갈등구조에 대한 연구.

김성수(1996), 「지방자치의 활성화를 통한 수질보전정책연구: 낙동강 수계오염과 위천공단 조성에 관한 갈등해결의 모색」, 한국환경과학회지 제5권 제3호, p.309.

김안제(1993), 「한국의 지방자치와 지역개발」, 서울: 박문각.

김연(1997), 소송외 분쟁해결제도에 관한 결론적 연구, 「경성대학교 사회과학연구」, 13: 71－86.

김영규(2004), 자본주의 경제학, 학영사, p.350.

김영수(1994), 「지방자치단체 간 분쟁조정방안」, 서울: 한국지방행정연구원.

김영수(2003), 「시민단체의 공익적 역할에 관한 연구: 갈등중재를 중심으로」, 서울대 박사학위논문.

김영평(1992), 「불확실성과 정책의 정당성」, 고려대학교 출판부.

김영평(2002), 정책갈등의 양상과 갈등관련자의 윤리적 대응, 「정부학연구」 8(2): 113 - 144.

김용웅 외(1998), 정부 - 주민간 국토개발분쟁의 발생유형과 해결방안, 「지방자치」, 115호: 87 - 91.

김용웅 · 차미숙(1997), 「국토개발 관련 분쟁의 발생실태와 조정방안에 대한 연구」, 경기도 안양: 국토연구원.

김용철(1998), NIMBY와 PIMFY 현상의 정치적 갈등구조 비교: 영광원전 5.6호기 건설사업과 전남도청 이전사업 사례를 중심으로, 「한국정치학회보」, 32:1.

김이정(2006), 지역거버넌스의 정치적 갈등양태에 관한 연구 - 부안방사성 폐기물처리장 문제를 중심으로, 원광대학교 대학원 석사학위논문.

김인(1998), 공유자원의 효율적 관리를 위한 제도적 장치, 「지방정부연구」, 2(1).

김인철 · 최진식(1999), 『지방정부 간의 갈등과 협상에 관한 연구』, 韓國政策學會報, Vol.8, No.3, p.106.

김일중 · 이명헌(1997), 지역 간 환경갈등의 국내사례 및 해결방안, 「환경경제연구」, 6(1): 225 - 242.

김일철(1984), 사회발전과 갈등, 『한국사회학』, 제18권, 한국사회학회.

김정훈(1996), 고형폐기물 소각처리시설에 있어서의 입지결정과정, 「한국행정학보」, 30(1): 63 - 78.

김종후, 전형원, 강동희(1994), "공공시설 설치에 따른 지역/집단 이해갈등과 조정에 관한 연구", 「지방자치연구」, 제6권 제1호, 한국지방자치학회, pp.59 - 86.

김주환(1994), 「이익집단갈등에 대한 갈등중재 비교연구」, 고려대학교대학원 석사학위논문.

김준한(1996), 행정부와 대체적 분쟁해결제도, 「한국행정학보」, 30(4): 37 - 53.

김지성(2004), "정책갈등의 다차원적 접근: 부안군 방사성폐기물처리장 갈등 사례", 고려대학교 대학원 행정학과 석사학위논문.

김필두(1996), 「지방자치단체 상호간갈등해소방안」, 서울: 한국지방행정 연구원.

김필두(2000), 혐오시설입지를 둘러싼 분쟁의 효율적 해소방안: 군포시 쓰레기 소각장 사례를 중심으로, 「협상연구」, 6(1): 93 - 104.

김호진(2000), 「한국정치체제론」, 서울: 법문사.

김홍식(1993), 「지역이기주의 극복을 위한 정책연구」, 서울: 한국지방행 정연구원.

나태준(2004), 「갈등해결의 제도적 접근: 현행 갈등관련 제도 분석 및 대안」, 한국행정연구원.

노종희(1997), 「인간관계론」, 서울: 양서원.

노진철(1998), "지방자치시대 정책결정의 위험부담과 지역갈등", 『환경 과 정치』, 한국정치학회 환경문제 특별학술회의 발표논문집, p.139.

도수관(2000), 「비선호시설 입지선정지역주민의 갈등유발요인에 관한 연구: 울산지역 비선호시설입지선정사례를 중심으로」, 울산대 대 학원, 2000.

문채(2006), 「중앙 지방정부 간 협력적 계획체제 구축방안에 관한 연구」.

문채·김광구·박형서(2006), 「중앙·지방정부 간 협력 간 계획체제 구 축방안에 관한 연구 - 국군기무사령부 과천이전사업을 사례로 - 」, 국토연구원.

민연경(2008), 「중앙 정부주도형 정책결정의 비효율성에 관한 연구, 공 공기관 지방이전 정책을 중심으로」, 숭실대학교 석사학위논문.

박경원(2001), "도시 가버넌스와 협력적 계획모형", 「국토계획」제36권 제5호, 대한국토·도시계획학회, pp.195 - 209.

박기묵(1997), 하천의 상하류지역 간 물분쟁 해결모형: 부산시와 대구시 의 분쟁을 중심으로, 「한국행정학보」, 31(4).

박근수·김영환·박희서(2005), 지방정부 간 갈등단계에 영향을 미치는 언론의 영향력에 관한 연구, 「한국사회와 행정연구」, 16:1.

박동서(1989), 「한국행정론」, 서울: 법문사.

박복순(2001), "도시의 님비현상: 서울시민을 위한 장묘시설, 이제는 서울시에 건립해야", 「도시문제」 제36권, 대한지방행정공제회, pp.23 – 31.

박상필(2000), 이익집단갈등과 사회자본, 「한국행정학보」, 34(2).

박연호 · 오세덕(1983), 「조직관리론」, 서울: 법문사.

박인권(1999), 「국책사업의 집행을 둘러싼 갈등에 관한 연구 – 영광 원자력발전소 건설사업을 중심으로」, 서울대학교환경대학원 석사학위논문.

박재희(2004), 「갈등해결의 제도적 접근: 현행 갈등관련 제도 분석 및 대안」, 한국행정연구원.

백종섭(2002), 서울시 추모공원 건립정책의 갈등원인과 해결방안, 「행정학회 하계학술대회논문집」.

박재욱(1999), 「위천공단조성을 둘러싼 지역 간 갈등의 정치경제학」, 신라대학교 석사논문.

박재욱(1999), 「위천공단조성을 둘러싼 지역 간 갈등의 정치경제학」, 경남대학교 극동연구소, pp.343 – 350.

박재욱(2001), 『위천공단조성을 둘러싼 지역 간 갈등의 정치경제학』, 한국과 국제정치, Vol.17, No.2.

박준호(2002), 「정책갈등과 조직의 대응에 관한 연구 – 새만금 간척사업을 중심으로」, 서울대학교행정대학원 석사학위논문.

박진(2006), 갈등조정, 그 소통의 미학.

박창기(1999), 「지방자치단체의 갈등조정에 관한 연구」, 광주대학교 경상대학원 석사학위논문.

박형서 외(2004), 「공공시설 입지갈등이 지역사회에 미치는 영향연구」, 국토연구원.

박호숙(1994), 정책갈등과 지방의회의 조정역할, 고려대 박사논문.

박호숙(1996), 「지방자치단체의 갈등관리」, 서울: 다산출판사.

박홍엽(2006), 「로컬 거버넌스 이론의 실천적 제도화를 위한 검토, 갈등주기 관점에서의 갈등해결기제의 탐색」, 한국행정연구원 NGO연구.

박홍엽(2006), 「갈등주기관점에서의 갈등해결기제의 탐색」, NGO연구 제4권 제2호, pp.92 – 93.

박홍엽(2006), 「갈등주기관점에서의 갈등해결기제의 탐색」, 한국행정연구원.

박홍엽(2006), 「국군기무사령부 과천이전 갈등사례분석」, 한국행정연구원.

박홍엽 · 홍성만 · 안형기(2005), 「사업별 갈등관리 매뉴얼」, 한국행정연구원.

박홍엽 · 홍성만 · 강상규 · 권영인 · 김유환 · 박진(2006), 「공공갈등 사례분석을 통한 표준 갈등사례분석모델 개발 연구」, 지속가능발전위원회.

박희정(2001), "비선호시설의 입지와 정책갈등 - 서울특별시 추모공원의 사례를 중심으로 - ", 「장례학회춘계학술대회논문」, pp.1 - 19.

배미애(2000), 「정책과정에 있어서의 갈등해결에 관한 연구」, 건국대학교 행정대학원 석사학위논문.

백완기(1995), 「행정학」. 서울: 박영사.

백종섭(2002), 서울시 추모공원 건립정책의 갈등원인과 해결방안, 「한국사회와 행정연구」, 13:2.

백종섭(2002), "서울시 추모공원 건립정책의 갈등원인과 해결방안", 「2002년도 하계학술대회 발표논문집」, 한국행정학회, pp.111 - 128.

부안군 의회(2003.7.21), 제150회 본회의회의록.

사득환(1997), 지방시대 환경갈등의 해결요인: 제3자 조정을 중심으로, 「한국정책학회보」 31(3): 187 - 201.

사득환(1999), 민선시대의 환경갈등과 정책조정, 「한국정책학회보」, 8(1): 249 - 272.

산업자원부 · 한국수력원자력(2003), 원자력발전백서.

삼성경제연구소(1997), 「함께 풀어가는 지역갈등」, 서울: 삼성경제연구소.

삼성경제연구소(1999), 「대형 국책사업의 효율적 추진방안」, 서울: 삼성경제연구소.

삼성경제연구소(2001), 「한국사회 갈등구조에 대한 이해」, 서울: 삼성경제연구소.

서문기 외(2001), 「한국사회 갈등구조에 대한 이해」, 서울: 삼성경제연구소.

서울시정개발연구원(2003), 「청계천복원 타당성 조사 및 기본계획」, 서울시정개발연구원.

서울시정개발연구원(1994), 「도시개발사업 수행을 위한 협상연구」, 서울 시정개발연구원.

서울특별시(2001. 7), 장묘문화의 개혁과 서울추모공원: 당위성, 추진경 위, 향후 계획, 내부자료.

서울특별시 의회(2005. 11. 22), 서울특별시 2005년 행정사무감사 건설 위원회 회의록.

서휘석(1995), 지방자치단체 간 갈등에 관한 연구: 장곡취수장 사례를 중심으로, 「호남정치학회」, 제7권 41 - 60.

소영진(1999), 딜레마 발생의 사회적 조건, 「한국행정학보」, 33(1).

손순옥(2002), 「지방자치단체 정책집행의 갈등관리에 관한 연구: 춘천장 례식장 입지결정을 중심으로」, 강원대학교 경영행정대학원 석사 학위논문.

송광섭(2003), 동강댐 백지화과정에서 환경 NGO의 역할에 관한 연구: 환경운동연합을 중심으로, 아주대교육대학원, pp.7 - 8.

송문곤, 우형택(2003), 환경과 개발의 갈등 해결 과정 분석 - 동강댐의 교훈과 의의, 대구 가톨릭대학교 전자대학 논문 1권 2호.

송현주(2000), 이슈 관련 집단과 매스미디어의 상호 작용이 이슈화 과 정에 미치는 영향에 관한 연구: 동강댐 건설 문제의 이슈, 서울 대학교대학원 석사학위논문.

신동아(2004), 거짓말, 편가르기, 여론조작에 얼룩진 근시안 원전정책 30년: '방폐장 갈등' 속 부안과 原電지역을 가다, 「신동아」, 532 호: 270 - 283.

신동진 등(1996), 「도시계획시설의 설치 및 관리 개선방안」, 국토개발연 구원.

심문보(1997), 지방자치단체와 주민간 집단갈등현상에 관한 고찰, 「한국 지방자치학회보」, 9(4).

심준석(2001), 「공공시설의 대안적 입지갈등 관리: 청주광역쓰레기매립 장에 대한 project Kickstart의 응용」, 충북대학교 대학원 석사학 위논문.

안광일(1994), 「정부갈등관리론」, 서울: 대명출판사.

안성민(2000), 지방정부의 갈등관리에 대한 제도적 접근, 「동계학술대회 발표 논문집 - 새천년의 행정학 패러다임」.

안성민(1999), 갈등관리의 제도화, 「1999 동계학술대회 발표논문집 밀레니엄 전환기 행정의 회고와 전망」.

연세대학교 도시문제연구소(2003). 「청계천복원사업과 관련된 Stakeholder 의 전략적 관리방안」, 연세대학교 도시문제연구소.

영월댐 공동조사단(2000), 영월댐 공동조사단 보고서.

오석홍(1990), 「조직이론」, 서울: 박영사.

오석홍(1994), 「조직이론」, 서울: 법문사.

오은정(2003), 환경의제의 사회적 의미 구성과 제도화 과정에 관한 연구, 서울대학교 대학원 석사학위논문.

원구환(2001), "로컬거버넌스의 등장과 발전", 「2001년도 동계학술대회 발표 논문집」, 한국정책학회, pp.9 - 27.

유해운 · 권영길 · 오창택(1997), 「환경갈등과 님비이론」. 서울: 선학사.

유해운 외(2001), 「환경갈등과 님비이론」, 서울: 선학사.

윤영채 · 심문보(2000), 환경기초시설 입지갈등의 원인규명과 해결방안에 관한 연구, 「한국행정논집」, 12(2): 371 - 388.

윤오수(2003), 「국토개발사업의 갈등해결방안에 관한 연구」, 단국대학교 대학원 박사학위논문.

윤종설(2007), 「정책과정에서의 갈등관리체제 구축 방안」, 한국행정연구원, pp.88 - 102.

이광희(2003), 지방자치단체장의 리더십, 「한국행정논집」, 15(3).

이달곤(1993), 환경갈등관리: 입지정책사례를 중심으로, 「행정논총」, 31(1): 232 - 255.

이달곤(1995), 「협상론」, 서울: 법문사.

이달곤(2005), 「협상론 - 협상의 과정, 구조, 그리고 전략」 제3판, 서울: 법문사.

이민창 · 한종희 · 안병철(2005), 지방정부 간 갈등관리의 성패요인: 폐기물처리시설과 공항건설사례를 중심으로, 지방행정연구, 19:3.

이봉형 · 권희재 · 최은봉(1995), "환경혐오시설 설치에 따른 지역이기주의 극복방안", 「한국행정학보」, 제29권 제3호, 한국행정학회,

pp.1115 - 1127.

이선우 외(2001), 영월 다목적 댐 건설사업의 협상론적 분석, 「한국지방자치학회보」, 13(2).

이선우(2004), 「행정사례연구」, 한국방송통신대학교 출판부.

이성근(1996), 대도시 주택공영개발과정의 갈등관리체제와 공동 생산적 참여 접근, 「한국지역개발학회지」, 3(1).

이수장(1996a), 「기피시설입지의 갈등해소에 관한 연구」, 서울대학교 대학원 박사학위논문.

이수장(1996b), "도시시설계획의 논리 - 기피시설을 중심으로 - ", 「지방행정연구」제11권 제3호, 한국지방행정연구원, pp.141 - 155.

이수장(2001), "기피시설입지선정에 있어 합의형성방안 - 방사성폐기물 처분장에 주목하면서", 「한국지방자치학회보」, 제13권 제3호, 한국지방자치학회, pp.179 - 204.

이승종(1998), 민선자치단체장 리더십의 영향요인, 「한국행정학보」, 32(1).

이승종(2003), 「지방자치론: 정치와정책」, 서울 박영사.

이승철(1996), 지방정부의 주민간의 갈등해결방안 모색: 비선호시설 입지정책을 중심으로, 「한국행정논집」, 8(3).

이원일(1998), 광역 · 기초자치단체 간의 갈등에 관한 연구, 「한국행정학보」, 32(2).

이종렬(1995), 핵폐기물처리장 입지선정과 주민갈등, 「한국행정학보」, 29(2).

이종범 · 안문석 · 이정준 · 윤견수(1994). 「딜레마이론: 조직과 정책의 새로운 이해」, 서울: 나남출판사.

이종엽(1997), 「입지정책의 결정과 집행과정에서의 정책수용성에 관한 연구: 혐오시설 입지선정 사례를 중심으로」, 충남대학교 박사학위논문.

이종열 · 권해수(1998), "지역개발과정상 지방자치 단체 간 갈등분석과 관리전략: 위천공단 지정 사례분석", 『한국정책학회보』, 제7권 제3호, p.178.

이창원(1999), 지방자치단체장들의 리더십형태와 효과성에 관한 실증연구, 「한국행정학보」, 33(3).

이춘근(1996), 「위천국가산업단지의 조성과 지역경제발전」, 대구경제활성화사업 후속연구(1), pp.50 - 65.

이효 · 김필두 · 손현경 · 김미성(1996), 「지방자치시대의 갈등사례」, 한국지방행정연구원.

인천광역시(2007. 10. 17), 「동춘동 화물터미널 관련 - 정책건의」, p.7.

임성빈(1996), 국책사업 추진에서의 갈등해결에 대한 한 · 일간의 비교, 「지방자치 97」, 현대사회연구소.

임형도(1994), 「집단민원관리에 관한 연구: 노원쓰레기소각장 사례를 중심으로」, 서울대학교 행정대학원.

장세훈(1999), "도시생활환경을 둘러싼 국가 - 주민관계의 변화와 전망 - 혐오 · 위해시설 기피현상(NIMBY)에 대한 국가정책을 중심으로", 「공간과 사회」, 통권 11호, pp.170 - 210.

장욱(1995), "한국 계획과정에의 비판적 접근(I)", 「국토계획」, 제30권 제1호, 대한국토 · 도시계획학회, pp.5 - 27.

전재경(1998), 대형국책사업과 입법정책, 「한국사회 · 환경단체회의」, 세미나 발표자료.

전주상(2000), 「지방정부와 주민간 정책갈등에 관한연구」, 서울대학교대학원 박사학위논문.

정규서(1996), 중앙정부와 지방자치단체 간의 갈등관리에 관한 연구, 「인천대 논문집(인문 · 사회과학편)」, 21:207~234.

정성호(2001), 영월댐 반대운동의 전개과정의 의의, pp.1 - 7.

정성호(2002), 영월댐 반대운동의 전개과정과 의의, 강원대학교 강원문화연구소, pp.74 - 75.

정정길(2000), 새로운 시대의 행정관리, 「한국행정연구」, 9(2): 54 - 82.

정현민(1998), 「위천공단 조성반대 운동과 자원 동원 전략」, 부산대학교 박사논문.

조경호 · 주재복(1994), 딜레마적 정책결정에 상황하의 정부의 전략적 대응과 선택에 관한 연구, 「한국행정연구」, 3(1).

조명래(2000), "New Territorial Governance in South Korea: Enabling or Unabling Governance?", 「한국지역개발학회지」, 제12권 제1호, 한국지역개발학회, pp.183 - 203.

조승현(2003), 지방정부 간 갈등관리에 관한 연구, 「한국행정논집」, 15(1).

조영석(2003), 갈등 조정요인으로서 바람직한 지역거버넌스: 주민기피시
    설의 갈등사례를 중심으로, 연세대학교 대학원 박사학위논문.
조영석(2003), 갈등 조정요인으로서 바람직한 지역거버넌스: 주민기피시
    설의 갈등사례를 중심으로, 「2003 한국국정관리학회 하계학술대
    회」, 한국국정관리학회.
조재희(2003), 「갈등해결방안연구」, 서울: 대통령자문정책기획위원회.
주경일(2002), 쓰레기소각장 입지과정에서의 집단행동의 틀과 틀짓기
    행위 분석, 「한국지방자치학회보」, 14(4).
주상현(2001), 광역과 기초정부 간 정책갈등과 관리전략, 「한국행정학회
    하계학술대회발표논문집」.
주재복(2004), 정부조직간 정책갈등의 조정기제와 협력규칙: 동강댐 건
    설사례와 새만금간척사업사례의 비교연구, 「한국행정연구」, 13:3.
주재복·고경훈·심준섭·홍성만·조영희(2005), 「지역갈등의 현황 및
    정책과제」, 한국여성개발원.
주재복 외(2003), 지방정부 간 협약을 통한 공유재 관리, 「정부학 연구」,
    9(2).
주재복·홍성만(2001), 중앙부처간 정책갈등과 조정요인: 동강댐 건설
    을 둘러싼 건교부와 환경부 대응행동을 중심으로, 하계학술대회:
    지방자치, 지방거버넌스, 지역발전, 한국행정학회.
주재복·홍성만(2003), 「수자원 개발의 이해갈등과 정책조정기제의 변
    화: 영월댐 개발을 둘러싼 정부 부처간 대응행동을 중심으로」,
    지방행정연구 제17권 제1호.
중앙환경분쟁조정위원회(2001), 「일본의 환경분쟁조정제도 - 공해등조정
    위원회 '99연차보고서」, 중앙환경분쟁조정위원회.
지속가능발전위원회(2003), 「갈등관리시스템 구축방안 연구보고서」, 지
    속가능발전위원회 자료집.
지속가능발전위원회(2004), 「갈등관리시스템 구축방안 연구보고서」, 지
    속가능발전위원회자료집.
지속가능발전위원회(2004), 지속가능발전을 위한 갈등관리의 현황과 과
    제, 지속가능발전위원회 자료.
지속가능발전위원회(2005), 「공공갈등관리의 이론과 기법」, 논형.

차미숙(1998), 국토개발사업의 분쟁조정방안 연구, 국토개발연구원.

천대윤(2001), 「갈등관리전략론」, 서울: 선학사.

최봉기·이시경(1999), 위천공단 조성을 둘러싼 정책갈등의 해소방안, 「한국지방자치학회보」, 26(2).

최병일(2000), 지역개발사업을 위한 지역 간 분쟁조정제도에 관한 연구, 「지역사회개발연구」, 25(2).

최병은(2007), 「한국의 민군관계 유형화에 관한 연구: 민군관계 변천과 갈등관리 사례 분석을 중심으로」, 경기대학교대학원 박사학위논문.

최연홍(1998), 핵폐기물 처리시설 입지선정과정의 갈등과 해결: 미국의 현황과 한국에의 시사점, 「한국정책학회보」, 7(3): 189 - 211.

최연홍(1999), 방사성핵폐기물처분장 입지선정 과정을 통해서 본 NIMBY현상, 「환경정책(환경행정)」, 한국환경정책학회.

최흥석·홍성만(2004), "공유재갈등연구의 의의와 접근방법", 최흥석·주재복·홍성만·주경일, 「공유재와 갈등관리」, 서울: 박영사.

최흥석·홍성만·주경일(2003), 사회적 갈등의 근거 이론적 이해: 댐건설을 중심으로, 「한국행정학보」, 37(4).

하성규(1998), 도시재개발에 있어서 갈등요인의 분석과 해소방안, 「한국지방자치학회보」, 10(2): 189 - 209.

하혜수(2003), 지방정부 간 분쟁조정과정에서 협상론적 분석, 「한국행정학보」, 37(1).

하혜영(2007), 「공공부문 갈등해결에 미치는 영향요인 연구」, 서울대 박사학위논문.

한국보건사회연구원(1994), 「묘지제도에 관한 국민의식 행태조사 연구」.

한국보건사회연구원(1998), 「장묘에 관한 국민의식조사」.

한우섭(2007), 「여성거버넌스 리더들의 경력개발 과정에서의 성인학습 경험」, 숭실대학교 박사학위논문.

행정자치부·국토연구원·한국지방행정연구원(1999a), 「지방자치시대의 분쟁 사례집 1 - 분쟁의 발생실태와 해결」.

행정자치부·국토연구원·한국지방행정연구원(1999b), 「지방자치시대 분쟁사례집 2 - 분쟁유형별 사례모음」.

허찬영(1999), 영국의 노사분규 예방사례, 한국노동연구원, 인터넷 자료.

허태욱(2004), 도시 거버넌스와 갈등에 관한 연구, 단국대학교 대학원 석사학위논문.

홍성만 외(2003), 자율규칙형성을 통한 공유재 관리, 「한국행정학보」, 37(2).

홍성만 외(2004), 공유재 이용을 둘러싼 정부 간 갈등의 조정과 협력 분석, 「한국정책학회보」, 13(1).

홍일웅(1999), 「지역갈등 이웃에 대한 지역이기주의적 보도성향에 관한 연구 - 대구 위천국가 공단 조성기사를 중심으로 - 」, 서강대학교 언론대학원 석사학위논문.

홍준형(1996), "환경분쟁과 분쟁해결제도", 「'96 동계학술대회집 2」, 한국행정학회, pp.313 - 333.

황재영(1998), 「지방자치단체 간의 갈등관리에 관한 연구: 상수도갈등사례를 중심으로」, 경희대학교대학원 박사학위논문.

김광구(경희대)·문채(성결대)·홍성우(경희대), 「중앙정부의 국책사업 추진과정에서의 협력적 거버넌스 구축에 관한 연구: 기무사 과천 이전 사업을 중심으로」.

국무조정실·한국행정연구원, 2007, 「갈등사례별 원인 분석 및 대응방안 연구」.

2. 국외문헌

Abcarian, G. & M. Palmer(1985), 「갈등의 사회이론」, 서산연(역). 서울: 학문과 사상가, Society in Conflict, An Introduction to Social Science. San Francisco: Canfield Press. 1974.

ACAS(1998), 「Annual Report」, 2003 - 2004.

Alm, Leslie R & Stephanie(1996), The Rural - Urban Environmental Conflict in the American West: A Four - State Study, *Spectrum*, 69:4(Fall), 26 - 36.

Amy, D. J.(1990), Environmental dispute resolution: the promise and the pitfalls, In N. J. Vig & M. E. Kraft(eds.). Environmental policy in the 1990s: toward a new agenda, Washington, DC: CQ Press.

Andrew, J. S.(2001), Making or Breaking Alternative Dispute Resolution? Factors influencing its success in waste management conflicts, *Environmental Impact Assessment Review*, 21:1.

Andrew, J. S.(2001), Examining the Claims of Environmental ADR. *Journal of Planning Education and Research*, 21.

Arentsen. Maarten J.(2001), Negotiated Environmental Government in The Netherlands. *Policy Studies Journal*, 29(3), 499 – 513.

Argyle, Nolan J. and Marlowe, Brian(2002), Reinventing Government: A Preliminary Examination of the Georgia Initiative for Children and Families. *Public Administration Quarterly*, 26:1/2(Spring), 174 – 197.

Argyris, Chirs and Donald Schon(1974), *Theory in Practice: Increasing Professional Effectiveness*, San Francisco: Jossey Bass.

Armour, A. M.(1991), "The Siting of locally unwanted land use: Towards a cooperative approach", *Progress in Planning*, Vol.35, pp.1 – 74.

Augsburger, David W.(1992), *Conflict Mediation across Cultures*. Louisville · London: Westminster Jhon Knox Press.

Bassett, Keith, Ron Griffiths and Ian Smith(2002), Testing Governance: Partnerships, Planning and Conflict in Waterfront Regeneration. *Urban Studies*. 39(10).

Bercovitch, J.(1984), *Social Conflict and Third Parties: strategics of conflict resolution*, Boulder, CO: Westview Press.

Bingham G.(1986), *Resolving Environmental Disputes: a Decade of Experience*. Washington, DC: The Conservation Foundation.

Bingham, L. B. & Nabatchi, T.(2003), Dispute System Design in Organization, In William J. P. Jr. & Jerri K.(eds.), *The Handbook of Conflict Management*, 105 – 127. New York: Marcel – Dekker.

Brigitte Geissl(2004), Participatory Govermance, Fifth Pan – Europen International Relations Conference(www.sigr.org/conference papers).

Buckle L. G. & Thomas – Buckle S. R.(1986), Placing environmental mediation in context: lessons from 'failed' mediations, *Environmental Impact Assess Review*, 6:1.

Cathy, Marie, Johnson(1992), *The Dynamics of Conflict Between Bureaucrats and Legislators*. N.Y: Sharpe Inc.

Cobb, M. D. & J. H. Kuklinski(1997), Changing Minds: Political Arguments and Political Persuasion, American *Journal of Political Science*, 41(1): 88 – 121.

Cobb. Rogerw. & Charleap. Eleder(1983), Participation in American Politics: The Dynamics of Agenda Building, The gahmr Hopking Press Ltd.

Coser, L. A.(1964), *The Functions of Social Conflict*. New York: Free Press.

Daley, D. M and David F. Layton(2004), Policy Implementation and th Environmental Protection Agency. *Policy Studies Journal*, 32(3), 375 – 323.

Davis, Susan M. and Puro, Steven(1999), Pattern of Intergovernmental Relations in Environmental Cleanup at Federal Facilities. Publius: *The Journal of Federalism* 29:4(Fall), 33 – 53.

Dear, Micheal(1992), "Understanding and Overcoming NIMBY syndrome", *Journal of American Planning Association*, Vol.53, No.3, pp.288 – 300.

Demartini, J. R. & L. B. Whiteback(1986), "Knowledge Use as Knowledge Creation", *Knowledge*, Vol.7, No.4, pp.383 – 396.

Easterling, D. & H. Kunrenther(1995), *The Dilemma of Siting a High Level Nuclear waster Repository*, Massachusetts: Kluer Academic Publisher.

Elangovan, A. R.(1995), Managerial Third – Party dispute intervention: A Prescriptive model of Strategy Selection. *Academy of Management Review*, 20(4), 800 – 830.

Elliott Michael & Ralph Hanke(2003), "Framing Effects in Toxic Disputes", Roy J. Lewicki, Barbara Gray, & Michael Elliott ed. *Environmental Conflicts: Framed and Cases*. Washington, Covelo, London: Island Press, 333 – 354.

Ellison, Brian A.(1998), Intergovernmental Relations and the Advocacy Coalition Framework: The Operation of Federalism in Denver Water Politics. Publius: *The Journal of Federalism* 28:4(Fall), 35 – 54.

Falcone S. and Lan Zhiyong(1997), Intergovernemental Relation and Production, *PAR* 57(4).

Fischer, Raphael.(2000), "Communicative Planning Theory: A Foucauldian Assessment", Journal of Planning Education and Reseach, Vol.19, pp.358 – 368.

Fisher, Ronald J.(1997), *Interactive Conflict* Resolution. N.Y.: Syracuse University Press.

Friedmann, J.(1987), *Planning in the public domain: From Knowledge to Action*, New Jersey: Princeton Univ. Press.

Godschalk, David R.(1992), Negotiating Intergovernmental Development Policy Conflict: Practice – Based Guidelines, *Journal of the American Planning Association,* vol.58.

Gray, Barbara.(2004), Strong Opposition : Frame – based Resistance to Collaboration. *Journal of Community & Applied Psychology,* 14, 166 – 176.

Gress, Franz(1996), Interstate Cooperation and Territorial Representation in Intermestic Policies. Publius: *The Journal of Federalism,* 26(1), 53 – 71.

Gwartney, P. A, Fessenden, L. & Landt, G.(2002), Measuring the Long – Term Impact of a Community Conflict Resolution Process: A Case Study Using Content Analysis of Public Documents, *Negotiation Journal,* 18:1.

Harbottle, M.(1979), The Strategy of Third Party Intervention in Conflict Resolution, *International Journal.* 35.

Healey, P.(1993), "Planning Through Debate: The Communicative Turn in Planning Theory", in Frank F. & J. Forester, eds.(1993), *The Argumentative Turn in Policy Analysis and Planning*, Duke University, pp.233 – 253.

Healey, P.(1997), *Collaborative Planning: Shaping Places in Fragemented Societies*, London: Macmillan.

Holsti, K. J.(1977), 「International Politics: A Framework for Analysis」, Englewood Cliffs, NJ: Prentice－Hall.

Jenny Stewart(2005), 「Conflict Resolution and Participatory Governnance」.

Innes, Judith E. and David E. Booher(1999c), "Consensus Building as Role Playing and Bricolage: Toward a Theory of Collaborative Planning", *Journal of the American Planning Association*, 65: 1, pp.9－26.

Karamanos, Panagiotis(2001), Voluntary Environmental Agreements: Evolution and Definition of a New Environmental Policy Approach, *Journal of Environmental Planning and Management*, 44(1): 67－84.

Keith Snavely & Uday Desai(2000), Mapping local government－Nongovernmental organization Interactions. *Journal of Public Administration Research and Theory*, 11(2), 245－263.

Kiser, Larry L. and Elinor Ostrom(1992), The Three Worlds of Action: A Meta－theoretical Synthesis of Institutional Approaches, in Elinor Ostrom, ed, *Strategies of Political Inquiry*, Beverly Hilis Sage Publicatins.

Kriesberg, L.(2003), *Constructive Conflicts: From Escalation to Resolution*(2nd), Lanham, Maryland: Rowman & Littlefiled Publishers.

Kunreuther, Howard & Douglas Easterling(1990), Are Riskin－Benefit Tradeoffs Possible in Siting Hazardous Facilities?, *American Economic Review: Papers and Proceedeings*, 80(2).

Kunreuther, Howard & Douglas Easterling(1992), Gaining Acceptance for Noxious Facilities with Economic Incentives, in Daniel W. Bromley eds, The Response to Environmental Risk. Massachusetts: Kluwer Academic Publishers: 151－186.

Kuper, Adam and Jessica Kuper(1985), 「The Social Science Encyclopedia」, London: Routledge & Kegan Paul.

Lan, Zhiyong(1997), A Conflict Resolution Approach To Public Administration. *Public Administration Review,* 57(1), 27 – 35.

Lane, M. B.(1999), Resion Forest Agreements: Resolving Resource Conflicts or Managing Resource Politics? *Australian Geographical Studies,* 37(2).

Laverty. Edward B. and Palmer, Kenneth T.(2001), State and Local Government Interest Groups Before the Supreme Court: Implications for Intergovernmental Policy. *Public Administration Quarterly,* 24:4 (Winter), 523 – 537.

Layzer, J. A.(2002), Citizen Participation and Government Choice in Local Environmental Controversies, *Policy Studies Journa*l, 30:2.

Leach, W. & Sabatier, P.(2003), Facilitators, Coordinators, and Outcomes. In R. O'Leary & L. Bingham(eds.). *The Promise and Performance of Environmental Conflict Resolution.* Washington D.C.: Resources for the Future Press.

Lewicki, R. J, Gray, B. & Elliott, M.(2003), *Making Sense of Intractable Environmental Conflict,* Washington, D.C.: Island Press.

Linblom, Charles E.(1980), 「The Policy – Making Process」, Englewood Cliffs. NJ: Prentice – Hall.

Lindblom, C. E. & D. K. Cohen(1979), *Usable Knowledge: social science and social problem solving,* New Haven: Yale University Press.

Lowi, T. J.(1964), American Business, Public Policy, Case – Studies and Political Theory, *World Politics,* 16.

Lubell, Mark(2004), Collaborative Environmental Institutions. *Journal of Policy Analysis and Management,* 23(3), 549 – 573.

Lubell, M.(2004), Collaborative Watershed Management: A View form the Grassroots, *Policy Studies Journal,* 32:3.

Mansbridge, Jane(2004), *On the Idea that Participation Make Better Citizen* edited by S. L. Elken and K. E. Soltan, University Park. Pennsylvania State University, 291 – 325, *"Brigitte Geissel, Participatory Govenance, Fifth Pan – Europen International Relations Conference (www.siger.org/conference2004/papers)."*

March, J. G. & H. A. Simon(1958), 「Organizations」, New York: John Wiley & Sons.

Martin Painter(2000), After Managerialism – Rediscoveries and redirection: The Case of Intergovernmental Relation. *Australian Journal of Public Administration*, 57(4).

Maxwell, Jennifer p.(2000), Managing Conflict at the County level. *Public Administration Quarterly*, 23:3(Fall), 338 – 354.

McAvoy, Gregory E.(1999), *Controlling Technocracy: Citizen Rationality and Nimby Syndrome*, Washington D.C.: Georgetown University Press.

Miller, W. L, Malcolm Dickson and Gerry Stoker(2000), *Model of Governance: Public Opinion and Political Theory in Britain*, Wiltshire: Antomy Row Ltd.

Mills, Miriam K, ed.(1990), *Conflict Resolution and Public Policy*. N.Y: Gree Press.

Minnery, John R.(1985), 「Conflict Management in Urban Planning」. Vermont: Gower Publishing Company.

Minnery, John R.(1987), *Conflict Management in Urban Planning*. Verment: Grower Publishing Company.

Moore, C. W.(2003), *The Mediation Process: Practical Strategies for Resolving Conflict*(3rd), CA: John Wiley & Sons.

Murphy, P.(1987), Using games as a model for crisis communication. *Public Relations Review*, 13(4), 19 – 28.

Newton, Kenneth(1978), Conflict Avoidance and Conflict Suppression: The Case of Urban Politics in the United States. in Kevin Cox. 「Urbanization and Conflict in Market Societies」, London: Methuen & Co. Ltd.

Nightingale, Donald(1976), Conflict and Conflict Resolution. in George Strauss, 「Organizational Behavior: Research and Issues」. Belmont: Wadsworth Publishing Co.

O'Hare, Michael, Lawrence Bacow and Debra Sanderson(1983), Facility Siting and Public Opinion, New York; Van Nostrand Reinhold

Co. Inc.

O'Leary, R, Nabatchi, T. & Bingham, L. B.(2005), Assessing and Improving Conflict Resolution in Multiparty Environmental Negotiations. *International Journal of Organizational Theory and Behavio*, 8:2.

O'Leary, R. & Raines, S.(2001), Lessons Learned from Two Decades of Alternative Dispute Resolution Programs and Process at the U.S. Environmental Protection Agency, *Public Administration Review*, 61:6.

O'Leary R.(1995), Environmental Mediation: What do we know and How do we know it? In J. W. Blackburn, & W. M. Bruce(eds.). Mediating environmental conflicts: theory and practice, Westport, CT: Quorum Books.

Olson, M.(1971), The logic of Collective Action: Public Goods and the Theory of Groups. Harvard Univ. Press.

Ostrom. Elinor(1992), Community and the Endogenous Solution of Commons Problems, *Journal of Theoretical Politics*, 4(3), 43 – 351.

Ostrom. Elinor, Roy Gardner, and James Walker(1997), *Rules, Games, and Common – Pool Resources*, Ann Arbor: The University of Michigan Press.

Ozawa, C. P.(1993), Improving Citizen Participation in Environmental Decisionmaking: the Use of Transformative Mediator Techniques. *Environment and Planning C: Government and Policy*. 11.

Painter, Martin(2001), Multi – level governance and the emergence of collaborative federal institutions in Australia. *Policy & Politics*, 29(2), 137 – 151.

Pijawka, David K. and Alvin H. Mushkatal(1991/1992), Public Opposition to the Siting of the High – Level Nuclear Waste repository: The I mportance of Trust. *Policy Studies Review*, 19(4).

Pinkley, R. L & Northcraft, G.(1994), Conflict Frame of Reference. *Academy of Management Journal*, 37(1), 193 – 205.

Plidgt, J. Van Der(1992), Nuclear Energy and The Public, Massachusetts: Blackwell Publishers.

Pondy, L. R.(1967), Organizational Conflict: Concepts and Models, *Administrative Science Quarterly.* 12(2), 296 – 321, 12:3.

Pondy, L. R.(1969), Organizational Conflict: Concepts and Models. in 「Administrative Sciences Quaterly」.

Portney, Kent E.(1991), *Siting Hazardous Waste Treatment Facilities – The NIMBY Syndrome,* New York: Auburn House.

Putnam, Linda L.(2004), Transformations and Critical Moments in Negotiations. *Negotiation Journal,* 20(2), 275 – 295.

Quirk, P. L.(1989), The Cooperative Resolution of Policy Conflict, *The American Political Science Review*, 83:3.

Rabe, Barry G.(1990), "The Hazardous Waste Dilemma and the Hazards of Institutionalizing Negotiation", in Miriam K. Mills.(ed.). *Conflict Resolution and Public Policy.* N.Y, Westport, Connecticut, London: Greenwood Press.

Rahim, M. Afzalur(2002), Toward a theory of Managing Organization conflict. *The International Journal of Conflict Management,* 13(3), 206 – 235.

Ramus, C. & Marcus, A.(2005), Examining Barriers to Negotiated Environmental Agreements, *International Journal of Organization Theory and Behavior*, 8:3.

Rangarajan, L. N.(1985), 「The Limitation of conflict: A Theory of Bargaining and Negotiation」, New York: St. Martin's Press.

Raymond, L.(2006), Cooperation without Trust: Overcoming Collective Action Barriers to Endangered Species Protection, *Policy Studies Journal*, 34:1.

Ripley, R. B.(1985), *Policy Analysis in Political Science,* Chicago: Nelson – Hall Publishers.

Rogers, George O.(1998), Siting Potentially Hazerdous Facilities: What Factors impact perceived and acceptable risk? *Landscape and Urban*

Planning. 39.

Rosen, H. S. & Gayer, T.(2008), Public Finance, McGraw-Hill International Edition, 8th: 52-54.

Ross, M. H.(1993), *The Management of Conflict: Interpretations and Interest in Comparative Perspective*, New Haven: Yale University Press.

Sandole & Sandole Staroste(1987), *Conflict Management and Problem Solving*. New York: N.Y Univ Press.

Shmueli. Deborah F. & Michal Ben-Gal (2003), Stakeholder Frames in the Mapping of the Lower Kishon River Basin Conflict. *Conflict Resolution Quartely*, 21(2), 211-238.

Sipe, N. G.(1998), An Empirical Analysis of Environmental Mediation, *Journal of the American Planning Association*. 64:3.

Sipe, N. G. & Stiftel, B.(1995), Mediating environmental enforcement disputes: how well does it work? *Environment Impact Assess Review*. 15:2.

Spaper, Michael S.(1999), Myths and Misunderstandings: Health Policy, the Devolution Revolution, and the Push for Privatization. *The American Behavioral Scientist*, 43:1(Sep), 138-154.

Stoker, G.(1998), "Public-Private Partnerships and Urban Governance", in Jon Pierre, ed, *Partnership in Urban Governance: European and American experience*, New York: St. Martin's Press, pp.34-51.

Susan, C. L. & Kennedy, W, J. D.(2001), *Managing Public Dispute: A practical guide for government, business, and citizens' groups*. San Francisco: Jossey-Bass Publisher.

Susskind, L, Wansem, M. van der, and Ciccareli, A.(2003), Mediating Land Use Disputes in the United States: Pros and Cons, *Environments*, 31:2.

Szilagyi, Andrew P. and Marc P. Wallace(1983), 「Organizational Behavior and Performance」, Glenview. Ⅲ. Scott. Foresman.

Takahashi, Lois M. & Sharon Lord Gaber(1998), Controversial facility siting in the urban environment: residents and planner perceptions in the United States. *Environment and Behavior*. 30(2).

Talbot, A. R.(1983), *Settling things: Six case studies in environmental mediation*, Washington D.C.: The Conservation Foundation and the Ford Foundation.

Wale, S. M.(1998), The Philippine experience in conflict management and peace building. *Community Development Journal*. 33(2).

Wall. jr. James A & Ronda Roberts Callister(1995), Conflict and Its Management. *Journal of Management,* 21(3), 515 – 558.

Weinstein, Allan(1979), 「Seabrook – A Case Study of Environmental Conflict」, M.I.T. Laboratory of Architecture and Planning.

Weiss, Janet A.(1987), Pathways to Cooperation among Public Agencies. *Journal of Policy Analysis and Management,* 7(1), 94 – 117.

Wise C. and O'Leary R.(1997), Intergovernmental Relations and Federalism in Enviornmental Management and Policy. *Public Administration Review,* 57(2), 11 – 28.

Wiseman, Vivian & Iean Poitras(2002), Mediation Within a Hierarchical Structure. *Conflict Resolution Quarterly,* 20(1), 51 – 65.

Wright, Deil S.(2003), *Understanding Intergovernmental Relations* 4rd. Ed. Pacific Grove, CA: Brooks/Cole.

Zimmmerman, Joseph F.(1998), Interstate Cooperation: The Role of the State Attorneys. General. Publius: *The Journal of Federalism,* 28:1 (Winter), 71 – 89.

3. 신문 자료

경기일보(2008), "엉터리 물류 예측…… '뒤늦은 처방'", 2008. 09. 03.
경기일보(2008), "부지 활용방안 신중하게 결정돼야", 2008. 09. 04.
경인일보(2003), "동춘동 화물터미널 재검토를", 이우성, 2003. 05. 28.
경인일보(2005), 동춘동 화물터미널 착공 논란, 2005. 06. 21.

경인일보(2007), 동춘동 화물터미널건립 어떻게 되나, 교통평가 · 건축심
  의 · 민원설득 아직 갈길 멀다, 2007. 02. 09.

내일신문(2004), 거버넌스 방식 새 모델 만들어야, 2004. 06. 17.

내일신문(2004), 지자체갈등 영향평가 의무화 연내 도입, 2004. 07. 26.

뉴시스(2006), "인천 동춘동 화물터미널, 5년 표류 끝 사업 착공 전망",
  2006. 07. 06.

머니투데이(2007. 9. 21.)

신창현 환경분쟁연구소장(2007년 3월 4일), 자유칼럼그룹.

연수신문(2008), "동춘동 화물터미널 건립 백지화 수순", 2008. 09. 03.

연합뉴스(2008), 인천시 "동춘동 화물터미널 착공 상반기 결정", 2008.
  03. 18.

인천신문(2008), 감사원 "동춘동 화물터미널 위법", 2008. 08. 10.

인천일보(2003), "화물터미널 건립 반대 집회", 김창우, 2003. 3. 28.

인천일보(2003), "화물터미널 일파 만파", 남창섭, 2003. 3. 29.

인천일보(2003), "연수구의회, 반대결의문 채택", 김창우, 2003. 05. 20.

인천일보(2003), "인천연대 화물터미널설치 성명발표", 이주영, 2003.
  12. 08.

인천일보(2004), "동춘동 화물터미널 건축허가 거부는 위법", 송금호,
  2004. 10. 22.

지역신문(1998 – 2004), 전북일보, 전북도민일보, 새전북신문, 디지털 김
  제시대.

한겨레(2004), 갈등해결 정부 전담시대 끝났다, 2004. 05. 05.

한겨레, 2008. 9. 29.

한국일보, 2001. 04. 05, 2002. 05. 03.

한국일보(2004), 국책사업 결정에 시민참여, 2004. 06. 07.

한국일보(2004), '사회적 합의 촉진법' 추진/지지부진한 국책사업 정면
  돌파 특단대책, 2004. 07. 07.

4. 기타 참고 자료

http://www.ascs.org.uk
http://www.ecr.gov/about.htm
http://www.ksdn.or.kr
http://www.ombudsman.go.kr
http://edc.me.go.kr
http://www.metro.seoul.kr (서울시청)
http://www.seocho.seoul.kr/cre/ii/ii − 5.htm (서초구청)
http://bestpdc.com/bbs/board.phpbo_tablecs1page20
http://bestpdc.com/bbs/board.phpbo_table20
www.moct.go.kr (건설교통부)
http://blog.naver.com/pwr677Redirect = Log&logNo = 130032012190.
 　　　[블로그](한울공인중개사무소)
http://blog.naver.com/pwr677Redirect = Log&logNo = 130032012190

오경숙 ─────────

인하대학교 행정학박사(정책과학 전공)
現) 인하대학교 교육학과 사회교육과 외래교수
　인하대학교 평생교육원 외래교수
　인천대학교 시민대학 외래교수
　인천대학교 행정대학원 외래교수
　인천대학교 사회복지학부 외래교수

갈등을 디자인 하라

초판인쇄 ｜ 2010년 8월 13일
초판발행 ｜ 2010년 8월 13일

지 은 이 ｜ 오경숙
펴 낸 이 ｜ 채종준
펴 낸 곳 ｜ 한국학술정보㈜
주　　소 ｜ 경기도 파주시 교하읍 문발리 파주출판문화정보산업단지 513-5
전　　화 ｜ 031) 908-3181(대표)
팩　　스 ｜ 031) 908-3189
홈페이지 ｜ http://ebook.kstudy.com
E-mail ｜ 출판사업부 publish@kstudy.com
등　　록 ｜ 제일산-115호(2000. 6. 19)

ISBN　　978-89-268-1530-4 93350 (Paper Book)
　　　　 978-89-268-1531-1 98350 (e-Book)